法學叢書

行政法之學理與體系(一)
——行政行為形式論

陳春生 著

三民書局

國家圖書館出版品預行編目資料

行政法之學理與體系㈠：行政行為形
式論／陳春生著. --初版. --臺北市
：三民，民85
　　冊；　　　公分. --（法學叢書）
　　ISBN 957-14-2361-0 (平裝)

　　1.行政法

588　　　　　　　　　　　　85006474

網際網路位址　http://Sanmin.com.tw

© 行政法之學理與體系（一）
——行政行為形式論

著作人　陳春生
發行人　劉振強
著作財
產權人　三民書局股份有限公司
發行所　三民書局股份有限公司
　　　　地址／臺北市復興北路三八六號
　　　　郵撥／〇〇〇九九九八一五號
印刷所　三民書局股份有限公司
門市部　復北店／臺北市復興北路三八六號
　　　　重南店／臺北市重慶南路一段六十一號
初版　　中華民國八十五年八月
編號　S 58450
基本定價　陸元肆角
行政院新聞局登記證局版臺業字第〇二〇〇號

ISBN 957-14-2361-0 (平裝)

序　言

　　自 Otto Mayer 一八九五年出版「德國行政法」第一冊第一版以來,
今年已逾一百年。德國行政法學理中之概念與制度, 主要由 Otto Mayer
部分採自法國行政法, 部分來自德國之民法, 以及他自己獨創等三者所
構成而發展形成。其影響不僅及於德國之實務及學界, 亦及於立法, 但
與其他法領域相比, 行政法學在學理上較未完全發展成型, 其原因來自
於行政法之對象範圍不明確, 欠缺統一之行政法法典可能亦爲阻礙行政
法學理發展之原因。但學理與實定法常處於緊張之關係, 行政法之法典
化可能有助於學理之發展, 亦可能成爲阻礙。例如有認爲, 自一九七六
年德國行政程序法將行政處分之學說明文化後, 彷彿已不再有其他重要
概念須由學術研究加以概念化與體系化, 而此種損失, 似仍未被察覺。
(Vgl. H. J. Wolff / O. Bachof / R. Stober, *Verwaltungsrecht I*, 1994, § 1
Rn. 11.)

　　現代國家之行政行爲, 其狀態、結構及發展, 呈多樣性, 因此國家
操控之手段, 亦須多樣化, 國家必須一方面爲命令者、支配者, 他方面,
又是提供者、給付者、激勵者、促進者, 並對社會之發展產生影響。但
傳統行政法之學理, 面對現代國家之行政現象卻未必能完全適應, 諸如
以行政處分作爲總括之干涉行政與高權行使之行政行爲手段, 在現行社
會卻有其功能上及效果上之缺陷。傳統之行政法學, 缺乏形成之觀點、
只重視行政與對人之兩面關係、行政之結構及行爲形式, 不足以適應現
行行政現象等。

　　又除傳統之正式行政行爲外, 處現今高度工業化之社會, 每一案件
傾向於個別決定, 一般抽象之規範, 總須在個別情況加以調適, 同時相

互關聯及交錯之利益愈益增多及複雜化，故法之適用於個別案件對多樣
之利益加以澄清、解明是必要的，特別是今天有許多社會形成之事務，
須靠國家與市民間之合作，因此國家市民間之關係，亦須基於市民之信
賴。相對地，法在許多領域，其性格常是，目的規定或指針之規範方式
多於單方執行之行為方式規定，非正式行政行為在此種期待下，可發揮
調適功能而不會有正式之行政程序與法院程序之耗時缺點。因此，對於
非正式行政行為之合意或協議，不應排斥或拒絕，亦不應否定非正式行
政行為中，如提供資訊（教示）、警告、及其他事實行為之操控之方式，
而應隨法治國或法治社會之變動，尋找其固有之價值，在不同環境下能
以兼顧行政合法性與人民基本權利保障之方式行之。以上所述，顯示傳
統之行政法學理，已無法充分適應現代多種多樣之行政現象，故如何對
向來學理加以調整與更新，重新架構行政法之體係（Schmidt-Aβmann
即認為，行政法總論必須體系化地理解。）是重要課題。

　　本書共收筆者六篇論著，除第一篇「行政法之學理與更新」外，其
餘五篇為有關行政處分、行政規則、行政裁量、行政上之預測決定、非
正式行政行為（行政指導）等，透過上述各種行政行為形式與規則（有
關行政契約、行政計畫等留待將來列入），以探究在現行社會下傳統行政
法學概念該如何調整與更新，而原有「概念」意涵之改變，該如何加以
「規制」？應適用那些「原則」？現行法「制度」是否足以調適？該如何
重新構築行政法學之方法與體系？此均有待行政法學理上之探討與解
明。

　　誠如德國學者 Bachof 所言：行政法學者決不能如民法學者或刑法
學者般處於靜止（當然只是相對靜止）狀態。此為行政法學者之負擔，
但亦是此一領域吸引人之處（Nie wird der Verwaltungsrechtler änhli-
che Ruhelagen—und handele es sich auch nur um eine relative Ruhe
—vorfinden wie der Zivilist oder wie der Strafrechtler. Das ist unsere
Last, aber auch der Reiz unseres Faches.）（Otto Bachof, *VVDStRL* 30

(1972), S. 238.)。

　　自大學二年級旁聽翁岳生大法官之行政法講義始，先後於國內外受教於城仲模大法官、日本塩野宏教授及德國之 Heinrich Scholler 教授，本書若或有可供參考之處，應是四位老師啓迪與教誨之結果，在此特別感謝他們。

　　全本書撰寫過程，感謝內子曉玲，任勞任怨，全力支援，中興法研所張惠東與邱基峻同學，費心幫忙校對。又若無三民書局編輯部同仁殷殷催促，戮力相助，本書恐難及時付梓。本書內容之雛形，成於民國八十三年獲行政院國科會獎助赴德研究一年之期間，在此並申謝忱。

　　著者學植未深，誤謬之處當所難免，尚祈方家不吝賜教！

　　　　　　　陳春生　一九九六年五月於三峽

行政法之學理與體系 (一)

目　次

行政法之學理及其更新

要　目

行政法之學理及其更新

〔壹〕 前言

行政法之形成與發展，較其他法學如民法、刑法等爲遲。我國之行政法學受德日等大陸法系國家行政法理論與制度相當程度之影響。而隨著時間之發展，行政事務之繁增與國家角色之轉變，如由法治國轉爲社會之法治國，由干涉行政轉爲給付行政，使行政法之學理（Dogmatik）（註一）面臨挑戰。八〇年代開始，德日等國對於向來行政法上學理之檢討與嘗試更新之文獻紛紛出籠（註二），其議論對行政法之學理與制度與其相近之我國言，自有參考價值。當然談到行政法學理之更新，則須先問，學理之義涵，學理之任務與學理之功能爲何？向來行政法之學理實

註一　Dogmatik 一般字典將其翻譯成「教義學」，日本人則有翻成「教義神學」或「定理神學」，均不易理解。依 *Duden Deutsches Universalwörterbuch* (1989) 字典之解釋，乃"wissenschaftliche Darstellung der (christlichen) Glaubenslehre"（關於基督教義之學術描述），基於其著重「學術上之理解」，姑且將其譯成學理。

註二　Vgl. W. Hoffmann-Riem / E. Schmidt-Aßmann / G. F. Schuppert (Hrsg.), *Reform des Allgemeinen Verwaltungsrechts*, 1993; W. Hoffmann-Riem / E. Schmidt-Aßmann (Hrsg.), *Innovation und Flexibilität des Verwaltungsrechts*, 1994; W. Brohm, Die Dogmatik des Verwaltungsrechts vor den Gegenwartsaufgaben der Verwaltung, *VVDStRL* 30 (1972), S. 245 ff.; H. J. Wolff / O. Bachof / R. Stober, *Verwaltungsrecht I*, 1994, § 1 Rn. 8 ff. 塩野宏，行政過程總說，收於氏著行政過程とその統制，一九八九年，第三頁以下；阿部泰隆，行政の法システム（上），一九九二年，第二三頁以下。

態如何？那些需要修正及如何更新問題？這些問題可能都不是容易回答。關於學理之意義，學者間有不同之見解，有認爲所謂學理，可解爲法律概念、制度、原則、規則（Regel）（註三）之內在體系之構造（註四）。而它與體系論及方法論亦有關，對於向來行政法學理之檢討，至少在方法論上，有以下特徵，即採公法私法二元區分（註五）、行政與私人間之內部法（特別權力關係（註六）、行政規則（註七））與外部法（行政處分、法規命令）之區分（註八）、行政與其決定相對人間之兩面關係觀察，行

註三　關於原則與規則之區別，Alexy 認爲原則是一種不同於規則之規範，原則之特徵在於它能以不同程度加以實現，且其實現不僅繫於事實上之可能性，還視其法律上之可能性如何。而法律上可能之範圍，則經由與之相對立之原則及規則加以確定。規則與原則之不同則在於，規則經常是一種或者能被實現或爲不能被實現之規範。若一條規則有效，則它恰巧命令實現，它所要求的不多也不少，它沒有各種不同之實現程度。此與原則不同，因此規則在事實上與法律上可能的範圍內作出一個明確的設定（Festsetzung）。因此 Alexy 認爲規則與原則之不同係質的差異，而每個規範若不是規則便是原則。參考陳顯武，法學上規則與原則之區分，發表於國家發展與兩岸關係學術研討會，臺大三研所主辦，八十二年十一月十一日，第七頁。

註四　W. Brohm, a. a. O., *VVDStRL* 30, S. 246.

註五　參考張嫻安，從比較中德法制論公私行政行爲區分之實益（上）（下），法學叢刊，一四二期，第五九頁以下，一四三期，第一一五頁以下；翁岳生，行政法與國家賠償法，收於氏著，法治國家之行政法與司法，八十三年，第一六四頁以下。

註六　參考蔡震榮，行政法理論與基本人權保障，八十年；翁岳生，論特別權力關係之新趨勢，臺大社會科學論叢，第十七輯，五十六年七月，同氏著，行政法院對特別權力關係之審查權，收於氏著，法治國家之行政法與司法，第五五頁以下；陳敏，所謂特別權力關係中之行政爭訟權，憲政時代，十卷第一期，七十三年七月；吳庚，行政法之理論與實用，八十一年，第一七〇頁以下。

註七　朱武獻，命令與行政規則之區分，收於公法專題研究㈠，七十五年，第二三五頁以下；莊國榮，職權命令與行政規則之研究，臺大法研所碩士論文，七十七年六月。

註八　黃啓禎，內部行爲與行政訴訟，東海法學研究，第七期，八十二年二月，第五七頁以下；吳庚，前揭書，第二二八頁以下。

政法學以民法爲模範以形成公法秩序之法學方法，使行政法學與民法秩序體系並立，構成公法秩序之公權、公義務體系、並努力於解明其屬性，同時與民法之法律行爲對比，以確定行政行爲，並基於適法性原理、意思優越性原理、強調行政法對於民法之特殊性。但在這樣之架構下，對現實行政現象能否充分把握，值得探討。

又傳統之行政法學係以行政行爲爲中心，並以行政處分爲其支柱所發展形成之行政行爲體系，國家高權之宣示，爲行政與私人間法律關係之產生、變動與消滅之主要手段。但以行政處分爲主之行政行爲，傾向執行之功能，缺乏形成之功能，並且是定點、靜態的決定、干涉之決定，手續法與組織法不被重視。這樣所形成之行政法之學理與制度，無法充分反映現行之國家任務與行政現象，例如公私法重疊之行政現象、原屬內部法領域之行政規則外部效力化之現象、行政計畫之法性質、非正式行政行爲之允許問題（註九）等，在現行學理均無法體系一貫地說明。而爲適應變化萬端之行政現象，德國實務及學界，嘗試創造新的概念以資適應，例如暫時性行政處分、規範具體化行政規則、風險決定及其他概念等，這些新概念之確定意涵如何？法律上如何定位？在現存行政法體制下是否畫蛇添足？抑或有其必要？其法律上之容許性如何？該受那些法原則之拘束？究係劃歸現有某一法制度，抑或本身成立另一新制度？若成另一新制度，則對現有制度該如何調適等，此均對現有行政法體系與學理造成影響。本文謹從現行行政法之現象，探討我國行政法上學理應有之更新方向，特別從論述豐富之德國學界之議論著手。

註九　關於非正式行政行爲產生之原因及缺點，參考林明鏘，論型式化之行政行爲與未型式化之行政行爲，當代公法理論，月旦出版社，八十二年，第三五二頁以下。

〔貳〕傳統行政法之學理及其問題點

一、學理之意義及功能

(一)學理之意義

前已述及，所謂學理，可解爲法概念(juristische Begriffe)、制度(Institutionen)、原則 (Grundsatze)、規則 (Regeln) 之內在體系之構造，而不受實定法律上一般所要求承認與遵守著之影響 (註一〇)。

據學者 Luhmann 之見解，法學理並非爲其本身，而是爲法生活(即法之適用) 服務。法學理之概念向來最重要之特徵爲否定之禁止(Negationsverbot)，亦即其論據之出發點爲否定之禁止。此一出發點常受批判，因爲某一規律若被稱爲學理，則表示此規律本身所具任意之各種命題，超越所有批判而存在，因此放棄獨立研究之可能。但從社會學之角度，只關心當以非否定可能性狀態出現時是具有何種高度位置及抽象程度之問題。經由否定禁止之安排 (妥協) (Arrangieren) 方式，活用 (法律) 正文與經驗，可使彈性達到必要之水準。學理之功能並非「存在」於否定之禁止，而只是「依賴」否定之禁止。學理之功能並非對精神之束縛，而相反地，一方面與經驗及法律條文有關，同時使自由度上昇。學理之概念性使距離設定爲可能，而正基於此，社會期待其拘束性。學理之思考與解釋，其拘束性與其素材 (Material) 有關，且因此產生。而這樣之拘束性，其本身又可經由學理加以解釋，因此學理之自由，可從其拘束性導出，例如拘束之結果，可能是基於不可理解，神秘的或純粹歷史的事實、實證性等，無論任何情況，均須解釋。此種素

註一〇　W. Brohm, Die Dogmatik des Verwaltungsrechts vor den Gegenwart-saufgaben der Verwaltung, *VVDStRL* 30 (1972), S. 246.

材與概念解釋間之距離，使得學理雖以拘束之形式出現，但仍然無法除
去內容之不安定性。容忍不安定性程度昇高，對複雜化社會而言可說是
本質上的體系性質。對法學理（Rechtsdogmatik）重要的是使不安定性
昇高之兩個法體系之中心課題，亦即法規範之拘束及法衝突時之強制決
定。其重要之不安定性爲法適用之不安定性，關於此一特別問題，須從
素材與概念之關係、拘束與自由之關係加以學理上探討。

　　法學理亦探討法體系自己抽象化與作爲控制裝置之問題。學理之成
立以法體系具一定之組織水準（Organisationsniveau）爲前提，換言之，
關於法之問題，有作成具拘束力決定之可能性爲前提，如果此種可能性
被擔保，則法體系內部中，問題之設定及案例之處理之支配形態將改變，
問題將不只是在規範之期待（normative Erwartung）與事實行爲間之
關係，且在作爲決定前提之規範與決定之關係間存在。依此，普遍適用
之決定程式與個別決定間之關係可被確立，此即法之適用（Anwen-
dung）。又學理具有對任意變化加以限制之功能（見後述），此種變化可
能是相互關係雙方之變化，因此不只案例會受規範影響，規範之適用亦
會受案例之影響。經由法素材之學理化——亦即首先將法素材加以概念
化來完成——使規範與事實間之觀點相互來回引導，此對決定狀態與對
法體系均是義務，使其適用之決定，在其他類似情況反覆行之（註一一）。

（二）學理之功能（註一二）

　　學者認爲學理具有以下之功能：

1.減輕之功能

　　確定學理之益處在於所謂減輕之功能（Entlastungsfunktion），亦
即原則上，事實問題及評價問題，不需重新提出法具體化及重新討論，

註一一　Vgl. N. Luhmann, *Rechtssystem und Rechtsdogmatik*, 1974, S. 15 ff.
註一二　Vgl. R. Alexy, *Theorie der juristischen Argumentation*, 2 Aufl., 1991, S. 326
　　　　ff.

因爲在日常法律生活之實務上，那不是人類之能力所容易做到的。亦即對日常法律生活現象，同時具有許多可變的、須思考的及相互比較衡量之能力，是故經由學理之途徑，係不可避免的。當然此種減輕功能，並非禁止反省。學理係透過其類型化與一般化，而非對所有事實加以掌握，它具有規則性格，故在具體案件，須回顧檢驗其背後所依據之原則與評價（註一三）。

2.理性化之功能

又法學理並非對形式之概念構成不起任何作用，它可對不易控制之主觀評價加以抑制，因此具有理性化之功能。它有助於法之安定性與正義要求之一般化傾向，如果在具體案件而與固定之學理不同，則必須釋明及根據。此種理性化功能，並非只於個別決定中以定點表現出來。學理隨著法規之劃歸以及相關之法原則來說明內在關係，且因法之具體化使法秩序一致爲可能，而不致成一封閉體系（註一四）。

3.回歸及修正體系之功能

前述體系思考，尤其是與合目的關係之體系思考，在今天有其重大意義。學理能使法解釋以此目的爲界限，學理使法適用者經由一般之法概念與法原則，對個別法律文句之解釋，獲有很大之自由空間。依此方式，體系具有彈性，並能減輕所生之利益與評價之衝突，能夠對新產生之衝突狀態加以記錄並進一步細分日增之環境複雜性。此種回歸及修正是可能的，因爲學理在實際之法具體化過程加以實證，因此可使與向來確定不同者加以必要記錄，有時則可使新的形式及原則一般化（註一五）。

4.主導之功能

註一三　Vgl. N. Luhmann, *Rechtssystem und Rechtsdogmatik*, 1974, S. 18; W. Brohm, Die Dogmatik des Verwaltungsrechts, *VVDStRL* 30 (1972), S. 247f.

註一四　Vgl. Luhmann, a.a.O., S. 18; Brohm, a.a.O., 248 f.

註一五　Vgl. N. Luhmann, *Zweckbegriff und Systemrationalität*, Tübingen 1968, S. 229.

　　事實之先予及其發展對法學理並非無助益，因為法規並非只依其規定內容就可在個別案件適用，而須就法規之意義、內容及該當事實及從規範之相關資訊反覆地確定。此顯示事實之預先評價，如同適用之規範，適用法律之法曹，首須就許多相關法規選擇與該當案件相當之法規，他同時確定何種個別事實對於該當決定為重要的或不相干，因此時被適用之規範係依許多具體案件之適用而形成，法適用者嘗試合目的地解釋法規範，以對法律之目的作最佳之實現。因此，他必須了解，如何解釋可於社會現實中達到法律所欲之效果，此種規範規定與法事實構造之關係，亦適用於法學理，因為其類型化如同法律在個別案件之具體化一般。如果法欲於新衝突狀態能發揮效力，則學理須隨社會關係之變遷而相應改變，學理不能總是落於社會環境變動之後。法不只與過去及現在有關，亦與未來秩序藍圖有關，在快速變化之世界，學理之主導功能，只有在對發展所帶來之環境改變能嘗試著預先處理時才能實現，因此學理亦是一種未來之科學。但若欲法之規範性與發展之事實性無差異，則學理之發展須有其界限（註一六）。

二、傳統行政法之學理及其問題點

(一)以行政處分為中心

　　德國傳統行政法學乃以行政處分為特徵(註一七)。Otto Mayer 於行政法總論中視行政處分為行政法秩序之基本特徵，在各論部分，則視為警察命令、財政命令，而在公企業領域，其本身為行政之中心行為形式。又徵收與利用之准許等，亦經由行政處分，而行政處分之中心地位，更經由 F. Fleiner 與 W. Jellinek 加以擴張與強化，諸如使用許可、公營

註一六　Brohm 認為，此種界限來自於憲法條文及具民主正統性之法律。Vgl. Brohm, a.a.O., S. 251.

註一七　W.Brohm, a.a.O., S. 253.

造物之認可與捐獻等，亦視爲行政處分。而 Otto Mayer 亦以行政處分爲總括之干涉行政與高權行使之給付行政之行爲形式，而拒絕公法上契約之存在。但此忽略在現代之社會，行政之行爲形式改變與擴充很多，行政除可以行政處分命令與操控外，行政與私人間之契約式協商、公開、協力、提供資訊及指示等，亦爲現代行政行爲之特徵。

㈡缺乏形成之視點

　　向來行政法學之特質爲，其重心在於由侵害行爲發展而成之行政處分概念以作爲公權力之表示方式，其焦點則集中於合法性與個人權利保護。行政之觀念乃由其執行功能確定，即依邏輯上涵攝之法律適用，學理因此主要之方向爲「正確之決定」。至於行政之形成功能，則潛藏於手續法與組織法之後，以此爲準，行政法具有個別及定點之性格，一方面國家相對於個人爲一封閉之法人，他方面個人亦是隔離之個體，具有對抗國家之自由權。同樣地，行政之活動，亦視爲定點，因此學理上其基本觀點是靜態的，它理解行政處分只是決定過程之終點，而非過程本身。它將行政處分只隔絕地視爲對市民之規範，而非能發展成行爲關係之廣泛效果。故向來之學理，缺乏空間與時間之視角，且學理之形式類型，不知階段化之行爲，並缺乏法之彈性行爲。學理上此種定點之性格，可能來自於民法之影響，與國家社會二元區分之自由市民主義之國家任務限於危險防止之思考有關，以及當時社會關係之反映。因此，行政處分作爲行政之高權行爲形式，成爲體系之中心概念，以此發展成公法之適用、法律保留之必要性、命令之拘束性、瑕疵問題及其效果、權利侵害及透過法院之權利保護等。當然此種體系並非沒有彈性，例如對給付行政問題，亦能發揮其適應性，即將行政處分之高權命令規範，透過二階段理論或行政私法之概念，亦能彈性地適用於準高權之行政領域，並且擴張主觀公權利以給予個人參與權之根據。但是如此之改造，在許多問題仍有爭議，無法解決，諸如須當事人協力之行政處分與契約關係，牽

涉相對立權利義務之持續法關係之形成、二階段理論雙重訴訟途徑問題等，換言之，雖採取行政法學上之適應與補充手段以解決問題，但學理上之基本構造仍未改變。

㈢行政之結構及行爲形式不足適應現行行政現象

目前國家行政事務之重心，已從干涉行政轉向計畫給付及要求行政（Forderungsverwaltung），此種任務改變，要求行政之結構及行爲形式改變。國家及行政，從組織、結構及規範構造看，不再具一致性。在新行政學中，因此談及法確信之複數中心體系。法律種類與法律拘束性之變動，以及彼此間之區別除法律原有直接要求市民服從義務之命令性外，同時具有授權、委託、指導規定、目的規定、最善原則要求之特徵。與此相一致者，法律適用者與相對人，則具有合意、確定、處分、相異性追求目的選擇可能性之特點。行政之行爲形式改變與擴充很多。行爲形式不僅爲公法形式，有些更爲高權與私法手段平衡，有時係交換之結果。直接之命令與操控，經由間接影響與相異操控形式補充。契約式協商、公開協力、資訊及指示等，爲現代行政行爲之特徵（註一八）。很顯然地，傳統行政之結構及行爲形式不足以適應現行行政現象。

㈣兩面關係之不足

在法律適用層面，決定者之涵攝決定模式，從法實現觀點，日漸爲組織程序及個人權利認知等取代。在法律執行面，一度空間式的行爲修正方式，漸改爲組織及共同形成與社會的進行結果。在特別是給付行政領域，一致之行爲與爲整體效果而協同爲一定行爲，尤其證明是必要的。過去行政處分以定點之措施方式固適用行政市民間之兩面關係。對於複雜的及行爲及事件進行相互影響等現象，則不再妥當（註一九）。學理上日

註一八　H. Hill, a. a. O., *DVBl*. 1989, S. 325.

註一九　Vgl. W. Brohm, Die Dogmatik des Verwaltungsrechts vor den Gegen-

漸承認在行政與市民間外，第三人參與之必要。相應於國家之高權行爲，市民則具有主觀公權利之防禦權。但其中之權利義務關係日漸形成變動中，防禦權因基本權利及考慮事項而不同，在程序方面尤其參與權、異議權、給付、參與分配與形成權及國家之保護義務、行政之準備及說明之義務，可依法律關係不同而區分爲主要義務與次要義務。市民則負有不同之協同義務、責任及負擔。

㈤對非正式行政行爲未加重視

對複雜及變動之環境，抽象之法律操控，已無效果。此造成執行缺陷，亦給予行政行爲餘地，使行政有選擇地適用及對法戰略地使用所謂「非正式行政行爲」(註二○)以及機關之容忍與不干涉。不過學理上對非正式行政行爲之歸類及允許性問題，尚未一致。值得注意者爲，當授權行政機關裁量權行使，包括不干涉，仍屬高權之實施。爲對給予行政法律上之行爲活動空間及其增加之正當性與對其控制之彌補，要求在決定過程及決定時之市民協同參與。在資訊提供及給付行爲時，行政常須市民之協力，以達其效果。在複雜之事實及資訊存於市民一方時，更是需要。在給付行政領域，國家之給付，不能只由市民參與國家單方規定之給付，以行使個人自由與生活之形成。在基本權利保護觀點下，基本權利之合作功能必須強調。它需要基本權利主體，有責任地協力，經由公益及私益之合作與平衡，使給付一致地形成。

㈥高權行爲之功能上及效果上缺陷

---

wartsaufgaben der Verwaltung, *VVDStRL* 30 (1972), S. 253 ff., 289 ff.

註二○ Vgl. Bohne, Informales Verwaltungs-und Regierungshandeln als Instrument des Umweltschutzes, *VerwArch.* Bd. 75 (1984), S. 343 ff.; Becker, Informales Verwaltungshandeln zur Steuerung wirtschaftlicher Prozesse im Zeichen der Deregulierung, *DÖV* 1985, S. 1003 ff.

　　法律關係之複雜性、改變之條件及動態之發展，使單方高權措施之
法效果因時間經過而有疑問。並非所有未來案件或其狀況爲可預見，國
家措施相對人之行爲，固然常常維持國家行爲之效果，但未必是國家所
預定達到之目的。實際證明，規制之法與直接操控形式，常不如間接效
果與範圍條件之改變。例如企業若違反民生法律規定，與其對企業直接
禁止或經由罰鍰執行，還不如通告消費者有效。經由僵硬之命令、禁止
來確定行爲，可能妨害預期之最佳選擇。規範之行爲，易導致誤解。例
如，禁止命令，會以爲不被禁止者均被允許；而對命令，則常忽略下一
步之執行，所謂命令即履行之錯覺。過去之單方高權行爲計畫，無法掌
握新出現或非類型之特殊案件。相對地，抽象概括條款式地計畫，反可
允許事實之戰略計畫許可及措施。單方高權命令固較易發布，但其效力
繫於其可理解及可接受，因此必須具可信服之理由。從行政之角度，常
常不喜歡其行爲被界定爲高權強制性質，而是給予、主動、自發、形成
及合作之行政，較容易實行其事務（**註二一**）。

三、日本之行政過程論（註二二）

　　如前言所述，除德國外，日本學界對行政法學理更新問題亦熱烈討

註二一　H. Hill, a. a. O., *DVBl*. 1989, S. 326.

註二二　日本學界首先使用行政過程或行政過程論之名詞者爲，一九六六年，今村
　　　　成和之「行政法入門」及後來原田尚彥之「行政法要論」（一九七六年）。
　　　　對於行政過程論之議論雖未成定論，但對於向來行政法學學理上之反省與
　　　　檢討具有重大意義。有關行政過程之議論，除前述塩野宏之論文外，請參
　　　　考，西鳥羽和明，行政過程論と行政手法論㈠㈡，近大法學，三五卷一，
　　　　二號（一九八四年），第一頁以下；三，四號（一九八五年），第八九頁以
　　　　下；藤田宙靖，行政法Ⅰ，一九八六年，第一〇七頁以下；兼子仁，日本
　　　　行政法學における法理論，行政法學の現狀分析，高柳信一先生古稀記念
　　　　論集，一九九一年，第一二頁以下；小早川光郎，行政の過程と仕組み，
　　　　行政法學の現狀分析，高柳信一先生古稀記念論集，一九九一年，第一五
　　　　一頁以下。

論，僅以其中最具代表性之有關所謂「行政過程論」之議論爲例，簡述如次：

㈠行政過程論之意義

　　日本之行政過程論之意義本身並未確定與一致。塩野宏教授認爲，行政過程之議論，乃在向來行政法之範圍或考察方法中，對與現實行政相關之法現象準確地把握、分析，並探究當爲之法等，乃論者間具有之共通基礎。換言之，向來之行政法學，將法秩序分爲公法秩序與私法秩序爲前提，行政法屬前者，亦即關於行政之國內公法爲基本範圍。關於此點，在行政過程論明確出現前，對公法私法二元論已有批判議論，行政過程論亦與此種批判公私法二元論之論點相重合，亦即，公私法二元論之批判，從某種角度，係對向來之行政法學以民法爲模範之法學方法，以形成公法秩序之意圖，提出質疑，依此行政法學與民法秩序中之權利義務體系並立、構成公法秩序之公權、公義務體系，並努力於解明其屬性，同時與民法之法律行爲對比，以確定行政行爲，並基於適法性原理、意思優越性原理，強調行政法對於民法之特殊性。

　　但在這樣之架構下，對現實行政現象之把握不充分，一方面，行政不只以行政處分，且可以其他各種手段達成目的，向來之行政法學固然亦注意及行政立法、行政契約，但於行政之現實，裁量基準、行政指導、行政計畫等各種各樣之行爲形式被運用，因不具法律效果，故未列入行政法學之討論範圍內，從幾個已存在之判例可知，對這些行爲若不加分析，則無從談及現代之行政法現象。另一方面，向來之行政法學，乃著眼於各種行爲形式之最終法效果，對產生法效果之過程不太關心，並且向來之行政法學，將每一行爲形式隔絕，而只論其法之性質，所謂局部之考察，但在現實之行政中，常結合複數之行爲形式，若說行政手續爲微觀之過程，則行政過程，可說是巨觀之過程。如果不導入此種巨觀過程，則對行政法現象無法全體把握，對個別法行爲之效果，亦無法正確

判斷。又向來行政法學之局部把握，具有將行政法關係以兩面，亦即只以行政主體與該行政行為形式之相對人為理解對象之傾向，但在實際上，除行政之直接相對人外，可能與行為相關之利害關係人有很多，對這些人之利害加以法的把握是必要的。總之在現階段對應於行政手段之多樣化，須採取對時間上、空間上加以動態把握之考察方法（註二三）。

(二)對行政過程論之批判

從政法學之方法論與體系論，對行政過程論，有許多批判，略舉如下：

1.行政過程論基本上可能脫離行政之法律適合性問題（法治主義），

2.行政過程論無法回答作為法解釋學之解釋法理體系，

3.行政過程論取代行政行為論而轉於行政之行為形式論，固值得評價，但行政法學之對象，法之結構才是最重要的。

(三)對於批判之反論

對此塩野宏教授之回答為：

對於第一點批評，行政過程論之中，可能亦有意圖如此主張者，但其所思考之行政過程論，對法治主義，其立論係中立的，對於向來之考察方法所不及之事象，作為考察對象，以求法治主義之再檢討。此種作法，勿寧說為法治主義所期待者。關於第二點，行政過程論之出發點之一為對於向來公法私法之二元區分，特別權力關係論及構成行政處分之法概念已漸喪失與減少其道具概念性，而轉成說明概念之現象之檢討，作為法解釋學，構成作為道具概念之法概念固為重要之工作，但基於社會利益狀況之複雜性，立法對此之彈性對應，實際情況是僵硬之法概念之通用力很弱，因此關心之重點應置於收集關於法議論之必要情報，即

註二三　塩野宏，前揭行政過程總說，第四頁以下。

準確地把握須考慮事項，並對情報之法律上檢討，適切地構築。此若從行政法學體系角度，塩野宏教授曾以行為形式論，行政上之一般制度，私人之地位論等，來構築其行政過程論。對於第三點，行政過程論並不否定行政之法構造之重要性，反而十分意識到此問題，例如有關許可制度之探討，就行政行為之形式作討論，若能事先對行政之行為形式充分地理解，則不僅可對既存之法結構作批判性之評價與理解，且對構築新的法構造具有意義(**註二四**)。正如阿部泰隆教授所認為，行政法總論有必要對於現行法具有如何之體系，具如何之法的手法，有何內容與機能，有何問題，有何界限？有何代替之適當手法等，特別從功能面加以解明(**註二五**)。

〔叁〕 行政法之學理及其更新

一、從法律關係學之角度

法律關係學，對今日行政法學主張：

㈠相關生活事實之法律上整體思考

權利、義務、權限、責任不能隔離地思考，而須於其變化之作用關係中理解，並提供法律學理上與法實務上之攝取素材，例如申請，須整體考量申請表件與行政機關在許可法上之事實調查關係。

㈡特有事實構造之思考

一個法秩序，若欲其規制委託行為形式功能無缺地實行，須從其對生活現實性之作用觀察，由操控之觀點，可使規範與事實相互關聯。

註二四 塩野宏，行政法Ⅰ，第二版，一九九四年，第七四～七五頁。
註二五 阿部泰隆，行政の法システム（上），一九九二年，第二四頁。

(三)時間因素之注意

　　法律關係，不能只著眼於行政過程產物之固定思考方式，而須爲程序之思考，因此須注意時間因素。

(四)持續法律關係之理解

　　時間之因素，須超越只對爲行政決定處分時點之操控。許可、監督、機關干涉等，不能視爲相互隔離的，而須在持續法律關係統一範圍內對相互作用過程加以思考。在企業之許可法制上，學理上日漸增多企業經營義務人之動態性，在持續過程中，行政機關與企業間之合作關係，不可忽視。

(五)附屬義務及責任之公告模式

　　權利、義務與責任之整體思考，不僅因其相互牽連，且可發展其他有關權利保護思考標準。例如，資訊、諮詢、報告、警告及協同義務之公告模式。

(六)預備行爲之事前及事後效果

　　在所謂從屬權利保護領域，權利與義務在法律關係之準備階段已存在，且有時可爲損害賠償請求之基礎，乃長久以來被承認。因此即使構造上有欠缺之行政法，亦不可忽略程序開始前之接觸行爲。此種法律關係，使行政之中立獲得擔保，且使後來對事前行爲相關之認知能平順。

(七)多面權利關係之秩序範圍

　　法律關係須從傳統國家與市民間之雙面關係出發，擴充至程序參與者。爲達整體一致之秩序及複雜社會結構之法的實現，常須考慮多方不同利益，同時須從創造不同權利地位之互補性著眼，只有程序法或只有

實體法而不兼顧另一部分，均無法達成。

㈧接受任務及學理上之功能

　　法律關係承認接受及聯接行政法之學理與體系因素，以履行整合之任務，不使行政法強制行政與市民間存有違反體系之秩序模式。不同之法秩序，可以不同之分析進行。法律上歸類之相對性，在具體之法關係上，特別能顯示出來（註二六）。

二、從基本權利地位保護之學理

　　欲使基本權利地位受完備保護，須著眼於實體法與程序法兩方面。此兩因素，構成不同利益間平衡之法律學理基礎，說明如下：

　　1.在實體法上，通常多面法律關係，來自對立之相關基本權利。各方主體基本權利之地位，應為同價值，沒有任何基本權利主體，視為當然地居優位，對要求之雙方不可能均給予最大利益。

　　2.如果任何人於程序之進行牽涉相關利益時，應使其參與行政程序，所謂經由程序以保護基本權利。相對立之基本權利地位，亦不能單獨地於程序上給予，應使權利在多面法律關係上，在實體法及程序法中，獲得功能上之平衡。

　　3.不確定法概念之不確定狀態及不安定之預測，要求程序參與者建設性之合作，特別是相互之資訊交換，因此很多又須回歸實體法。應注意者為，「是否」及「何種範圍」多面法律關係可與程序法上之責任共同運作。

　　4.在複雜情況，為擔保充分之決定理性，牽涉程序之階段化。程序階段特有之現象與權利排除規定，給予關係第三人前後一貫之程序法上

註二六　F. Schoch, Der Verwaltungsakt zwischen Stabilität und Flexibilität, in: Hoffmann-Riem/Schmidt-Aßmann (Hrsg.), *Innovation und Flexibilität des Verwaltungshandelns*, 1994, S. 212 ff.

之地位。

　　5.行政在多面法律關係中居於樞紐之地位，但並非在私人爭議中，行政處於仲裁人之角色，而是行政對於程序有整體責任，行政於相關規範中所作決定對國家有事實上之共同責任（註二七）。

三、概念上之更新

(一)公法與私法之問題

　　在行政法之體系中，私法不只居輔助地位而已，私法之利益評價，其制度及規範之結構，對行政法而言，係普遍存在且須於體系中加以思考，以下有三個值得注意之現象：

1.行政私法不再只是輔助及臨時地存在

　　在行政之領域，以另一法領域之私法形式出現時，並不妨礙其在學理上歸屬私法，而其任務指示公益，此爲傳統所謂行政私法之現象，其重要性在今天仍持續增加。因爲行政總是不斷有新事務產生而須利用私法之行爲形式或組織形式，或者因爲向來在行政法領域此方面雖較少注意，但其以一般私法方式出現顯示出有助於行政法上之理解。前者例如，公共基本建設方面之發展，後者如學術領域方面。如果將行政私法視爲只是輔助及臨時之構成，則自始便未正確掌握，換言之行政私法總是一再被質疑是否會「逃向私法」，但卻又是法治國上尚能忍受地出現，部分學界對行政逃向私法之疑慮，雖然超過十多年以上，但在行政法實務上，並不因此阻礙在許多及重要領域，私法並非以例外，而是以標準型態被運用。因此行政法之體系，須將私法之行政行爲視爲正常之現象，並對私法行政事務視同公法上特有之安全利益及將其可能具有之效力進一步

註二七　F. Schoch, Der Verwaltungsakt zwischen Stabilität und Flexibilität, in: Hoffmann-Riem/Schmidt-Aßmann (Hrsg.), *Innovation und Flexibilität des Verwaltungshandelns*, 1994, S. 220.

探討。

2.私法平衡手段與公法操控手段之合作

有關私法法律關係之公開化，可有不同之表現形式，依此行政與行政法及於私人間法律關係之形成。一個熟知之例子爲私法形成之行政處分，另一例子爲，以私的相鄰關係法所表現出之公的計畫決定，尤其是建築基準計畫。這些例子所顯示者，已不只是公開化之問題，此牽涉如何規範在行政與社會之任務範圍合作中，公法與私法交錯領域之關係。不同法領域之交錯顯示，國家與私人任務執行間合作多樣化，但此決非行政法學上之新問題，早在德國礦業法及耕地整理計畫法中，已顯現私法之平衡手段與公法之操控手段之合作，而此種合作關係，在傳統學理上卻較少被討論。在今天行政過程之許多行政行爲，都只是複數及長時間行爲關係之一部分，它不可避免地須從私人角度考慮私法形成方式，由此現象亦顯示出，吾人所具有之理解公法與私法形式之聯結與交互作用關係及體系化地掌握規範之任務（註二八）。

3.公法與私法仍非等同之領域

公法與私法之區分乃是先予的，經由法院、手續法與訴訟法來區別，但若只根據大陸法之傳統，亦很難作爲兩者區分之根據，依德國學者研究，從法之歷史觀察，公法與私法之區分，在不同時期有不同之強調重點，當然並非只有今天才形成許多灰色及重疊領域，但問題是今天是否已到了將兩個領域合而爲一來理解之時候。贊成兩個領域合而爲一者多是基於現實之理由，但學者 Schmidt-Aßmann 認爲，將兩者統一理解並非發展之前景，因爲法治國之行政法係基於不同之制度與保障理念架構而成立。此同樣適用於公法與私法之區分，兩個法領域代表不同法律

註二八　Vgl. Schmidt-Aßmann, Flexibilität und Innovationsoffenheit als Entwicklungsperspektiven des Verwaltungsrechts, in: Hoffmann-Riem/Schmidt-Aßmann (Hrsg.), *Innovation und Flexibilität des Verwaltungshandelns*, 1994, S. 419 f.

關係之類型，兩者儘管很多地方近似，但仍非相等，因為行政決非有關私人的，而常是受法之拘束及須有正當性之根據。此種私的自由與國家權限間之不相稱，在兩個法領域適當地被理解，且較少意識到其內容為統一之普通法。此種因不同出發點之地位之類型，並非即解釋為學理上應嚴格地二元區分，而應將公法與私法固有之操控現象與規範結構加以分析，並找出兩者之相互關係，例如私之責任法，可接受為動態的細密操作之任務；而基本之政策決定，亦可從公法巨觀程度來理解，此兩個法領域間功能上之補充與相一致，亦可解決其他問題。依新的基本權利學說，在保護法上之領域，可預見之成網狀基本權利地位之秩序，顯示出許多處分之規範結構，除公法之制度外，私法之行為義務、補償體系與組織規範，正可提供參與之私人權利主體間保護法上必要之平衡。公法與私法間，因此並非等同。

(二)利　益

　　所有之法均與利益有關。就利益之結構言，可區分為個人利益、群體利益與公益。個人利益之存在，以法秩序之存在為前提，其意義並非自明及確定的，而是與人格之構造及社會環境之所予有關，對此法律上之規範不只對存在之利益，且須對利益形成過程(Vorgang der Interessenbildung)加以考慮(註二九)。關於群體利益方面，在行政法關係上，越來越具重大意義，尤其考慮其適當之定位及其與個人利益之關係。有認為群體利益乃個人利益之累積、集合或昇華，它隨不同之發展階段而有不同之強度，群體利益乃複雜之利益概念，因為它牽涉到同質、補充及對立之利益。至於公益亦非統一之概念，德國一些法律漸承認公益之

註二九　Vgl. Schmidt-Aßmann, Zur Reform des Allgemeinen Verwaltungsrechts-Reformbedarf und Reformansätze-in: Hoffmann-Riem/Schmidt-Aßmann/Schuppert (Hrsg.), *Refom des Allgemeinen Verwaltungsrechts-Grundfragen*, 1993, S. 37.

形成並非只以國家之地位來表示，而另可委託不同之團體，例如聯邦自然保護法與建築法中規定團體之參與及總括之衡量委託，此顯示社會團體之參與，可以具公益責任之國家地位出現(註三〇)，以及公益與私益間之流動關係（註三一）。在我國相類似的為有關消費者保護團體之規定。

行政機關為決定時，須考慮關係人之利益。法秩序所尊重之利益，不只以被承認為主觀權利之利益形式出現，有時衡量相關利益之地位，亦允許尚未出現者如後代子孫之未來利益。行政法學，須將利益概念加以說明，並努力解明利益結構，提供明確利益之妥當形式及適當地以合程序及實體法之方式處理。

另外行政機關有許多種類之行為方式可運用，以達操控之目的，亦即由不同之法律構成要件構造（條件或目的規定）、不同之法領域（公法及私法，內部法與外部法）、不同之法形式（單方決定與契約）、不同之規範現象(實體法與程序法)、法律或命令方式等，有各種各樣可供運用，以達到彈性形成之目的。行政法學新任務之一，要求行政法之學理須擴充於個別行政之法形式以達彈性行為之需要，例如行政處分及行政法上契約之行為形式。而法律行為形式學，行政手續法、法關係學等結合成預防之行政操控之統一法令。行政法上有關可供使用之法種類之正確選擇問題，在目前似仍只限於在法律所規定之範圍內承認行為形式選擇之自由（Formenwahlfreiheit），在個別之行為選擇，常有爭議，故彈性之手段介入，存在著法律上之外部界限。有學者主張，在行為選擇之實務上，可借用裁量之實務，亦即行政法院法第一百十四條，對於裁量權行使，法院可審查行政機關是否逾越授權之界限，及是否依授權目的行使。在關於行為形式選擇問題上，則不只限於裁量瑕疵學之狹隘角度，而是將法之基準隔離，從操控之角度，是否不同法之種類與形式正確行使之判斷標準。對於行為形式選擇問題之規範，首先可使手段介入（行

註三〇　§ 29 BNatSchG.
註三一　§ 1 Abs. 6 BauGB.

使) 形成透明化，許多行爲選擇決定，似乎是偶然行爲多於基於體系明白地爲之。行政法不只須合乎法治國原則，且須明白及可被接受。形式特定之嚴格要求，在某種程度內可經由透明性加以取代，彈性之行爲因此以公開爲前提，如此可發展成新的信賴形式。如同聯邦憲法法院判決所云，「不允許追究政策產生之透明性而談信賴是不可能的 (Vertrauen ohne Trans parenz, die erlaubt zu verfolgen, was politisch geschieht, ist nicht moglich) （註三二）」。

(三)多邊法律關係

多邊法律關係通常呈現的是複雜之事實及複雜之利益。依結構產生複雜之行政決定，具有以下特徵 (註三三)：

1.多邊法律關係與技術、經濟、生態、社會、政治許多事實有關，他們常具有預測因素與評價因素。

2.多邊法律關係存在著複數利益主體，反映於各種非常不同之利益競爭、利益衝突上。

3.多邊法律關係，常牽涉複數機關及其他部會。

4.多邊法律關係之行爲，根據法律上之規定，它通常經由開放概念、不確定法概念與衡量條款表示，因此包含明顯之形成、裁量、比較之餘地，因此須有補充能力及補充必要。

5.多邊法律關係，經由相關聯之措施以達利益平衡，依不同之規範內容，如採附條件或條件保留。

6.多邊法律關係非著眼於定點或只一次之規範，而是形成效果行爲

註三二　BVerfGE 40, 296 (327).

註三三　Vgl. F. Schoch, Die Verwaltungsakt zwischen Stabilität und Flexibilität, in: Flexibilität und Innovationsoffenheit als Entwicklungsperspektiven des Verwaltungsrechts, in: Hoffmann-Riem/Schmidt-Aßmann (Hrsg.), *Innovation und Flexibilität des Verwaltungshandelns*, 1994, S. 218 f.

之基礎，且其效果常擴及其他領域。

　　法律上利益之衝突，常須考慮三邊利益。以行政處分之作成爲例，一方面行政處分應使申請人盡可能迅速，沒有不合比例地負擔而獲得許可，且有助投資之安定性，並持續加以保護。他方面行政處分應使行政目的與公共利益實現，例如公共安全或環境保護之維護。再者行政處分應經由許可，使利害關係第三人之利益獲得適當保護。對於衝突之利益與相對立之法地位，行政處分具有平衡及分配功能，利益之平衡，只有當衝突之利益在體系上相互地調和，且非一開始即偏袒某一方時，才能獲致。

㈣裁量

　　德國之裁量學說與實務有以下之傾向，亦即裁量已經不再如同一九五五年以來之只限於法效果面之裁量，此種狹隘之見解不只在德國，在奧國及瑞士亦被認爲是一種錯誤之發展。立法者亦可於法律之構成要件面承認行政之裁量權，使行政具體化並實現法律規範，主張只有判斷餘地存在之觀念必須放棄。作爲行政實現多種功能之自由餘地，行政裁量決非法治國之行政法領域之異物，而是有效率行政及各個市民利益保護之必要因素(註三四)。當法院對行政決定內容完全一致之審查爲法律所拒絕或只能在一定範圍內爲之時，組織上規範、手續規範與法院審查可平衡此種限制。吾人從相關規範須加以具體化、選擇餘地（裁量判斷餘地形成自由）之瑕疵類型與司法審查之角度觀察，裁量與判斷餘地與形成自由三者應只有量之區別而無質之差異，尤其在法律規範方式以所謂結合條款或混和之構成要件出現時，即法律規範，一方面在構成要件面採不確定法概念，而他方面在法律效果面採裁量授權規定，若照傳統嚴格區分兩者，將徒增困擾，並且在行政預測決定及風險決定領域越來越擴

註三四　Bullinger, *JZ* 1984, S. 1009.

張之情況，在事實認定方面，須對未來作蓋然性之判斷，使事實認定、法律解釋、涵攝三個階段，更形不確定，其對判斷餘地之影響如何，值得注意。又於行政機關之決定過程，宜導入手續選擇與時間選擇之觀念，以求行政決定之合法性及人民基本權利保護。

(五)預測決定及風險決定

預測決定所引起公法上學理之改變與調整，探討如下：

古典之行政法學，在權力分力原則下，主要集中於幾個原則，即行政之法律拘束、法律保留、法院審查原則。而行政法，則為法治國原則之具體化。危險防止與個人自由保障，為國家兩大任務。但是隨著科學技術之進步，國家之安全任務，由傳統之危險防止，轉變為風險預防，此給與以法治國為指向之行政法，有新的發展因素（註三五）。學者 Schmidt-Aßmann 認為，法治國之概念，對自由之保障之釋明，不如對「和平」之保障之解明來得多。故法治國須給予包含和平要求與和平保障之安全性(註三六)。因此，法治國與國家安全擔保之目的，仍有功能上之關係。行政之法治國的行為，有效行為與可預估之行為，已是對安全性實質之給予保障。但是，向來國家之提供安全保障，並未擴充其領域，因此可能造成在實質安全任務與法形式上之委託間之漏洞。國家，日漸增多參與複雜科學技術過程之操控，安全保障之國家目的，今天須以預防角度把握，從原來之守勢之危險防止，轉為攻勢之形成任務。以市民自由法治國之格局，欲承擔預防之國家任務，在構造上為過分要求。此種過分要求之傾向，特別在國家之目的為減輕社會風險、防止風險之發生及對風險效果加以設限時，特別明顯。今後風險形成之政策，依福利國家之政策，影響法律體系之構造。改變之根本上理由在於，預防之國家事務，較向來受抑制之國家行為，較不受法之控制。因此，如何在行

註三五　Vgl. U. d. Fabio, *Risikoentscheidungen im Rechtsstaat*, 1994, S. 445 f.

註三六　Schmidt-Aßmann, Der Rechtsstaat, in: *HStR*, Bd. I, § 24 Rdnr. 11.

政法面，對此種新的風險決定因素，在學理上加以調適而不放棄法治國安定性之要求，是重要課題。此問題在原子能法、汙染防治法、化學法、植物法、基因遺傳工程法及藥事法等領域，特別值得注意（註三七）。

1.學理之改變狀況

安全保障之干涉行政之行為模式，從抑制性轉向預防性。複雜性之增加與不可避之決定不確定性，造成相應法律操控能力之減少。法律在重大處，常以動態指示之方式，給予行政動的委託。有認為，法的發展，在許多領域從古典之警察危險防止之法轉為風險社會之法，其思考之中心，由危險防止原則變為風險平衡。立法者之概念拘束，從確定危險不危險及合法不合法，轉變為對行政形成及具體化之委託，而非在概念上充分地操控。

2.行政法學理上之調適

⑴法律拘束之減輕及審查基準之改變

前已述及，如果吾人將國家之目的從危險防止擴充及於形成之風險預防，則顯然公法上之干涉模式無法因應，因為國家之干涉無法依向來法律保留要求，由國會在必要範圍，事先加以訂定。行政決定，因此也不再能依合法性原則，由判決加以控制。由行政法學上所存在之法律保留、法律優位、比例原則、基本權利保護等，對行政之干涉行為所為合法性之控制體系，亦不知從何處著手。因為，完全不知干涉從何處開始（註三八）。由風險操控之現實角度觀察，以行政處分為定點干涉之作法，已不合時宜，此特別在風險調查及資訊交換時，明白顯示出。依以上複雜之行政決定，推導出兩個公法上學理可能之調整方向，一是法律拘束之減輕，可經由接受判斷餘地之學說，而不放棄合法性要求達到。二是程序方面，當行政決定因科學之相關，只能依專家委員會之診斷與評價確定，而不能從法律之觀點充分判斷時，則為彌補所減少之事實審

註三七　Vgl. U. d. Fabio, *Risikoentscheidungen im Rechtsstaat*, 1994, S. 450 f.

註三八　Vgl. U. d. Fabio, *Risikoentscheidungen im Rechtsstaat*, 1994, S. 460 f.

查,須要求專家之中立性、獨立性、決定程序正當及所爲決定之附記理由。

(2)判斷餘地與風險形成

　　由以上論述,則行政法學理及判決實務,關於法律對行政操控之改變,應有所反應。向來判斷餘地之學說,正好可作爲發展之起點。但在風險決定領域,判斷餘地不能只視爲行政決定之自由領域,而是另一形式之法院審查。原則上,當行政之形成牽涉風險決定,而委諸科學技術決定時,須考慮行政之判斷餘地。其特徵爲,須考慮相關科學上指示、授權或拒絕之構成要件及法律上有關專家表決之決定程序、法定規範拘束力、或方法上、利益上制度化之規定等。其中重要之法律上所欲賦予判斷餘地,或不可避免須給予者,爲行政對風險之標準化以命令位階之技術規範爲之,例如行政規則。

　　在風險決定行政領域肯定判斷餘地,同時須要求行政機關之決定附理由義務及說明義務。行政依所獲得之法律解釋空間,是以法律具體化之義務行之。法院之任務,並非對風險標準與風險評價,在個別案件自己加以確定,而是必須要求行政對風險評價,提出可執行之藍本。學者認爲,判斷餘地學說,似爲能適當平衡合法性要求、權利保護擔保及風險行政之功能上要求。判斷餘地之特別價值,在於使個別決定一致,擔保規範性之風險標準化一致。尤其規範具體化行政規則,可作爲係對行政之判斷授權。因此,如果行政規則係詳細確定風險因素或一般化風險評價,則可作爲界定及控制風險概念之一行政行爲形式。

(3)作爲判斷授權之規範具體化行政規則 (註三九)

　　從行政法法源層面觀察,前述之問題之法律操控,若不考慮法律執行時之科學之具體化、標準化與評價問題,則無法解決。爲減輕立法者在科學領域之負擔,迫使立法者與行政法學,對執行問題須重新思考。

註三九　關於規範具體化行政規則,參考拙著核能電廠設立程序之司法審查——以德國法爲中心,中山學術論叢,第十二期,八十三年六月,第一八六頁以下。

在特定法領域及行政實務上，長期以來，中間形成規範亦被承認爲行政法學上固有之行政行爲形式。因此，所謂規範具體化行政規則，並非法源學中之異類，而是學理上以判斷餘地形式出現之自然產物。規範具體化行政規則，係一種內部規範，而向外實現規範之判斷權限。外部效力，即拘束效力，形成判斷餘地學說之原則，法院對此只能審查科學專業知識是否明顯之錯誤決定，或者是否科學之認識過程，忽略規範所作之規定。因此，規範具體化行政規則，乃法律對科學上之指令事實上所必需之行爲方式。它是實驗法且仍然能夠修訂。

(4)法律保留問題

問題在於，法律保留向來所形成之內涵，是否足以適應此處所涉及複雜之行政決定。一方面，須減輕立法者制定明確構成要件之義務，避免造成法治國之法律保留與行政現實化間之距離，或因牽涉風險決定因素，而付出違憲之代價。他方面，國家之立法者，對複雜風險決定之法律保留，須事先訂定法益衡量之基準，精密規定行政決定之活動餘地，例如規定行政程序中作成決定之最低要件，以及規定專家委員會，充分地、透明地參與之組織上要件。憲法上所要求之法律保留，如果只是個別干涉授權已不足，而須具有衡量指針、組織上及程序上規定之一致體系。

(5)行政程序與訴訟程序

從法治國角度，須思考專家之招聘程序是否欠缺透明性、專家表決之法律效果、事後可執行之法控制原則，以及確定誰具有何種權限？根據如何法律基礎？在如何之程序中決定等問題。在專家委員會行使職權時必須透明，不能成爲秘密領域。基於法治國之理由，在風險行政已長期存在之法律中，必須盡快發展標準制定程序及相關權利保護與預防哲學之透明性之最低要求。

(6)行政行爲形式

以德國藥事法領域爲例，因動的科學開放之構成要件，諸如行政處

分等行政行爲之方式，須部分改變。又以暫時性行政處分爲例，它可因
知識水準改變而導致合法性判斷之改變，而不須爲撤銷之行爲。故應允
許行政就其所追求之目的與任務，可採行相對應之行爲形式，而除法律
有特別限制外，應承認行政有行爲形式選擇之自由。

四、從行爲形式角度

(一)行政處分

　　在行政之行爲體系上，行政處分制度仍有其特別重大意義。推斷其
功能將喪失之說法仍未能獲得確證，但其制度本身內在之變化，卻值得
觀察。行政處分絕非只停留於單方高權之命令。行政處分之發布，並非
只是法治國角度之必須舉行聽證，而是常經由行政與相對人間密集之協
商，且尋求盡可能可接受之法地位之形成。一個形式上單方面之規範，
只有在行政機關明示接受特定責任，且藉此行政處分有助於固有法律關
係之安定持續力時，才是協調結果所發布之行政處分。時常類似之持續
力與彈性之規範，亦可以契約方式達成。但無論如何，在得撤回與可解
除之行政契約間發展成階段化安定性之形式。實際證明，規範性與合意
性行政行爲當其以操控工具形式被接受時，較少能嚴格區別。類似之區
別見之行政處分之規範內容，對部分許可、預備決定及類似階段化制度
可爲說明。一個新的規範內容之變形，見之所謂暫時性行政處分討論，
即對事實發展之狀態未定或尚未終局調查之事實，適當地接受其不同之
規範密度階段是否妥當問題。此種區分不只是規範內容之時間層面，在
人之規範領域層面，長期以來所謂行政處分之雙重效果亦同。複雜之行
政決定，正好在這些類型之行政處分領域發展。德國聯邦憲法法院並不
認爲每一與第三人利益相關者均承認其行政處分之雙重效果，對此缺乏
規範效果類型化之分析，同樣地缺乏如何確定何種規範內容屬間接效果
而仍可歸類爲對行政處分之手續法及訴訟程序法上有意義之評價範圍。

㈡行政契約之問題

1.行政契約可理解爲合意之行政行爲之一種

行政契約不只限於公法領域，在有關私法上基於合意之契約，亦可包括在內。此兩種類之契約，形成統一之行政契約典型。依德國行政程序法，須受第五十四條以下之規範，而第五十六條第一項所確立之比例原則，可視爲行政契約之正義性；而禁止不當聯結，可視爲侵害之基準。過去行政法之學理，只注意締結公法上契約之允許性，而不太注意契約之內容及其形成可能性之問題。在德國，目前有不同之複雜契約類型，例如所謂之契約性質保護（Vertragsnaturschutz）與社會法領域之契約形成，最主要者爲契約之第三人保護問題，尚待明確地解決。而這些均非行政程序法第五十八條（即第三人與官署同意規定）所能解決。而公法上契約保護之新因素包含所謂最低內容條款（Mindestinhaltsklauseln）。

2.行政契約之內容形成

⑴法律保留問題

行政契約之內容形成是否受法律保留原則限制，有不同看法。有認爲行政契約之內容形成須受法律保留原則限制，因爲契約所根據之實體法上規範，正是經由此原則加以具體化與形成，對於須第三人同意之契約之參與人，若牽涉到對其基本權利地位之干涉時，法律保留原則之遵守乃其前提。但亦有不同見解認爲，契約之締結，就私人之契約當事人言，一般所顯示者並非與法律保留相關之基本權利干涉，而是自由之行使，若是牽涉須擔保之客觀法律保留之成分時，則須由立法者就契約內容作法律上最低基準之規定，而並非每一相關規範均須如此規定。至於何時須作規定，則由立法者依各該相關專門法律及本質性理論決之。

⑵法律優位問題

法律優位問題在契約內容之形成，爲無爭議且須注意之問題，亦即

契約內容不得牴觸上位之法規定，契約當事人對違法之契約，不負有履行之義務，如果法規範強制規定特定之決定或行為，則行政機關無行為選擇之餘地。同樣地，當只允許特定之契約之法形式，則只是規範執行之契約，行政必須遵循。但於裁量行使之情況，只要其決定結果係合法之裁量決定，則行政於裁量行使範圍內，行政可有多種決定選擇。就德國關於行政契約之規定（主要為行政程序法），在不同情況固有不同拘束，但亦允許行政契約關係上，行政之選擇餘地，此不論在契約訂定或契約內容形成時均同。

(三)行政規則

如果因違反行政規則而與外部法相關時，通說亦承認依基本法第三條第一項之平等原則或信賴保護原則救濟，但此種輔助之構想，卻與行政規則之拘束意義不合。行政事務之執行，須合乎平等原則，這是履行行政規則與其他法規範都需遵守者。德國自基本法制定後，從基本法第三條第一項推導出行政之自我拘束、平等原則，要求行政裁量行使須平等。同等行為只在有先前決定時才考量，在同等處置要求下，受與裁量基準不同處置之市民，須主張其權利。至於受與基準同樣對待市民，已獲特定之利益，連結基本法第三條第一項之平等因素之檢驗，並非來自行政規則，而是來自持續之行政實務、（行政實行），行政規則只是顯示現已存在相一致之行政實務，公行政之職員基於服從之義務，存在一種行政規則與行政相一致之假設，因此與行政規則相異之處置，可能直接牴觸平等原則。因此基本法第三條第一項如同轉換規範，它使行政內部指令轉變成如同直接規範國家市民間關係之法規命令，此點特別在有些決定不再視行政規則只是以指示外形出現，而是直接連結平等原則，並且明示須受此行政規則之拘束（而非行政實務）。因此一個決定性之構築，幾乎很難獲得，因為今後行政之自我拘束，並非依照行政之行為（行政實務、行政實行），而是依行政於行政規則中其意思行為之告知，故基於

基本法第三條第一項之自我拘束構想應被放棄，應承認在行政固有之功能領域行政之自我制定法規範之意志，最後創造具外部效力之法源。

另外主張信賴保護者亦不妥當，因為行政規則之行使，並非以值得保護之信賴為基礎，而行政處分在一定條件下被撤銷之期待價值可能性，在行政規則被違反之情況下，亦完全被排除。行政規則之目的與市民投入期待行政作成客觀正確之決定之信賴無關，而且通常行政規則亦只有限地公告，而公告正是值得保護之信賴之基礎（註四〇）。

也許在事實上承認此種行政固有之命令權而不借助「先予之行政實務」之擬制較好，後者即係維持自我拘束之構想，而對行政規則在其第一次適用時即具基礎，其他判決亦有將行政自我拘束從發布行政規則開始，但不依基本法第三條而依信賴保護為根據（註四一）。但有認為此種主張並無必要，因為只要承認行政在裁量領域可自己制定基準，且具有自我拘束之外部效力即可達成。

總之，平等原則乃學理上所創造出關於行政法院審理與行政內部領域間之一座橋而已。且行政規則之目的與市民投入期待行政作成客觀正確之決定之信賴無關，承認行政規則之外部效力，不至於使行政規則與法規命令等同，亦不致使法規命令適用之特別要件無意義。德國聯邦行政法院一九八五年十二月十九日之 Wyhl 判決中指出，當行政規則係具規範具體化功能而非規範解釋功能時，在相關之法範圍內，對行政法院有拘束力，亦即承認行政規則之外部效力。

㈣非正式行政行為之承認

承認非正式行政行為之優點如下：

1.減少法之不安定性

在許多行政法領域，例如經濟法、補助金法、環境法等，常因實際

註四〇　對信賴保護論點之批評，參考 OVG Münster, *DVBl.* 1980, 648 (649).
註四一　BVerwGE 35, 159 (162).

事實情況及法之狀態不易確定，而以不確定法律概念方式規範(註四二)。此種規範方式，常於解釋及適用時面臨具體化之困難，例如有關經濟法上之事實判斷，常須向未來預測，然後方能涵攝於法律要件，亦即法之解釋適用，漸失其確定性，故愈發增加行政與相對人合作之必要(註四三)，經由早期之協商，可使存在之不確定性減少。行政機關可以經由早期之接觸，對於相關事實及私人之權利狀態可總括地知曉，私人亦可因此對行政機關之事實及法律上之判斷，可有相當之理解，如此可減少因法規範之不確定概念帶來法不安定性，同時亦使避免潛在之衝突，降低事後法律爭執之可能性。

2. 避免法之爭執

由於事前採取非正式之接觸，可避免法之爭執(註四四)。因為如在經濟法與環境法領域，其法律事實伴隨著不確定性，在有爭議時，勢必由法院作終局之解決。但正因這些領域構成要件之解釋適用須調查複雜之事實，因此在法院程序中，至該法律狀態終局確定及對參與人有拘束力止，常須很長之時間及很多費用，而經由非正式之接觸理解，可將因未事前考量致帶來訴訟程序之風險降低(註四五)，因非正式之合作行為，行政與私人因滿意協議之結果，故不須訴諸法院之訴訟程序。

3. 減輕固有行政手續之負擔及節省時間和成本 (註四六)

此種顧及有效性及現實性，部分來自前述之減少法之不確定性及避免法之爭執，但主要在於實務上經由非正式合作之協調，可節省時間費

註四二　Vgl. BverfGE 31, 33 (42).

註四三　Vgl. H. Schulze-Fielitz, Kooperatives Recht im Spannungsfeld von Rechtsstaatsprinzip und Verfahrensökonomie, *DVBl*, 1994, S. 658.

註四四　C.-E. Eberle, Arrangements im Verwaltungsverfahren, *Die Verwaltung* 17 (1984), S. 442.

註四五　Vgl. W. Hofmann-Riem, Selbstbindungen der Verwaltung, *VVDStRL* 40 (1982), S. 204.

註四六　Maurer, *Allgemeines Verwaltungsrecht*, 10. Aufl. 1995. § 15 Rn. 17.

用及其他行政上之支出。此種協商之優點在於，相對立之觀點及接受可能性，可被澄清，且此一協調（協商）能減輕固有行政手續之負擔及節省時間和成本。常常一些將來可能成爲許可之負擔者，可在早期加以解決。以計畫設施許可爲例，經由非正式之協商，申請人可減輕其投資計畫、鑑定與其他措置之風險，而行政機關可得到私人資訊，早期地對公益私益（註四七）加以考慮，如此可減少私人錯誤之投資，行政機關在行政程序上執行更穩當，亦可除去潛藏提起法院訴訟程序之衝突因素。

4.具有彈性

非正式之行爲具有彈性，因爲非正式之協議，不具有正式之行政行爲，如同行政處分與行政契約般之法律效力，而實際上非正式之合意、協商與協定，可使參與人注意遵守與中止某行爲，從法之實際觀點，非正式行政行爲之效力，乃在拘束力與無拘束力間移動（註四八）。此種若有若無的拘束力，包含著彈性。非正式行政行爲，至少包含實際之拘束力，但參與人在特別情況，仍可拒絕其履行，而不必有受制裁之拘束。但另一方面，此種非正式行政行爲彈性之拘束，對雙方而言，在正常情況是安定，但亦隱含危機及不正常之風險。

非正式行政行爲之所以廣泛被使用，乃因處在現今變化之社會中，尤其是高度工業化之社會，每一案件傾向於個別決定，一般抽象之規範，總須在個別情況加以調適，同時相互關聯及交錯之利益愈益增多及複雜化，故法之適用於個別案件對多樣之利益加以澄清解明是必要的，特別是國家在今天有許多社會形成之事務，須靠市民之合作，因此國家市民間之關係，亦須基於市民之信賴，由相互同意之行爲建立。與此相對應者，法在許多領域，其性格常是目的規定或指針之規範方式，多於單方

註四七　C.-E. Eberle, Arrangements im Verwaltungsverfahren, *Die Verwaltung* 17 (1984), S. 441 f.

註四八　Vgl. W. Hofmann-Riem, Selbstbindungen der Verwaltung, *VVDStRL* 40 (1982), S. 234: 在法律上及事實上拘束間之灰色地帶。

執行之行為方式規定，非正式行政行為也許在此種期待下，可發揮調適
功能而不會有正式之行政程序與法院程序之耗時缺點。因此，對於非正
式行政行為之合意或協議，不應排斥或拒絕，亦不應否定非正式行政行
為中，如提供資訊(教示)、警告、及其他事實行為之借助現代之溝通技
術有助於達成行為操控之方式，而是隨法治國或法治社會之變動，尋找
其固有之價值，而在不同環境下以能加以保障之方式行之。

　　無論是日本之行政指導或在德國之非正式行政行為之現象，在我國
亦有類似之情況發生。在德國非正式之行政行為，應用面相當廣，涵蓋
於經濟法、卡特爾法、污染防治法、水法、能源經濟法、建築法、營業
法等(註四九)。而在這些領域，非正式行政行為之運用，不僅不可放棄(註
五〇)，事實上且不可避免（註五一）。日本學者認為，談論日本之行政不
論及行政指導為不可能之事，但另一方面，又怕行政指導使法治主義空
洞化或行政因此「逃向行政指導」(註五二)及阻礙日本之國際化，而有行
政手續法中有關行政指導之規定。在我國，非正式行政行為之現象，與
在日本，德國所產生者未必完全相同，但仍具有共通性，因此在我國行
政程序法中對此加以規定，顯有必要。

(五)行為方式選擇之問題

　　1.從適當之角度看，在有些情況，許多行為形式同時為實現特定法
律目的之適當手段，例如，國家之補助金，可依行政處分、以公法上或
私法上契約方式或結合之行為形式為之。問題在於，不同之行為形式間
之交換，在法律上是否允許，或者在行政行為形式與其所追求之目的與

註四九　Vgl. W. Hoffmann-Riem, Selbstbindungen der Verwaltung, *VVDStRL* 40
　　　　(1982), S. 192.
註五〇　H. Bauer, a. a. O., S. 244.
註五一　Vgl. E. Bohne, Informales Verwaltungs-Regierungshandeln als Instru-
　　　　ment des Umweltschutzes, *VerwArch.* 1984, S. 372.
註五二　阿部泰隆，行政の法システム（上），第三八一～三八二頁。

任務間，存在著相對應關係，故使行為形式轉換須被排除或限制？在德國有關不同組織形式與行為形式間之選擇自由問題學界與實務界仍具有爭議（註五三）。

2.行為形式強制與形式選擇：行為形式學如同行政法，具有雙重委託，一是市民法地位之保護(即保護委託)，一是行政實現其被賦予之任務(即實現之委託)。從此意義，則行為形式有助於給予行政行為法之工具及提供法治國之訓練，而當然不存在行為形式之強制。至於行政應使用何種行為形式，以最有效地達成目的，須依不同之使用模型而定，若法規明定要求或禁止對特定行為使用特定形式，則法規間接對行為形式之行使加以限制，而只能以特定行為形式達特定之效果。除此之外，行政於許多領域，對行為形式之選擇，有裁量權或稱形式選擇自由（Formenauswahl），當然此種裁量權，並非可恣意行使，例如若採取某行為形式最能達到相對人之權利保護，但無正當理由不採取，則為恣意，在德國可依行政程序法第十條加以規範（**註五四**）。

〔肆〕 我國之情況

一、概念原則與制度方面

(一)法律保留問題

我國憲法第二十三條規定，「以上各條列舉之自由權利，除為防止妨

註五三 Vgl. H. J. Wolff/O. Bachof/R. Sotber, *Verwaltungsrecht*, 10 Aufl., 1995, § 23 Rn. 4.

註五四 即對於手續之方式，如法規無特別規定者，行政手續不受一定方式之拘束。行政手續之實行應力求簡單且合乎目的之要求。引自翁岳生，西德一九七六年行政手續法，收於氏著，行政法與現代法治國家，第二六二頁。

礙他人自由、避免緊急危難、維持社會秩序或增進公共利益所必要者外，不得以法律限制之。」所謂法律保留之問題（註五五）。本條雖未如德國基本法第八十條第一項，明定行政有委任立法之權限及授權明確性之要求規定，但從我國行政實務及功能法之解釋，應予承認（註五六）。大法官會議釋字第三一三號解釋對於法律授權規定認為「對人民違反行政法上義務之行為科處罰鍰，涉及人民權利之限制，其處罰之構成要件及數額，應由法律定之。若法律就其構成要件授權以命令為補充規定者，授權之內容及範圍應具體明確」。此類似前述德國基本法授權目的、內容、範圍須明定之要求。但對於是否須合乎法律保留要求，能否委任立法之基準，以及若可委任立法時，其授權之目的、內容、範圍須明確至如何程度？均有待學理之進一步探討。學者認為、我國實際情況「不少法律本身內容即欠具體，條文亦甚有限，均賴施行細則補充或以授權條款賦予主管機關訂定內容遠較母法為複雜之附屬法規，有時授權空泛直與無須授權並無二致，乃至子法超越母法而不自知，更有甚者，在制定法律過程中，經立法院否決之條文，隨後又添加於施行細則中」（註五七）。對以上諸問題之學理探討，德國實務上所發展出來之本質性理論（或重要性理論），值得參考。

　　但前已述及，在許多行政法領域，牽涉行政之預測決定或風險決定，由行政法學上所存在之法律保留、法律優位、比例原則、基本權利保護等，對行政之干涉行為所為合法性之控制體系，亦不知從何處著手。因為，完全不知干涉從何處開始，因此憲法上所要求之法律保留，如果只是個別干涉授權已不足，而須具有規定衡量指針、組織上及程序上規定

註五五　參考大法官會議釋字第二九二號，解釋及第三八〇號，有關教育部訂定大學共同必修科目違憲問題。

註五六　參考釋字第二六五號，有關國家安全法施行細則第十二條第六款前段規定之合憲性問題。另釋字第二七〇號，有關行政院發布之「經濟部所屬事業人員退休撫卹及資遣辦法」第十七條第二項規定是否牴觸憲法問題。

註五七　吳庚，行政法之理論與實務，八十一年九月，第二一九頁。

之一致體系。

㈡公法與私法關係

　　公法私法區分之意義及基準，儘管至今尚未有一致之結論，我國目前實務上因牽涉行政救濟管轄及國家賠償認定問題，故仍有區分之必要。但在許多案例上，未必容易劃分清楚，如行政之事實行為、給付行政、或所謂公有民營問題、公立學校教師與學校之法律關係（訴訟途徑）等，均待學理上進一步探討。

　　公法與私法之區別，在今天似不應依行為形式或組織形式來決定，而是由行政之處置是否具有高權性質判斷。因此即使國庫補助行為及公企業之市場行為，亦可能屬於公法領域。

㈢非正式行政行為（行政指導）

　　我國有無必要引進此種向來日本所特有行政上產物之行政指導，學者有基於行政指導可能被濫用及因缺乏法效果，而主張毋庸規定(註五八)。徵諸前述日本學者對行政指導之批判，自有其根據(註五九)。但亦有學者認為，行政指導之規定甚為重要，美國法上關於這類指導之頒布，修改或廢止，均規定應在政府公報上公布周知，我國似亦可參考(註六○)。事實上在我國亦有類似日本行政指導及德國非正式行政行為之現象，例如農委會或外交部對漁民提供外國領海範圍資訊，以免漁民誤闖他國領域捕魚。政府建議農民飼養毛豬，以外銷鄰國，結果因主客觀環境變動，造成大量滯銷，致飼養戶重大損失。或政府機關宣布，某一廠牌之食用

註五八　參考法務部印行，行政程序法草案各方意見一覽表(八十二年十二月)，第八五頁，陳新民教授及法治斌教授之建言。

註五九　事實上我國學者此種見解，在日本行政手續法要綱案討論過程，亦曾得到回響。參考法律時報，六五卷六號，行政手續法立法課題特集，第一○七頁濱川發言。

註六○　參考前揭行政程序法各方意見一覽表，第八五頁，焦興鎧教授之建言。

油成分有害人體健康，造成業者損失。無法律明文規定而建議開發公司捐地百分之三十，以獲得許可。鎮長對建築業者要其繳納「回饋地方之基金」，某私人企業不從，鎮長揚言未來將於都市計畫中將垃圾場建於該私人土地旁等，均可劃歸外國所謂之非正式行政行為之領域。從依法行政角度，當然應加以適當地規範，但我國之行政程序法草案對此並未加以規定，是否足以對應實際發生之非正式行政行為之現象？值得觀察。非正式行政行為之法律上問題，基本上牽涉民主之法治國與社會法治國之問題（註六一），換言之，在給付行政之國家，行政對行政機敏之對應，行政彈性之確保與行政目的之圓滑達成等，與預防法治國原則空洞化與第三人手續參與間，如何獲得平衡問題？因此，對非正式行政行為之法律現象，不僅不應消極迴避，應積極從法律學理上探討，由法律上加以規範。但我國現行行政程序法草案，將本部分刪除，殊為可惜。

㈣行政處分

　　我國向來之政法學，亦可說類似德國行政法學上之以干涉行為為重心所發展成行政處分概念作為公權力表示之形式，其重點在行政合法性問題與個人權利保護。因此，行政之要務為執行功能，至於形成功能、組織法與程序法之問題，僅居次要地位，行政法學理之特徵為個別的與定點的，欠缺空間及時間層面之考量。例如階段化行政程序中所謂之部分許可（註六二）及暫時性行政處分（註六三）。以暫時性行政處分為例，與傳統行政處分之附款並不相同，亦即行政處分之附款，包含終局及終結之實質決定，當然其因附款之種類而異。而暫時性行政處分，則欠缺此效果。暫時性行政處分之法律關係之形成係未定的（offen），此兩種規範種類之區別在於，前者「欲」為法律關係之終局（決定地）形成，後

註六一　E. Bohne, a.a.O., S. 372.

註六二　Vgl. H. *Maurer, Allgemeines Verwaltungsrecht*, 1995, § 19 Rn. 7 a.

註六三　H. Maurer, *Allgemeines Verwaltungsrecht*, 1995, § 9 Rn. 63 b.

者正「不欲」爲終局決定，而是暫時性之後，再終局決定。行政機關之此種目的指向，應被尊重，且於學理上，轉換成一種實現行政機關目的之方式。因此暫時性條款不能解釋成附款，而應接受暫時性行政處分爲一獨自特有之行爲形式（註六四）。

㈤裁量與判斷餘地問題

裁量與判斷餘地問題牽涉到立法之技術及行政權與司法權之權限分配問題。在行政任務多樣化，科學技術運用一日千里之今天，立法方式以不確定概念爲之，已是不可避免，而司法對行政審查界限問題便愈突出，尤其在環境法、藥事法、經濟法、基因遺傳工程法及原子能法領域，更牽涉行政之預測與風險決定，使司法對行政決定審查密度問題，更是必須面對之重要課題。我國法院實務在這樣潮流下，該如何調適？例如有關考試成績評定問題(註六五)、公平交易法上事業獨占之認定與司法審查問題（註六六）、核能許可程序之司法審查密度問題（註六七）等，均爲必須解決之問題。尤其在學理上，傳統裁量行爲只限於法律效果面，要件部分只有於例外情況才承認之見解，是否該調整？並且向來之學說，較少關心裁量行使之手續選擇與時間選擇問題，如何在學理上重新構築裁量理論，亦是重要課題。

㈥雙重效果之行政處分問題

註六四　Vgl. F.-J. Peine, Entwicklungen im Recht des Verwaltungsakts──eine Zwischenbilanz, in: *Festschrift für Werner Thieme zum 70 Geburtstag*, 1993, 568 ff.

註六五　參考行政法院六十一年判字第五〇二號判決，另外參考大法官會議釋字第三一九號解釋。

註六六　參考翁岳生，不確定法律概念判斷餘地與獨占事業之認定，收於法治國家之行政法與司法，八十三年，第九三頁以下。

註六七　參考拙著，核能電廠設立程序之司法審查──以德國法爲中心，中山學術論叢，第十二期，第一六九頁以下。

　　主觀公權利之違反並不以干涉行為為前提，而是以高權措施所引起之權利侵害為前提。憲法上所要求之主觀公權利之擴張，亦及於第三人。主觀公權利之擴張，意指有效法院保護之擴張實質上只是執行功能，在形成功能層面，主要依手續參與之效果。從國家賠償角度或行政救濟角度，同樣牽涉行政處分之第三人效力問題。實務上常須克服所謂「反射利益」問題，例如七十二年臺上字第七○四號判決謂，國家賠償法第二條第二項後段所謂公務員怠於執行職務，係指公務員對於被害人有應執行之職務而怠於執行者而言，換言之，被害人對於公務員為特定職務行為，有公法上請求權存在，經請求其執行，而怠於執行，致自由或權利遭受損害者，始得依上開規定請求國家負損害賠償責任。若公務員對於職務之執行，雖可使一般人民享有反射利益，人民對於公務員，仍不得請求為該職務之行為者，縱公務員怠於執行該職務，人民尚無公法上請求權，可資行使以資保護其利益，自不得依上開規定請求國家賠償損害（註六八）。另外在行政救濟方面，須合乎行政訴訟法之規定，而我國目前行政訴訟之種類，只有撤銷之訴一種，在要件上須是受有處分之當事人，且權利直接受侵害方可，反射利益不包括在內。我國行政訴訟法第一條規定，人民因中央或地方機關之違法行政處分，認有損害其權利，得提起行政訴訟，以損害權利為提起行政訴訟之要件。我國傳統判決實務較為保守，故於論究原告是否適格時，恆以有無實體法上嚴格意義之權利為判斷，且認為，該權利必須是現在存在之權利方可，直到七十年左右，才轉而採取法律上所保護之利益（註六九）。亦有學者主張，從人民權利利益之保障或憲法第十六條規定人民有訴訟之權主張應擴大原告適格之範

註六八　在實務上，如過去之論情西餐廳火災與八十四年臺中衛爾康大火，被害者或其家屬依此判決則不易請求國家賠償。

註六九　見王和雄，公權與反射利益之區別在訴訟上之適用(上)，法學叢刊，第一四五期，第三八～三九頁。

圍(註七〇)，依我國實務，對於此種第三者效果之行政處分能否提起撤銷之訴，或國家賠償，尤其自去年以來臺中幾次大火，使問題更迫切突出，仍有討論餘地。

㈦行政規則外部效力問題

行政規則在我國，一般以解釋函(令)，注意要點、注意事項、釋示、方案等形式出現。我國學界及實務有關行政規則外部效力之見解，一般對行政命令之效力，分成對外效力與對內效力，並以法規命令係發生對外效力，行政規則則僅具對內效力，對一般之人民及法院並無形式之規範力(註七一)。吳庚教授則認為，若行政規則性質上屬於裁量性或政策方針之指示者，則具間接效力或附屬效力(註七二)。亦有學者認為，我國之行政規則中，除裁量規則與判斷規則可以透過行政自我拘束理論發生間接對外效力外，其他行政規則僅具對內效力(註七三)。可見無論認為行政規則只具內部效力或依其性質不同亦可能有間接效力，但尚無如德國學者或實務上主張某些類型之行政規則可具直接之外部效力。大法官會議釋字第一三七號解釋謂「法官於審判案件時，對於各機關就其職掌所作有關法規釋示之行政命令，固未可逕行排斥而不用，但仍得依據法律表示其合法適當之見解。」七十六年之釋字第二一六號解釋並謂「法官依據法律獨立審判，憲法第八十條載有明文。各機關依其職掌就有關法規為釋示之行政命令，法官於審判案件時，固可予以引用，但仍得依據法律，

註七〇　法治斌, 論行政訴訟中訴之利益, 政大法學評論, 三五期, 第六六頁以下；
　　　　王甲乙, 行政訴訟保護之權利, 憲政時代, 十一卷, 三期, 七十五年一月,
　　　　第五八頁；王和雄, 前揭文, 第四〇頁。

註七一　參考陳新民, 行政法學總論, 八十一年一月, 第二〇四頁。朱武獻, 公法
　　　　專題研究㈠, 第四〇頁。

註七二　吳庚, 行政法之理論與實用, 八十一年九月, 第二二九頁。

註七三　莊國榮, 職權命令與行政規則之研究, 臺灣大學碩士論文, 七十五年七月,
　　　　第二一八頁。

表示適當之不同見解，並不受其拘束，本院釋字第一三七號解釋即係本此意旨，司法行政機關所發司法行政上之命令，如涉及審判上之法律見解，僅供法官參考，法官於審判案件時，亦不受其拘束。」可見對有關解釋法規之行政規則，認為並無對外效力。但我國行政實務，對於裁量基準之行政規則及技術規範領域之規範具體化行政規則之外部效力問題與司法角色定位問題，仍未詳細討論，這些課題均值得吾人進一步探討。

(八)訴訟途徑問題

釋字第三〇五號解釋謂「人民就同一事件向行政法院及民事法院提起訴訟，均被以無審判之權限為由而予駁回，致其憲法上所保障之訴訟權受侵害，而對其中一法院之確定終局裁判所適用之判例，發生有牴觸憲法之疑義，請求本院解釋，本院依法受理後，並得對與該判例有牽連關係之歧異見解，為統一解釋。本件行政法院判決所適用之判例與民事法院確定終局裁判，對於審判權限之見解歧異，應依上開說明解釋之。」我國人民之公法上訴訟救濟途徑問題，一方面公私法之區分並非於所有情況均可明確判斷，行政救濟又只限於行政機關之行政處分，故可能因民事法院與行政法院之認定不同，造成消極管轄，我國又無類似德國基本法第十九條第四項之規定，對人民權利保護，可能有缺漏。

(九)預測或風險決定之問題

在風險決定領域，判斷餘地不能只視為行政決定之自由領域，而是另一形式之法院審查。原則上，當行政之形成開放之風險決定，應委諸科學技術決定時，須考慮行政之判斷餘地。其特徵為，相關科學上指示，授權或拒絕之構成要件及法律上有關專家表決之決定程序，法定規範拘束力，或方法上，利益上制度化之規定等。其中重要之法律上所欲賦予判斷餘地不可避免之權限者，為行政對風險之標準化以命令位階之技術規範為之，例如行政規則。

㈩行政程序與手續參與問題

利害關係人在決定過程之參與,對於形成行政之行為餘地具有意義。廣泛之手續參與之必要性,來自有效權利保護與行政行為透明性及民主原則要求。有效之手續參與以法律上保障對決定內容有影響之可能性為前提,此可經由在決定過程之各個階段承認有限度之法拘束力而獲得。在牽涉複數利益之行政決定,為求手續經濟與有效權利保護之目的,可以部分決定之階段化決定過程獲致。透明化及關係人參與之決定過程,因此涵蓋各個決定階段。

二、方法論及體系論之問題

㈠方法論問題

有關行政法學方法論上問題學者討論較少,依學者 Achterberg 之教科書,將行政法學方法與傳統法學方法一般分成法規範解釋(Rechtsnormauslegung)與法規範之補充(Rechtsnormergänzung)(註七四)。行政法學上之法規範解釋為,對規範義涵之釋明,除傳統解釋方法之文義解釋、邏輯解釋、歷史解釋、起源解釋、體系解釋、比較解釋與合目的解釋外,另有局部解釋(topische Auslegung)與合規範解釋(normkonforme Interpretation)。而法規範之補充,係於已經所有解釋方法之檢驗,才有法規範補充之問題,此於規範解釋界限之鄰接地帶,特別具有意義。而其中所謂漏洞之填補,對於開放之規範漏洞(offene Regelungenslucken)採類推適用(Analogie)、反對推論(Umkehrschluss)與進一步推論(Erst-recht-Schluss),至於隱藏式規範漏洞(verdeckte Regelungslücken),則以合目的之限縮方式處理。

註七四　N. Achterberg, *Allgemeines Verwaltungsrecht*, 1988, S. 23 ff.

　　所有之方法同時具有優點及缺點，例如文義解釋概念之確定，有助於概念之明確及確定範圍，但同時卻過於靜態，它太少考量行政法之彈性與動態需要。歷史之說明固可顯示其發展與對制度之了解，但卻具有太強烈過去之相關性，它欠缺考慮行政法基本條件變動之可能。而實證法上之說明，固可顯現實定規範之存立，但同時卻較少考慮行政法上法效力前階段與法外之關聯事項。而司法角度之說明，包含法院之解釋實務，過分強調病理的個案解決，此種方法畢竟以判決為優位，其基於特定條件因素決定客體之偶然產物，很難滿足行政法體系上所需之全面性之理解。學者 Bachof 等認為，行政法學應採以下之思考方向，即1.體系的，2.現實化的，3.科技整合的，4.問題掌握及解釋的，5.動態的，6.國家任務與國家目的相關的，7.現實及責任的，8.國際性及比較法的，及9.個人相關的思考（**註七五**）等，值得吾人於方法論探討上之參考。

(二)體系之問題

　　行政法應構成體系。它對於所有之相關根源加以掌握、評價及整理，它必須克服因限制條件或適用於個案之個別規範與只適用於定點之專門法律所導致之封閉性。它必須給予範圍、指出拘束方向及設計架構之指引。它應形成抽象之描述，並發展成統一之原理架構，使行政概念，行政規制、行政原則與行政制度間之內部關係，能很明白地呈現出來。從此角度，行政法之體系，便成為行政法之學理。如此處理，一方面可避免原則性之事實問題與評價問題須持續地提出討論，他方面有助於法秩序之一致性及行政法之安定。又體系之思考，須注意憲法之規定，如基本權利保護、行政之合法性、權利救濟管道保障等，以及行政法各論依案例所形成之原理原則（**註七六**）。

註七五　Vgl. Wolff/Bachof/Stober, Verwaltungsrecht, § 1 Rn. 9 ff.

註七六　Vgl. Schmidt-Aßmann, a. a. o. (FN 29) , S. 13f.

三、憲法之拘束

　　行政法之學理探討雖非有關憲法學理，但與權力分立，即行政與立法、司法之權限分配（當然在我國另有考試監察權）問題，尤其法律保留與不確定概念，更是牽涉到立法、行政與司法間之互動，所謂法律(立法）創造距離，行政使其回復（Das Gesetz schafft Distanz, der Gesetzesvollzug hebt sie auf）(註七七)，司法則審查行政是否回復。但基於行政於許多場合具有形成之功能，因此三權間之權限分配，須從功能法角度，並考慮國家之任務及目的，以作決定。基於行政法乃具體化之憲法(註七八)，故憲法上之原則，如民主國、法治國及人民基本權利保護等原則，亦拘束行政，故憲法之價值，對行政法學理之發展，應有指引作用，但學理之發展，未必完全受限制(註七九)，因為學理之發展，並非封閉之體系(註八〇)，它具有理性及控制之功能。我國憲法第一條規定，中華民國基於三民主義，為民有、民治、民享之民主共和國。又八十三年八月一日之中華民國憲法增修條文第十條之規定，則具有社會國之精神，故依我國憲法之精神，行政法之學理，對民主原則、法治國原則及社會國原則，亦應注意。又行政在國家功能中之定位亦須釐清。欲於學理上使行政具彈性與更新之可能，首先相關者為立法之任務。法律本身一開始即應強調其彈性，法律本身並非行動之程式，而是規定此種程式

註七七　Vgl. Kloepfer, *VVDStRL* 40 (1981), S. 65 ff.

註七八　F. Werner, Verwaltungsrecht als konkretisiertes Verfassungsrecht, *DVBl*. 1959, S. 527.

註七九　例如行政法學理上之比例原則，目前學界通說，乃具有憲法位階。但從另一角度，甚至可高於憲法位階，例如憲法上對於不同利益間之平衡，違反比例原則或過度禁止原則，此時從自然法角度(非實證法角度)，為違反比例原則，因為其直接根據為正義（等者等之，不等者不等之）。

註八〇　Vgl. C.-W. Canaris, *Systemdenken und Systembegriff in der Jurisprudenz*, entwickelt am Beispiel des deutschen Privatrechts, Berlin, 1969, S. 61 ff.

之範圍與程序及其手段之界限，而行政對法律之具體化，一方面不能恣意地行使，但另一方面，行政裁量亦不再是法治國家必須忍受者，而是憲法所承認與必要之法制度，它使行政於許多情況產生適應之效果。同樣適用於不確定法律概念，透過不確定概念之構成要件之技術，以實現立法目的並實現人民動的基本權利保護（註八一）。

〔伍〕 結語

行政法學理之探討，具有安定、進步與減輕、技術、控制及發見之功能(註八二)，加強行政法學理之研究，對我國行政法學上之法概念，制度，原則及規範規制之確定乃至行政法體系之形成及發展均有助益，另一方面，方法論上之探討亦是重要課題。

註八一　BVerfGE 49, 89 (140).
註八二　Vgl. Alexy, *Theorie der juristischen Argumentation*, 2 Aufl., 1991, S. 326 ff.

行政過程與行政處分

要　　目

行政過程與行政處分

〔壹〕前言

　　行政處分之概念，在德國之國家法及行政法文獻出現可溯自十九世紀前三分之一世紀開始。當初係翻譯自法國之 acte administratif 概念，但法文之 acte administratif，同時指依民法及公法所發布之行政處置，在德國則只限於公法領域之行政處置（註一）。在行政法學理上，建立行政處分制度成為其中心地位者為 Otto Mayer。依其定義，行政處分乃是「有權限之行政，就個別事件，對人民所為何者為正當之高權的宣示。」如果吾人對照現行德國行政程序法第三十五條第一項（註二），顯示上述之定義基本上在今天仍然通用（註三）。對 Otto Mayer 而言，行政處分乃公行政在市民、國家關係中，達到法治國之法安定性，使國家活動之軌道與界限與市民在法範圍內之自由領域，能明確定地界定之手段（註四）。

註一　Vgl. H.-W. Erichsen, in: Erichsen, *AllgVerwR*, 10. A., § 12 Rn. 1. 有關行政處分概念形成之沿革，參考翁岳生，論行政處分之概念，收於氏著，行政法與現代法治國家，第一頁以下。

註二　亦即，「行政處分，係指官署為處理公法上之具體案件，所為之處分，決定或其他公權力之處置，而對外直接發生法律效果者而言。」參考，翁岳生，前揭書，第二七三頁。

註三　Vgl. H.-W. Erichsen, a. a. O., § 12 Rn. 2.

註四　Otto Mayer, *Deutsches Verwaltungsrecht*, Bd. I, 3. Aufl. 1924, S. 62.

行政處分制度雖受有不少批判（註五），但依然是行政法上及行政訴訟法上之中心概念（註六）。它是行政法行為形式體系之支柱以及實現廣泛行政事務之中心手段（註七）。對行政處分此種評斷，在行政行為形式之體系上是否過度評價，仍未有定論。無論如何，在行政之行為形式中，行政處分依其比重，被視為行政之高權行為代表是可以理解的（註八）。而猜測行政處分之功能已喪失者，更無法得到證明。相反地，行政處分除其傳統適用領域外，更發展至其他新的領域，它在目前多邊行政法律關係，各種利益交錯情況下，更是能使法秩序確定及明白之重要手段。在環境法及國土開發法領域之許可審查與計畫決定，若無穩定效力，無法達成其目的，而此更須借重行政處分。隨著行政事務之擴增，這些年德國實務界及學界，更發展出新的行政處分之樣式，其一為作為行政處分制度之階段化行政程序中之部分許可及預備決定（註九）。另外，則有所謂之暫時性行政處分，此一概念之性質及內含，固尚未有定論，但亦顯示行政處分在複雜多樣之現代行政事務領域，其調適及解決衝突之積極功能。本文僅探討行政處分之現代意義與功能，並介紹前述兩種新形式之行政處分以供參考。

〔貳〕 行政處分之特質與意義

一、行政處分之特質

註五　Vgl. E. Schmidt-Aßmann, Die Lehre von den Rechtsformen des Verwaltungshandelns, *DVBl*. 1989, S. 535 f.

註六　Ossenbühl, Die Handlungsformen der Verwaltung, *Jus* 1979, S. 683.

註七　H. J. Wolff-Bachof, *VerwR I*, 10. Aufl. 1994, § 45 Rn. 1.

註八　Ossenbühl, a. a. O., S. 683.

註九　Vgl. BVerwGE 72, 300 (306 ff.); 78, 177 ff.

(一)具高權因素之行政處分

所謂高權與公權力與公法間之區別，國內學者未必很清楚，但多數認爲這三者有時相互混和使用(註一〇)。在德國對高權之概念，無論法律、判決與學界均視爲當然地使用，而未準確地定義(註一一)。有認爲，**實際上高權總是具有公法上之效果**(註一二)。而在德國行政程序法第三十五條規定，所謂行政處分，指行政機關在公法領域，對個別案件所爲對外直接發生法效果之處分、決定或其他高權處置。在此條規定中，同時出現高權及公法，從解釋上言，除高權之處置外，另有其他處置，亦能發生公法上效果，從此角度，高權之意義，較公法爲狹窄(註一三)。而行政處分可說是傳統國家高權行爲中最典型之行爲形式 (註一四)。

(二)行政法與行政行爲中國家功能之減輕

目前國家行政事務之重心，已從干涉行政轉向計畫、給付及要求行政 (Forderungsverwaltung)。此種任務改變，要求行政之結構及行爲形式改變。國家及行政，從組織、構造及規範結構看，不再具一致性。在新行政法學中，因此談及法確信之複數中心體系。法律種類與法律拘束性之變動，以及彼此間之區別，除法律原有直接要求市民服從義務之

註一〇　參考翁岳生，行政法與國家賠償法，收於氏著，法治國家之行政法與司法，月旦出版社，八十三年，第一六二頁。「所謂公權力的行使，就是指公法上的行爲。」學者陳新民認爲，「公權力」乃國家基於統治權之優越地位，可對人民行使之「高權力」，人民負有服從及忍受之義務。見氏著，行政法學總論，八十一年修訂三版，第四二一頁。林明昕，立法不法與國家賠償責任，臺灣大學法律學研究所碩士論文，八十一年十月，第四二、一八六頁。

註一一　Vgl. Art. 24 GG, §§ 90 a Abs. 2, 104 StGB.

註一二　H. Hill, Das hoheitliche Moment im Verwaltungsrecht der Gegenwart, *DVBl.* 1989, S. 321.

註一三　H. Hill, a. a. O., *DVBl.* 1989, S. 321.

註一四　H. Hill, a. a. O., *DVBl.* 1989, S. 321.

命令性外，同時具有授權、委託、指導規定、目的規定、最善原則要求之特徵。與此相一致者，法律適用者與相對人，則具有合意、確定、處分、相異性追求、目的選擇可能性之特點。行政之行爲形式改變與擴充很多。行爲形式不僅爲公法形式，有些更爲高權與私法手段平衡，有時係交換之結果。直接之命令與操控，經由間接影響與相異操控形式補充、契約式協商、公開、協力、資訊及指示等，爲現代行政行爲之特徵(註一五)。

在法律適用層面，決定者之涵攝決定模式，從法實現媒界觀點，日漸爲組織、程序及個人權利認知等取代。在法律執行面，一度空間式的行爲方式，漸改爲組織及共同形成與社會的進行結果。特別是在給付行政領域，一致之行爲與爲整體效果而協同爲一定行爲，尤其證明是必要的。過去行政處分以定點之措施方式固適用行政與市民間之兩面關係，但對於複雜的及行爲及事件進行相互影響等現象，則不再妥當(註一六)。學理上日漸承認在行政與市民間外，第三人參與之必要。相應於國家之高權行爲，市民則具有主體公權利之防禦權。但其中之權利義務關係，日漸形成變動中。防禦權因法律基本權利及考慮事項而不同，在程序方面尤其參與權、異議權、給付、參與分配與形成權及國家之保護義務。行政之準備及說明之義務，可依法律關係不同而區分爲主要義務與次要義務。市民則負有不同之協同義務、責任及負擔。

對複雜及變動之環境，抽象之法律操控，已無效果。此造成執行缺陷，亦給予行政行爲活動餘地，使行政有選擇地適用及戰略地使用所謂「非正式行政行爲」(註一七)以及機關之容忍與不干涉。不過學理上對非

註一五　H. Hill, a. a. O., *DVBl.* 1989, S. 325.

註一六　Vgl. W. Brohm, Die Dogmatik des Verwaltungsrechts vor den Gegenwartsaufgaben der Verwaltung, *VVDStRL* 30 (1972), S. 253 ff., 289 ff.

註一七　Vgl. Bohne, Informales Verwaltungs- und Regierungshandeln als Instrument des Umweltschutzes, *VerwArch.* Bd. 75 (1984), S. 343 ff.;

正式行政行為之歸類及允許性問題，尚未一致。值得注意者為，當授權行政機關裁量權行使，包括不干涉，仍屬高權之實施。為對給予行政法律上之行為活動空間及其增加之正當性與對其控制之彌補，要求在決定過程及決定時之市民協同參與。在資訊提供及給付行為時，行政常須市民之協力，以達其效果，尤其是在複雜之事實及資訊存於市民一方時，更是需要。在給付行政領域，不能只由市民參與國家單方規定之給付，以行使個人自由與生活之形成，又基本權利之合作功能必須強調，它需要基本權利主體有責任地協力，經由公益及私益之合作與平衡，使給付一致地形成。

(三)高權行為之功能上及效果上缺陷

法律關係之複雜性、條件之改變及動態之發展，使單方高權措施之法效果因時間經過而有疑問。並非所有未來案件或其狀況為可預見，國家措施相對人之行為，固然常常維持國家行為之效果，但未必是國家所預定達到之目的。實際證明，規制之法與直接操控形式，常不如間接效果方式為之。例如企業若違反民生法律規定，與其對企業直接禁止或經由罰鍰執行，還不如通告消費者有效。經由僵硬之命令、禁止來確定行為，可能妨害預期之最佳選擇，規範之行為界限，易導致誤解。例如，禁止命令，會以為不被禁止者均被允許，而對命令，則常忽略下一步之執行，所謂「命令即履行」之錯覺。過去之單方高權行為計畫，無法掌握新發生或非類型之特殊案件。相對地，抽象概括條款式地計畫，反可允許事實之戰略計畫許可及措施。單方高權命令固較易發布，但其效力繫於其可理解及可接受，因此必須具可信服之理由。從行政之角度，常常不喜歡其行為被界定為高權強制性質，一個主動、自發、形成及作為

Becker, Informales Verwaltungshandeln zur Steuerung wirtschaftlicher Prozesse im Zeichen der Deregulierung, *DÖV* 1985, S. 1003 ff.

合作者之行政，較容易實行其事務（註一八）。

㈣高權行爲之優點

雖然如此，高權行政行爲，仍有其優點：

1.形式及程序法上之拘束之高權行爲，擔保法之安定性及法之明白性。它使這些行爲可預見，並避免過度及恣意之行爲，以節制國家權力。尤其在給付行政領域，以行政處分來達到給付給予之規範與安定功能，具有重大意義（註一九）。

2.高權行爲同時是迅速有效行爲，因此對危險之防止是必要的。單一性及平等性，使其在複數行政決定中，爲妥當之行爲方式（註二〇）。

3.它是執行國家對人民行爲期待及行爲要求之必要手段，對諸如於個別案件介入集會遊行活動，則擴大行政行爲之活動餘地及有效性(註二一)。

二、行政處分之意義

㈠憲法意義之行政處分

憲法意義之行政處分，乃將行政處分從功能分配角度觀察。行政處分係經由行政轉化一般抽象法律命令成具體化及個別化之手段。從法治國觀點，行政處分是一種行爲形式，並講求法明確性、法安定性、及法之彈性爲目的。因爲它確定對於私人何者爲正當。從社會國角度，行政處分在個別市民利益中，實現許多生活照顧事務。民主國之原則，要求行政處分具法律上正當性及允許協同作用、聽證與法律緊急應變權利。

註一八 H. Hill, a. a. O., *DVBl*. 1989, S. 326.

註一九 H. Maurer, *Allgemeines Verwaltungsrecht*, 10. Aufl. 1995, § 9 Rdnr. 40.

註二〇 Wolff/Bachof, *Verwaltungsrecht I*, 10. Aufl. 1994, § 45 Rdnr. 2.

註二一 H. Hill, a. a. O., *DVBl*. 1989, S. 326.

而從基本權利保護角度,則行政處分須同時具有實體法與程序法之意義。實體法上,它須是使市民行使自由可能之行為形式（如社會給付許可之給予)。程序法上,則它須經由程序保護基本權利（**註二二**)。

(二)實體法意義之行政處分

行政處分具有實體法上意義。其行為方式,對私法上及其他公法上之行政行為方式,具有界定範圍之功能。行政處分具有明確性規範及複數拘束之功能,而就特別行政法角度,行政處分具有直接行政行為操控之手段功能,它將一般抽象之行政法上之法規範具體化與執行。

(三)程序法意義之行政處分

行政處分具有程序法上意義,乃因其存在決定特定行政程序與行政法規之適用。它表示一個行政程序之終局決定。行政處分反映出兼具有實體法與程序法之意義,一方面,因其認識行為帶來行政程序之終結;他方面,其規範,又確定行政與市民間之法律關係,即從決定發現移向法之形成（**註二三**)。

(四)訴訟法意義之行政處分

行政處分,乃是法院權利保護之關鍵。固然,原本權利保護功能仍未定。最典型之公行政之行為形式可說是行政處分,它亦可說是行政法行為體系中之支柱、亦是執行廣泛行政事務之中心手段。行政基於行政法上所授權之權限以行政處分,對相對人要求、禁止、准許給予,或拒絕、或形成、或有拘束力之確認之法律行為（**註二四**)。

註二二　Wolff/Bachof, *Verwaltungsrecht I*, 10. Aufl. 1994, § 45 Rdnr. 8.

註二三　H. Maurer, *Allgemeines Verwaltungsrecht*, 10. Aufl. 1995, § 9 Rdnr. 37.

註二四　H. Maurer, *Allgemeines Verwaltungsrecht*, 10. Aufl. 1995, § 9 Rdnr. 38., Wolf/Bachof, a. a. O., § 45 Rdnr. 11.

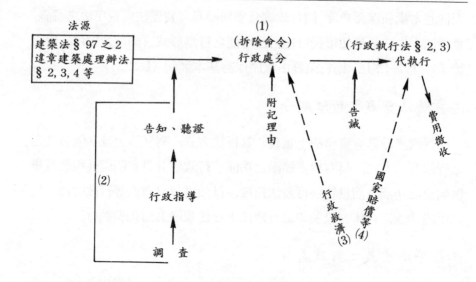

憲法角度
(1)實體法之角度（法律保留授權明確等）
(2)手續法之角度（民主國原則、基本權利保護原則等）
(3)行政救濟之角度（法律國原則、基本權利保護原則等）
(4)國家賠償之角度等

圖一　拆除違章建築之流程

〔叁〕行政處分之修改必要性與修改可能性

一、從行為形式之功能層面探討

因行政處分乃屬於行為形式學及行政程序法領域，且為一般行政法之體系因素。因此修改之討論，不應只限於行政處分之法制度。以下僅從行政處分行為形式之功能能力層面探討，特別是從行為之角度，而非形式之角度。而從功能上思考，首先從行政處分之手段的實行能力著手。

1.關於行政法修改之必要及修改之開始，以法作為掌控之媒介著手。

2.行政處分功能之角度，乃以任務指向之思考。此牽涉行政法各論

之各個領域，換言之，它給予行政具體任務之資訊，若無此種思考，則行政處分，將只是抽象的，法只是工具，其中之行政處分，只是一實現行政任務之特有手段。

　　3.經由行政處分以達目的之實現與利益之保護，須注意相關體系。此相關體系，乃由該具體行政措施所產生，在實體法之關係上，如許可法，牽涉到憲法、行政法總論、特別行政法及歐洲共同體法。

　　4.絕大多數之法律之內容及構造，並不允許法律之執行只按照單純涵攝模式。德國基本法第二十條第三項規定，行政受法律拘束。已顯示法律指引行政之形成規範規定，使行政在具體案件中，法具體化過程有適用之可能，特別是經由行政處分。

　　5.同時亦須行政程序配合。因行政處分並非只是單就現存之法律加以接受，而如鑄造銅板一般，而是須必要之法律具體化，以求法之獲得實現。故在複雜之行政決定程序上之思考，在構造上及法律上如同命令法的及規章法的法產生過程。因此，時間之因素，迫切需要考慮，而不能將行政處分只視為定點介入工具。以許可法為例，不只是重大設施計畫，有些單純之建築物及營運，常常其規範之基礎，不只是行政處分，而須考慮時間因素。程序之角度，針對者為法上及組織上法律具體化及法獲得之過程（註二五）。

二、從法律關係層面

(一)法律關係學之思考

　　法律關係學，並非廢止行政處分或主觀公權利之防止或機關權限、權能之解除。法律關係學之思考，並非攻擊行政法學上所得之學理及體

註二五　F. Schoch, Der Verwaltungsakt zwischen Stabilität und Flexibilität, in: Hoffmann-Riem/Schmidt-Aßmann (Hrsg.), *Innovation und Flexibilität des Verwaltungshandelns*, 1994, S. 211.

系部分，相反地，它嚴謹地要求在行政法中，依程序思考及對行政法上大抵上隔離分析基礎，依整體視野爲之，因此，如何經由行政法對行政行爲加以操控，便值得探討。學者 Schuppert 認爲，應從組織、程序、實體法規定及規定之適用整體觀察,此正合乎行政處分之工具功能思考。例如，不能將行政處分與請求規範或授權規範隔離觀察，而須對決定程序行爲形式及規範規定，整體地理解。經由法所操控之效果判斷，無法避免地須從行爲法、組織法及行政程序法整體理解（註二六）。

㈡法律關係之給付能力

法律關係學，將今日行政法學視爲操控之科學是可接受的。其主張現時逐漸被承認。諸如：

1.相關生活事實之法律上整體思考

權利、義務、權限、責任不能隔離地思考，而須於其變化之作用關係中理解，並提供法律學理上與法實務上之攝取素材，例如申請、申請表件與行政機關在許可法上之事實調查關係。

2.特有事實構造之思考

一個法秩序，若欲其所委託行爲形式之功能無缺地實行時，從其對生活現實性之作用觀察，從操控之觀點，可使規範性與事實性帶來並存之關係。

3.時間因素之注意

法律關係，不能只著眼於行政過程產物之固定思考方式，而須爲程序之思考，故時間因素須加以注意。

4.持續法律關係之理解

註二六　Vgl. Schuppert, Verwaltungsrechtswissenschaft als Steuerungswissenschaft - Zur Steuerung des Verwaltungshandelns durch Verwaltungsrecht, in: Hoffmann-Riem/Schmidt-Assmann/Schuppert (Hrsg.), *Reform des Allgemeinen Verwaltungsrechts-Grundfragen*, 1993, S. 77, 83.

　　時間之因素，須超越只是對爲行政決定處分時點之操控、許可、監督、機關干涉等，不能視爲隔離的相互分等級之地位，而是在持續法律關係統一範圍內及相互作用過程來思考。在企業之許可法制上，學理上日漸增多企業經營義務人之動態性，在持續時間中，行政機關與企業間之合作關係，不可忽視。

5.附屬義務及責任之公告模式

　　權利與義務之法律上整體思考，不僅是其相互牽連且要求發展其他有關權利保護之標準。例如資訊、諮詢、報告、警告及協同義務之聲明模式。

6.預備行爲之事前及事後效果

　　在所謂從屬權利保護領域，權利與義務在法律關係之準備階段已存在，且有時可爲損害賠償請求之基礎，長久以來已被承認。因此即使構造上有欠缺之行政法，亦不忽略程序開始前之接觸行爲。此種法律關係，使行政之中立獲得擔保，且使後來對事前行爲相關之認識能平順。

7.多面權利關係之秩序範圍

　　法律關係創出從傳統國家與市民間之雙面關係，擴充至程序參與者。爲達整體一致之秩序及複雜社會結構之法的施行，常須考慮多方不同利益，同時須從不同權利地位之互補性著眼，只有程序法或只有實體法而不兼顧另一部分，均無法達成。

8.接受任務及學理上之功能

　　法律關係聯接行政法之學理與體系因素，以履行整合之任務，而不存有平衡之危險，不使行政法強制行政與市民間存有不平等之秩序模式。不同之法秩序，可以不同之分析進行。法律上歸類之相對性，在具體之法關係上，特別能顯示出來（註二七）。

註二七　F. Schoch, Der Verwaltungsakt zwischen Stabilität und Flexibilität, in: Hoffmann-Riem/Schmidt-Aßmann (Hrsg.), *Innovation und Flexibilität des Verwaltungshandelns*, 1994, S. 212 ff.

㈢多方面法律關係之複雜性

多邊法律關係通常呈現的是複雜之事實及法律結構。複雜之利益結構產生複雜之行政決定，具有以下一些特徵：

1.多邊法律關係與技術、經濟、生態、社會、政治許多事實有關，他們具有預測因素與評價因素。

2.多邊法律關係存在著複數利益主體，反映於各種非常不同之利益競爭、利益衝突上。

3.多邊法律關係，常牽涉複數機關及其他部會。

4.多邊法律關係之行為，根據法律上之決定規定，通常經由開放概念、不確定法概念與衡量條款表示，包含明顯之形成、裁量、比較之餘地，因此須有補充能力及補充必要。

5.多邊法律關係，可經由相關聯之措施以達利益平衡，例如依不同之規範內容，採附條件或條件保留等。

6.多邊法律關係非著眼於定點或只一次之規範，而是形成行為之基礎，且其效果常擴及其他領域。

法律上利益之衝突，對行政處分通常考慮三邊利益。一、行政處分應使申請人盡可能迅速、合比例地負擔而獲得許可，且有助投資之安定性，並存續保護。二、行政處分應使行政目的與公共利益之實現可能，例如公共安全或環境保護之維護。三、行政處分應經由許可，使利害關係第三人之利益獲得適當保護。對於衝突之利益與相對立之法地位，行政處分具有平衡及分配功能。只有當衝突之利益在體系上相互地關與，且非一開始即偏袒某一方時，利益之平衡，才能獲致。

三、使基本權利地位保護完備之學理

欲使基本權利地位保護完備，須著眼於實體法與程序法兩方面。此兩因素，構成不同利益間平衡之法律學理基礎，說明如下：

　　1.在實體法上，通常多面法律關係，來自對立之相關基本權利。各方主體基本權利之地位，應為同價值，沒有任何基本權利主體，視為當然地居優位，對要求之雙方不可能均給予最大利益。

　　2.如果任何人於程序之進行有相關利益時，則應使其參與行政程序。所謂經由程序以保護基本權利，相對立之基本權利地位，亦不能單獨地於程序上給予，使權利在多面法律關係中，基於實體法之構造，經由程序，獲得功能上之平衡。

　　3.不確定法概念之不確定狀態及不安定之預測，要求程序參與者積極地共同合作，特別是相互之資訊交換，因此很多須回歸實體法。應注意者為，「是否」及「何種範圍」多面法律關係可與程序法上之責任共同運作。

　　4.在複雜情況，為擔保充分之決定理性，牽涉程序之階段化。程序階段特有之現象與權利排除規定，最後給予關係第三人程序法上之地位。

　　5.行政在多面法律關係中居於樞紐之地位，而非在私人爭議中，行政處於仲裁人之角色，行政對於程序有整體責任，行政決定對相關規範對國家具有事實上之共同責任（**註二八**）。

〔肆〕行政處分之功能

一、經由行政處分具體化與安定法律地位之功能

　　在今天行政事務氾濫之情況，行政處分具有秩序功能與確定功能。這些功能以對法律地位具體化與安定化為目的，但並不因此排除行政處分之彈性功能。例如許可申請人，須提出關於許可之行政決定內容及範

註二八　F. Schoch, Der Verwaltungsakt zwischen Stabilität und Flexibilität, in: Hoffmann-Riem/Schmidt-Aßmann (Hrsg.), *Innovation und Flexibilität des Verwaltungshandelns*, 1994, S. 220.

圍之相關資料，同時能明瞭對其計畫事後可提出那些請求。在與相關第三人之關係上，行政處分確定其容忍義務與對其之保護義務，因此亦可確定事實狀態改變時之保留廢止權等。在私法形成效果之案件上，行政處分可改變參與人間之直接法律關係。時常依國家許可決定之許多相對立地位，其利益平衡之困難問題，須藉由立法解決。在過去關於多邊法律關係，例如要求動的基本權利保護及國家之保護義務所存在之基本權利相關問題，只是過度單方承認利害第三人之權利，其結果明顯對照出彈性需要與安定性之衝突問題。但在目前，則呈現相反之方向，亦即經由所謂單一化、迅速化及措施法，使利害第三人之權利，在考慮更多投資安定性，強調國家許可決定之安定利益下，明顯地被減縮。對此須重新思考行政決定之在安定與彈性間之平衡關係以及立法者關於許可程序之時間問題作一妥當決斷。而應承認行政處分之實現委託與保護功能，具同等價值（註二九）。

二、行政處分之實現委託與保護功能

㈠在程序中及經由程序以求法之獲得

依前述說明可知，行政處分之實現委託與保護功能，首須依行政程序來達成。在程序開始時，行政決定尚未存在，從此亦可知法之獲得不能只著眼於其產物之狹隘角度，而須注意法確定本身之過程，這是行政程序合作原則相關之決定性觀點，此必須發展程序概念，如同環境影響評估，要求行政目標合乎利益明確、透明性、當事人參與及公開性等手段之要求。此一方面可減輕國家在行政程序上之負擔，因為國家伴隨決定之複雜性，無法掌握所有重要資訊，決定基礎之支持力，須靠參與人之主動性及其提出專業之證明。他方面，經由在程序中之密切合作，計

註二九　F. Schoch, a. a. O., S. 222.

畫申請人之本身利益可獲重視,結果國家及私人間在程序責任中之合作,亦等於國家與私人間實體的權限與責任分配。當然,此並非指國家失其最終責任之地位,因為合作當事人間尚未完全得到平等之秩序地位,因為國家作為公益之受任人,以及避免私人權利濫用之機關地位,是不能被取代。因此類似環境法上許可計畫程序中合作原則在如何範圍內可利用是值得探討之問題(註三〇)。

㈡作為法源之行政處分

1.同意性質之行政處分

在複雜之法律關係中,許多利益相牽連,且常常不是簡單或合意平衡就能解決。且合意之形成,必然在力之運作下進行,因此以同意及接受之建立和平目標與效果之方式,便值得注意。學者認為,在不誤解國家之最後責任及國家之權力手段前提下,行政處分可視為是在申請人、行政與第三人間於協調過程中程序法之產物,而以平衡之利益,暫時或終局之安定為目的。行政處分之發布,經由先行之行政程序,以公開、彈性、動態之方式導致法律關係於安定狀態。作為行政之行為手段,行政處分在結構上,應合乎法律關係各邊之要求,即㈠行政處分呈現特有之行政法上之法律具體化型態、客觀法上功能、行政之形成委託。㈡對計畫申請人行政處分,是履行其請求。㈢對第三人行政處分,表明國家接受所負之保護義務。從必須協同完成之行政處分之產生過程,顯示其與行政法上之契約區別不大。但另一方面,行政決定之作成,並非須所有當事人均能接受為前提。一個附負擔效果之措施,當然允許行政無視其抵抗;而法律上之範圍條件,行政亦非可恣意為之。依 Hoffmann-Riem 之見解,內容上須同意之行政處分,無論如何,總期待各同意當事人之利益均已被考慮。

註三〇　F. Schoch, a. a. O., S. 224.

2.規範內容之意義

隨著行政處分之發布，經由行政程序，法律具體化之過程便終結。
此時行政處分之安定性功能開始發揮。在法律效果上，無行政決定，即
無法律關係產生。行政處分之安定性能力之種類、內容、範圍繫於其規
範內容。一般所知者，如確認效果、許可效果、形成效果、構成要件效
果及持續效力。然而以上之類型，均屬完全之許可，其意義較無爭論。
但另一種類伴隨著規範內容而日漸增強其利益者爲暫時、預備或部分之
行政決定。其法律上拘束之內容，決定拘束效力之範圍。因此，問題又
取決於，何種措施能獲得安定性以及其未來之行政行爲，就該適用案件，
至何種程度能合乎彈性要求。事後發布命令之處分可能性、實現情況改
變時，撤銷、廢止之必要性、排除條款產生之條件及範圍、行政法院權
利保護之效果及其與民法、刑法之一致性等，均顯示出行政處分規範內
容之意義。例如，在階段程序行政處分之連結與平行許可之適當地契合
等，均是複雜之問題。從行政法總論之角度，上述領域，尚有進一步研
究之必要。又有關行政處分規範內容之解釋問題，如果我們認爲行政處
分並不只是就具體案件適用時得到法之委託，且是法律具體化結果與受
程序法擔保下法確定過程之產物，則行政處分可以分擔法律之功能，此
爲立法者之操控手段與法源。行政處分爲行政行爲之工具，亦爲法源。
以德國最近之判決爲例，行政處分事實上被視爲法源，其基礎爲行政處
分規範內容之規定。關於聯邦汚染防治法上許可效力範圍之目的調查，
聯邦行政法院認爲，係許可決定之解釋（註三一）。聯邦行政法院在有關
Obrigheim 核電廠運轉停止之判決中，認爲此屬於部分運轉許可（註三
二）。又在一九九三年 Mülheim-Kärlich 判決，聯邦行政法院認爲，應
從部分許可之規範內容解釋(註三三)。當然此並不必然只適用於重大設施

註三一　BVerwGE 84, 220 (223).

註三二　BVerwGE 88, 286 (292, 293).

註三三　BVerwGE, *NVwZ* 1993, 578 (579) = *DVBl*. 1993, 734 (735).

之許可領域，單純之建築許可，亦有採同樣見解（**註三四**）。

㈢作為規範內容補充功能之安定性與彈性

1.經由行政處分之操控

安定與彈性，在整體計畫許可以行政處分連結之情況，產生特別之法律問題。例如，在階段化之部分許可程序，暫時積極整體判斷之拘束效力，只依暫時性之程度發展，必須因事實或法律情況改變，對尚未許可之設施部分提出新要求時，對先前之預測，並無拘束力(**註三五**)。因此，似乎存在彈性之可能性。但後來聯邦行政法院就安定性與彈性間合比例地思考，亦即，以部分許可為基礎之暫時積極整體判斷，在後續部分許可範圍內，在詳細及最新之科學技術水準中，因此而增強及（**註三六**）轉變成實際上終局確認。

2.機關之監督

對巨大複雜設施之機關監督，只有依事後之命令及廢止。在設施許可法領域，討論之重心已漸轉移至對環境之要求，而在安定性與限制之彈性間移動。依實體法，事後之命令，只能在許可決定有相關之保留或此為法律上可預見時，才能發布。因此問題不在行政處分，而是在法律規定，此時須回顧行政法總論，而一系列之相關構成要件，則規定於特別行政法。當然是否相關規範對安定與彈性間之緊張關係維持適當平衡，則不能一概而論，只能從特定領域探討。以原子能法領域為例，在第十三條第三項至第五項及第十八條，一方面規定權限及義務廢止許可；它方面又規定有基於作為財產保護之經濟上存續保護，而有補償規定。

3.私人本身監督及照顧

在設施許可法領域，經營者義務之動態化，乃不可避免。行政監督

註三四　OVG NW, *UPR* 1992, 385 (386).

註三五　BVerwGE 88, 286 (290).

註三六　BVerwGE, *NVwZ* 1993, 578 (579 f.).

可經由行政與設施經營人間之合作加以改進。在礦業法領域，這是長久
以來便實施。在原子能法領域，則常討論及定期安全檢查。

〔伍〕 幾個新形式之行政處分

一、階段化行政程序中之部分許可決定

㈠概説

1.行政程序之階段化(gestuftes Verwaltungsverfahren)，指將複
雜之行政程序細分，漸進地分配；亦即將行政程序之複雜決定過程，分
解成多數獨立之部分行爲，這些獨立之部分行爲均爲行政處分整體之決
定客體，由漸進地或階段式地進行，或者分配地部分地來實現(註三七)。
行政機關在這些部分之決定，於許可程序中即所謂部分許可(Teilgene-
hmigung) 決定。而部分許可決定在不同之領域，有的包括預備決定
（Vorbescheid)、第一次部分許可（1. Teilgenehmigung）決定、第
二次部分許可（2. Teilgenehmigung）決定（等依此類推)、整體暫時
肯定判斷（Die vorläufige positive Gesamtbeurteilung des Vor-
habens）等，其中預備決定，特別常見之於設施設立地點之決定。

2.預備決定與建築許可、設施運轉許可及其他相關之計畫許可有關。
預備決定與整體設施許可不同的是，整體計畫許可必須所有法律上之要
件均受審查且合乎要件方可給予許可；而預備決定則限於個別之許可要
件，對各該許可要件係終局且有拘束力，其本身即爲一行政處分。而與

註三七　Vgl. Schmidt-Aßmann, Institute gestufter Verwaltungsverfahren: Vor-
　　　　bescheid und Teilgenehmigung, in: *Festgabe BVerwG*, 1978, S. 571; Ren-
　　　　geling, Perspektiven zur Zulässigkeit atomrechtlicher Anfechtungsk-
　　　　lagen, *DVBl.* 1981, S.429.

部分許可決定不同的是，部分許可雖亦為一終局決定，但只限於整體許可計畫之一部。

只要法律明定在手續上允許或申請人有正當利益要求為一確定獨立有效之決定之部分，則行政機關在最終決定前，對於行政手續之客體，可以行政處分就個別之決定要件為一預備決定。預備決定係一先與之決定部分，而具限制效力**之行政處分**，它亦可能經由參與人加以撤銷。在德國法上法律上明定部分許可者，例如公害防治法有關設施之許可**(註三八)**及原子能法上之設施許可規定。而預備決定最常見者為有關設施地點之預備決定（**註三九**）。

3.部分許可乃是許可計畫決定客體之部分，例如有關設施設立之部分許可，有關設施運轉之部分許可。而設立與運轉之部分許可，又可再細分成多個部分許可，行政機關在此種許可程序過程，須不牴觸法律及法原則而依合目的性形成，此亦適用在個別之階段。程序階段化之種類及範圍須明白與確定，部分許可亦可能因規範內容不確定而侵害第三人權利**(註四〇)**。透過部分許可得到有效許可之計畫一部分，具有公定力，申請許可者於部分許可過程所獲終局決定之法地位,在事實情況改變時，只能依行政處分廢止方式，而不能依不同之規範，以後來之部分許可加以排除（**註四一**）。

4.又為考慮適應部分許可廣泛之決定關係之特性，在原子能法領域承認所謂之暫時肯定整體判斷之部分許可，亦即可給予暫時審查整體設施在設立與運轉之許可要件是否存在之部分許可，此種在原子能法許可程序中之暫時肯定整體判斷之部分許可，可在其後續之部分許可中，在

註三八　Vgl. § 9 BImSchG.

註三九　Vgl. § 7a, 7b AtG, § 19 AtVfG. 其詳請參考拙著，原子能法領域之階段化行政程序，收於，核能利用與法之規制，月旦出版社，一九九五年十一月，第九五頁以下。

註四〇　Vgl. BVerwGE 80, 207 (215).

註四一　BVerwGE 88, 286.

許可範圍內依科學技術之最新水準新的詳細地，現實地轉變成及增強成終局確認（註四二）。

本文所探討之部分許可決定，包含預備決定與整體暫時肯定判斷。其中預備決定，乃是見於核能電廠、企業之設施與其他相類似設施之相關許可程序中。一般情況，當所有法律上之要件經審查且具備時，整體計畫才能獲得許可。而預備決定則只限於個別之許可要件，但對該決定之點爲終局且有拘束力，它與德國行政程序法第三十八條之擔保（Zusicherung）不同，預備決定，本身即爲行政處分（註四三）。而部分許可決定，乃特定階段之終局決定，但只限於整體計畫之一部分。至於整體暫時肯定判斷，則來自原子能法手續規則之規定。德國通說，將原子能法手續規則第十八條第一項之整體暫時肯定判斷，算入第一次部分許可規範內容中（註四四）。此一確認，不僅在第一次部分許可，且對其他所有部分許可均有拘束力（註四五）。依原子能法手續規則第十八條第一項規定，許可機關有義務於給予部分許可前，暫時地審查是否有關整體設施之設立與運轉之許可要件存在。爲使許可機關能爲此審查，同條第二項第二款課以申請人，關於整體計畫之說明提出相關表件之義務。以下謹以德國原子能法體制相關規定說明之。

㈡程序階段化之立法目的

立法者將程序階段化之目的，在於能克服複雜及不透明之決定客體（註四六），此除見於原子能法之許可程序外，另見於建築許可程序。前已述及，所有之階段程序，係共同地在有關整體計畫有許可能力之終局許

註四二　Vgl. BVerwGE, *NVwZ* 1993, 578.

註四三　H. Maurer, *Allgemeines Verwaltungsrecht*, 10. Aufl. 1995, § 9 Rn. 63a.

註四四　Vgl. OVG Münster, *DVBl*. 1978, S. 854; VG Koblenz, *NJW* 1980, S. 1410; Weber, a.a.O., S. 399.

註四五　VG Koblenz, *NJW* 1980, S. 1410.

註四六　Vgl. Wilting, a.a.O., S. 17.

可給與前，對多數及詳細問題，加以解明，此在原子能法之許可程序，特別重要。原子能法第七條第二項，包含一連串安全性相關之要求，它們全都須被履行，因此須對不可勝數之整體設施部分之技術上，個別審查。以階段化之行政程序，可使原子能法之許可程序之部分，因分成預備決定與部分許可，而使決定之複雜性透明化。基此事實，立法者便企圖使所有當事人參與許可程序（註四七）。

　　所謂當事人，包括原子能法之許可機關、核電廠之經營人，與可能之利害關係當事人或異議人，分別說明如下。

1.從行政機關之角度

　　經由階段程序所獲致之複雜行政決定之可掌握性，可減輕許可機關對建設計畫審查與判斷之負擔。許可機關有責任關於核電廠之設立，考慮原子能法第一條之目的，並將其實現。雖然原子能法第一條，將保護目的規定於第二號，但對生命健康之保護（防護來自核能利用引起之危險），仍為原子能法最高之要求與目的(註四八)。隨著核能領域之科技發展，安全技術之知識，亦會時時變動，而核能電廠之設立，往往耗時多年，因此科學技術之水準，隨著建築之進行而改變亦是很平常(註四九)。為履行第一條第二號之保護目的及落實基本法第二條第二項第一款之有效基本權利保護，原子能法第七條第二項第三號，依科學與技術之水準，因核能設施所將引起之損害已經採取必要之對策時，才可給與許可。依此，許可機關有義務考慮動態之科學技術發展，同時持續明瞭許可程序之進展(註五〇)，以當時最新之科學水準，以盡最可能地為危險防止與風險預防措施，此只有經由階段之程序才有可能。為了持續地對最新之知

註四七　Wilting, a.a.O., S. 18.

註四八　Bender, Nukleartechnische Risiken als Rechtsfrage, *DÖV* 1980, S. 635.

註四九　Ossenbühl, Die Freigabepraxis im atomrechtlichen Genehmigungsverfahren, *DVBl*. 1980, S. 807.

註五〇　Breuer, Der massgebende Zeitpunkt für die gerichtliche Kontrolle atom-und immissionsrechtlicher Genehmigungen, *DVBl*. 1981, S. 307.

識與科學之水準加以考量，許可機關給與每一部分許可前，依原子能法手續規則第十八條第一項，關於核能電廠之設立與運轉許可申請，可作暫時整體預測，同條第二項第二款規定，申請人申請部分許可時，須向許可機關提出充分之證明，以使主管機關能在每一許可階段，審查設施之設立與運轉是否合乎原子能法第七條之要件。只有經由程序之階段化，主管機關才有可能隨時就整體計畫，依最新科學與技術之水準來判斷(註五一)。依通說，原子能法第七條第一項及第二項之許可，係許可保留之預防禁止（präventives Verbot mit Erlaubnisvorbehalt）(註五二)，而非只是拘束決定。依照立法者對核能和平用途之決定係指核設施之設立，原則上有許可可能，而非核設施之申請人主張第七條之許可要件存在即可，如同建築法或公害防治法之請求許可給與，許可機關，須在給與許可前審查是否第一條之保護目的可以實現。因此，申請人只能要求無瑕疵之裁量行使(註五三)，是故須依核能潛在之危險，特別是原子能法第一條之保護目的來劃定，許可機關因此須持續地要求許可要件存在並注意原子能法保護目的之實現，以決定是否為拒絕裁量，此只有依程序之階段化，才能達到。許可機關一方面可以在具體之部分許可階段中審查科學與技術之標準，它方面，階段程序亦賦與其彈性以便調適向來許可程序中科學與技術之最新知識(註五四)。許可機關可拒絕所申請之部分許可或依原子能法第十七條第一項第二款限制其內容或者附條件，經由此種影響可能性，許可機關能對程序明瞭與掌控（註五五）。

註五一　Ossenbühl, Kernenergie im Spiegel des Verfassungsrechts, *DÖV* 1981, S. 8.

註五二　BVerfGE, *DVBl.* 1979, 45 (51); Lecheler, Zur Reform der atomrechtlichen Anlagenbau-und-betriebsgenehmigung, *ZRP* 1977, S. 244.

註五三　Papier, Einwendungen Dritter im Verwaltungsverfahren, *NJW* 1980, S. 316.

註五四　Weber, a.a.O., S. 400, 403.

註五五　Schmidt-Aßmann, a.a.O., S. 570.

程序之階段化，亦是法治國之任務，特別是法治國要求法之安定性，法之明確性與法之可預見性，經由對複雜決定之明白細分後，其程序對行政機關而言，自身可更明瞭它合乎法治國對程序上之要求，亦即對行政機關而言，程序更清楚與可掌握，決定標準亦更明確及更可預估(註五六)。

2.從申請人之角度

對核設施申請人而言，核電廠之設立，意指幾十億以上之投資，從此角度，核電廠獲許可之可能性，應盡可能早期明白，以使其申請不被拒絕與攻擊，以獲得許可。如果許可機關直至最後之部分許可，才確定設施設立地不適當，則申請人之財力將難以負擔，經由地點之決定或地點之預備決定，使申請人可承受部分之投資風險(註五七)，對於設立地點之早期有拘束之決定，使申請人能獲得法之安定性，使其對核電廠往後之財政風險，得以計算，並可預估自許可過程至獲得完全許可為運轉時，所需之時間及財政上之損失。從申請人之角度，它除須自己承擔財政風險外，其設施建設，可能受到兩方面之延遲與妨礙，一是許可機關對於核設施之計畫及安全技術風險之判斷，二是來自第三人對部分許可及後續許可之異議或撤銷訴訟。

核設施經營人之活動，原則上受基本法第十二條第一項（職業選擇與職業行使）與第十四條第一項（財產權）之基本權利保障，因此程序之形成，必須可估計投資之風險(註五八)。許可程序之階段化，使申請人獲得必要之法律上及財政上之安定性，對於機關有拘束效果之法律制度，亦可獲得。當然，在原子能法領域，並無典型之決定形式，而只要能得到受益行政處分，有一般之拘束效果，即是部分許可之效力。依行政程序法第四十三條第一項，經由公告而拘束行政機關，同樣之事實及法律

註五六　Wilting, a.a.O., S. 21.

註五七　Selmer/Schulze-Osterloh, a.a.O., S. 395, 400.

註五八　Breuer, a.a.O., S. 306.

基礎, 持續地將獲得許可行政機關之信賴, 以此相同之事實與法律基礎, 機關之後續部分許可或拒絕裁量, 將越來越妥當地行使, 直至申請人最後部分許可, 即運轉許可之形成(註五九)。經由此種階段程序, 因許可機關之漸進拘束而使整體計畫漸進增強, 使申請人不致為無意義之投資, 因此程序之階段化, 具有保護功能, 在面對第三人之異議與撤銷之訴時, 經由漸進之部分不可撤銷性, 亦即具部分許可之持續效力, 亦可擔保申請人之權益(註六〇)。原子能法之部分許可, 係典型之有第三人效力之行政處分, 或第三人負擔之行政處分, 或第三人負擔雙重效果之行政處分, 對於不可勝數之異議與訴訟, 核設施經營人, 亦可很清楚其反對內容, 經由部分許可, 因漸進地不可撤銷性而降低申請人之申請計畫被第三人因撤銷之訴歸於無效之危險 (註六一)。

3.從第三人之角度

如果參與之第三人並非環境保護組織或有組織之利益團體, 則關係市民可能對於核能電廠之法律上及技術上之領域不明瞭。經由階段地進展, 可使整體程序更透明, 使關係人得以充分準備, 此可使第三人之資訊獲得與參與程序之可能性獲得改善(註六二)。市民以行使異議權之方式參與, 此規定於原子能法手續規則第四條以下, 此權利, 亦只有在利害關係第三人能隨許可程序內容進行, 且瞭解機關許可之範圍時才能發揮其效力。另外, 行政之決定對第三人言, 必須明白, 以使市民可以接受。程序之階段化, 具有使當事人明瞭程序與權利之目的, 不僅使行政有為法治國行為之可能性, 同時亦可達法治國拘束性之要求(註六三)。因為, 基於程序, 使高權更具明白性, 也開啟第三人控制之可能性, 因此, 行

註五九　Ossenbühl, Zur Bedeutung von Verfahrensmangel im Atomrecht, *NJW* 1981, S. 376.

註六〇　Degenhart, *Kernenergierecht*, 1981, S. 67.

註六一　Wilting, a.a.O., S. 24.

註六二　Weber, a.a.O., S. 397.

註六三　Schmidt-Aßmann, a.a.O., S. 570.

政之自我拘束，將更有可能控制與要求。而且部分問題，經由預備決定，具有確認之效果，亦可導至機關之程序經濟，亦可達理性之程序形成（註六四）。

(三)預備決定

1. 概念與意義

德國原子能法第七a條規定，依第七條申請設施許可者，對於各個問題，特別是有關設立地點問題，可以給與預備許可。如果設施申請人，未於預備許可給與後兩年內申請許可，則預備許可將無效。此一規定，係於一九六九年八月二十八日原子能法第二次修改時增訂的，其目的是爲減輕申請人之投資風險與手續風險（註六五）。此種預備許可決定，係事先對設施計畫本質上之各個問題作有拘束性之決定，特別是關於設立地點之問題，但還包括設施之計畫安全技術等。此種制度，事實上已長期在實務上發展，並爲法院判決所承認（註六六）。預備決定相對於部分許可決定，係獨立固有之決定，預備決定後之部分許可決定，並非預備決定之執行，它們具有不同之功能，預備決定乃對整體設施之個別問題具有終結意義，但卻不像部分許可決定係有關個別設施之設立與運轉（註六七）。預備許可終究具有確認之性格，它並非允許設立與運轉之許可，若欲設立與運轉，仍須獲得該當部分許可（註六八）。

預備決定，只能在許可程序中因當事人之申請而給與，許可機關不能基於固有之裁量權限，而在程序階段突然引入（註六九）。對於預備許可

註六四　Selmer/Schulze-Osterloh, a.a.O., S. 393, 395.

註六五　Vgl. amtl. Berg., BT Drs. 5/4071, S.6; BVerwG, *DVBl.* 1972, 678.

註六六　Vgl. BVerwGE 24, 23, 26f.; *DVBl.* 1972, 678.

註六七　Breuer 認爲預備決定係法律上；而部分許可爲實際上之分層許可。

註六八　Vgl. § 19 Abs. 4 Nr. 2 AtVfV; BVerwG, *DVBl.* 1972, S. 678.

註六九　Vgl. BVerwGE, *NVwZ* 1986, 208, 215; VGH Bad,-Württ., *DÖV* 1979, 521, 523.

之決定，並無異議之權，而機關之許可裁量，不限於原子能法第七條之裁量界限(註七〇)。依原子能法手續規則第十九條第五項及第十八條第二項，預備決定乃對於整體設施之設立與運轉之要件存在爲前提之暫時支持之審查判斷(註七一)。依第七條第一項規定，預備決定之給與，亦可能在依第七條之設施許可決定開始前，對設立地點作有拘束性之決定，此時並不需要對設立地作分毫不差之確定，它最遲在設施設立之部分許可決定准許建設時發生效果（註七二）。

2. 預備決定與部分許可決定之區別

預備決定與部分許可決定，乃固有之法制度，具有不同之功能，而不是何者爲何者之下位概念。預備決定規範關於整體設施重要終局之個別問題，它不像部分許可之關於個別設施部分之設立與運轉之決定(註七三)。預備決定，專具有確認之性格，相對地，設施之設立與運轉，必須部分許可或許可。

預備許可之制度與部分許可制度之區分，就實務而言，至目前爲止，並無重大意義，當初爲減輕企業投資風險而使個別問題作成有拘束事前決定之目標，顯然並未達成。因爲，預備決定弱點在於，實際應用上，許可機關已在預備決定中，要求申請人詳細之記載，而同時依原子能法第七條，亦可有固有之許可程序，經由兩次之公告及兩次異議期限與兩個決定之中斷，預備決定之事先處理，帶來同樣之審查，造成行政之浪費(註七四)，預備決定之程序，因一般若被撤銷，將被開始進行之程序所

註七〇 K. Schmieder, Rechtsprobleme im Zusammenhang mit Vorbescheid und Bauartzulassung im atomrechtlichen Genehmigungsverfahren, in: 5. *AtRS* 1976, S. 176 f.

註七一 Vgl. OVG Lüneburg, *DVBl.* 1979, S. 687 f.

註七二 BVerwGE, *DVBl.* 1972, S. 678.

註七三 Breuer, in: 6. *AtRS* 1979, S. 244 f.

註七四 D. Blickle, Vorbescheid und Bauartzulassung im atomrechtlichen Genehmigungsverfahren aus der Sicht der Genehmigungsbehörd, in: 5. *AtRS* 1976, S. 192.

凌駕，從手續經濟之理由此一制度常被批判。

㈣計畫之整體暫時肯定判斷 (Die vorläufige positive Gesamtbeurteilung des Vorhabens)

關於整體暫時肯定判斷之法律性質，學界看法不一，儘管它以審查與判斷之暫時性爲方向，可因原子能法手續規則第十九條第三項四號之附款而緩和拘束效力，且爲計畫事實上及法律上存續之基礎，但學界通說，仍認爲它屬於預備決定之規範內容(註七五)。而有關地點之預備許可決定，並不以有對設施設立與運轉之整體暫時肯定判斷存在爲前提，判決有認爲整體暫時肯定判斷只不過是機關對申請人之無拘束效果之內部職務義務(註七六)，實務亦有如同通說之見解者(註七七)。預備決定，雖然只具確認效果，但亦可能因整體程序之拘束而牽涉第三人之權利(註七八)。原子能法第七條第二項，第七條以及原子能法手續規則第一條，第十九條第二項及第三項五號，在預備決定手續中，從公開參與之原則出發，如果第三人法律上所保護之地位受到侵害時，預備決定係屬行政處分，因此該第三人可在法院之程序對之提起撤銷之訴(註七九)。由於在行政法院程序中訴訟具有停止之效果，因此預備決定之確認效果對後來手續之進行，並不具有事實上及法律上之效力 (註八〇)。對此，機關既

註七五　R. Breuer, Die Bindungswirkung von Bescheiden-insbesondere Zwischenbescheiden-und Präklusion, in: 6. *AtRS* 1979, S. 258 f.; BVerwGE, *DVBl*. 1986, S. 192 f.

註七六　Vgl. VGH Bad.-Württ., *DÖV* 1975, S. 744; *DÖV* 1979, S. 523 f.

註七七　VG Koblenz, et 1980, S. 427; BVerwG, *DVBl*. 1986, S. 192 f.

註七八　Vgl. BVerwGE 55, 250; Ronellenfitsch, a.a.O., S. 404; Schmieder, a.a.O., S. 175.

註七九　VG Schleswig, et 1973, S. 321; et 1974, S.445; OVG Lüneburg, et 1973, S. 611.

註八〇　VGH Bad.-Württ., *DÖV* 1979, S. 521.

無停止許可手續之必要，亦不禁止其利用現存之結果（註八一）。

㈤階段化行政程序與法之安定性

1.階段化行政程序之法治國之外部效力，經由行政行為之明白性，對行政機關具有法治國之拘束力。從核設施經營人之角度，程序之階段化，經由漸進之拘束效力，具有保護功能，乃法治國之要求。依通說，拘束效力可造成法之安定性(註八二)，對核設施經營人，基於不變之事實及法律基礎，可計算有效許可是否給與。

2.對市民之參與而言，經由程序之階段化以達法之安定性，乃兩刃之劍，其正面在於經由階段化可獲得程序之透明化，將複雜之決定分解，使許可客體可更明瞭、更透明與更可掌握。對第三人而言，只經由程序之階段化，不能就此獲得程序之透明性與法之安定性，而是每一部分許可，均合乎法治國之要求，部分許可首先必須其內容有充分程度之確定，使可能參與之第三人能確定其透明性(註八三)，如果部分許可及公告之表件不夠確定與具體，致使無攻擊或參與可能性時，則為其負面效果。

3.每一部分許可之規範內容，必須對第三人很清楚，且可相互區別。因此，一個結果許可，其規範之範圍如何，包含多少只是重複既有之部分許可之規範部分？外觀上須很清楚(註八四)。如果第三人對部分許可之規範範圍不明瞭，則階段化程序之意義與目的，其效果將相反，亦即程序之階段化，造成法之不安定性，第三者將因部分許可之效力範圍，而被犧牲。規範內容之不清楚，造成衝突之減少，只是申請人受益(註八五)。欲經由階段化程序使市民真正能獲法之安定性，則只有他們對部分許可

註八一 U. Mutschler, Die Bindungswirkung von Bescheiden-insbesondere Zwischenbescheiden-und Präklusion, in: 6. *AtRS* 1979, S. 290.

註八二 Weber, a.a.O., S. 398 f.

註八三 Ossenbühl, *DÖV* 1981, S. 8.

註八四 Schmidt-Aßmann, a.a.O., S. 578, 579.

註八五 Breuer, a.a.O., in: 6. *AtRS,* 1979, S. 246.

之規範內涵，在內容上能明白界定。而通說主張，第一次部分許可之規範內容，亦包含設立地問題決定與暫時積極整體判斷，則可能違反法治國之精神。因爲，第一次部分許可之規範範圍問題，尚未能明確界定，則從市民之角度，顯然造成撤銷許可之負擔與法之不安定性（註八六）。

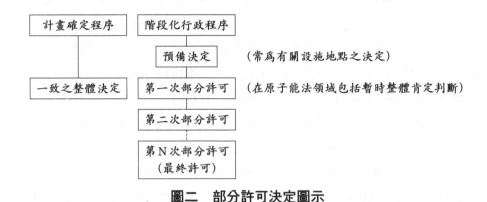

圖二　部分許可決定圖示

二、暫時性行政處分 (Vorläufige Verwaltungsakt)

㈠起源

　　1.德國稅法上長期以來存在著保留審查之稅的確定，以及在稅額雖未終局確定，有時基於納稅義務人之表明，而允許暫時稅之確定。因此在財政行政上，還保持一個章節，使課稅程序至終局決定前，仍保持未定。又依社會法第一書第四十二條規定，對於金錢給付之請求，雖然數額尚未確定，但如根據確定，可事先給付其許可，可依行政處分之保留將來之計算及返還而達到效果。此外，在許多不同領域，仍有暫時規範之規定。暫時性行政處分得到一般之注意者爲一九八三年四月十四日之

註八六　VGH Mannheim, *NJW* 1979, S. 2530.

聯邦行政法院判決。其中補助金之給予，以實施業務檢查之結果，作爲是否給予之保留。此種說明，被視爲暫時性行政處分。

2.一九八三年四月聯邦行政法院對下述案件作決定，亦即原告經營一家牛奶工廠且從一九七六年五月至一九七七年三月申請關於脫脂奶粉之消費與脫脂奶粉轉成飼料及脫脂奶粉變質化之補助，其數額超過兩百萬馬克，且經由多次許可決定而獲得。而在這些決定中，被告指出，這些數額之支付附有「仍待實施業務檢查結果之保留」。此外，已給予之支付若事後無法證明合乎要件時，則須追回。被告於一九七七年五月實施檢查，並發現有些補助部分不合乎條件，其應追繳回之數額爲九萬四百六十五點六七馬克。被告依後來之審查報告於一九七九年二月撤銷對原告自一九七六年五月至一九七七年三月之補助決定，且要求原告繳回九萬四百六十五點六七馬克。法蘭克福地方行政法院撤銷被告一九七九年五月之決定，其根據爲，依行政手續法第四十八條第四項，官署知有得撤銷之違法行政處分之事由，其行使之期限爲一年，本案被告於一九七七年五月知悉法定撤銷事由，而於一九七九年二月才撤銷決定，則行使期限已過。被告則越級上訴於聯邦行政法院以撤銷該判決，依聯邦行政法院見解，係爭許可決定不須撤銷，且適用行政手續法第四十八條第四項是錯誤的，因爲該許可決定只是暫時性之規制 (vorläufige Regelung)，亦即受益人獲得補助在得到終局決定給予前，該決定仍只是暫時性，只有當終局決定，其獲得才終局確定。基於此種特別之規制內容，對本案之不合乎要件之許可保留，並不需要撤銷，只要以終局之決定拒絕其申請，即可基於一般公法上返還請求權達到要求返還違法補助。給付之目的（註八七）。

學界對聯邦行政法院之判決反應不一，Tiedemann 認爲，該判決乃有助於行政法總論發展之重要判決，肯定有助於公法行爲形式之學理上

註八七　Vgl. BVerwGE 67, 99 ff. = *DVBl*. 1983, 851 ff. = *DÖV* 1983, 814 f.

發展(註八八)。Götz 雖持懷疑態度，但仍肯定地表示，此種業務檢查結束至爲終局決定間之期間，應類推適用行政手續法第四十八條第四項規定(註八九)。反對見解如 Gündisch 認爲，聯邦行政法院此一判決，使行政手續法關於信賴保護規定不適用(註九〇)。而學者 Henke 則認爲，聯邦行政法院對此問題之解決方式，乃是吃力地以似是而非之解答，解決似是而非之問題。事實上，若問題之重心是在給付行政法上之給付請求而非行政處分時，實在沒必要創設一無法律效力之行政處分，因爲補助金可依債法上之契約模式解決（註九一）。

　　關於暫時性行政處分在學理上許多點仍待解明，諸如暫時性行政處分之意涵與其他相關法制度如行政處分附款之區別、適用範圍、其發布之要件及如何在學理上架構此一制度，還是根本無存在價値等均値探討（註九二）。以下僅就上述問題略加探討。

　　關於暫時性行政處分雖在德國行政手續法未見規定，但事實上在許

註八八　Tiedemann, Anmerkung zu BVerwGE, *DÖV* 1983, 815 f.

註八九　Götz, Die vorläufige Subventionsbewilligung, in: *JuS* 1983, 924 (927).

註九〇　Gündisch, Die Entwicklung des Subventionsrechts 1980～1983, *NVwZ* 1984, 489 (494).

註九一　Vgl. Henke, Anmerkung zu BVerwGE, *DVBl*. 1983, 851, in: *DVBl*. 1983, 1247f.

註九二　除前述論文外，在本判決出來後陸續有討論文獻出現，如 Nöll, Die Rückforderung fehlgeschlagenerer Subventionen, Schimmelpfenning, Vorläufige Verwaltungsakte; ders. *BayVBl*. 1989, 69 ff.; Kopp, Verwaltungsakte unter Vorbehalt und sonstige vorläufige Verwaltungsakte, DVBl. 1989, 238; Kressel, Der "vorläufige" Verwaltungsakt, *BayVBl*. 1989, 65 ff.; König, Der vorläufige Verwaltungsakt, *BayVBl*. 1989, 33 ff.; Martens, Vorläufige Regelungen durch Verwaltungsakt, *DÖV* 1987, 992 ff.; Peine, Der vorläufige Verwaltungsakt, *DÖV* 1986, 849 ff.; 國內相關文獻，請參考，陳傳宗，論暫時性行政處分與行政法上承諾，臺大法律學研究所碩士論文，七十九年六月。

多特別法規中有類似規定（註九三）。

3.暫時性行政處分至為終局決定前，仍只是暫時性質。經由不同之終局決定，暫時性之決定，不再被接受，而是被取代及終結。因此，行政程序法第四十八條，撤銷行政處分，以信賴保護為其界限之規定，不能適用。撤銷規定之排除，是暫時性行給付決定發展之動機。無論如何，受益人不只是在終局事實與法律地位宣示前得到許可，且能獲得確實之地位，但終局之決定，仍可與暫時之決定不同。但暫時性行政處分，仍須探討的是，其法律學理上之構造、法律上之允許性、其界限以及實際上之需要性。暫時性行政處分之概念表示本身，即有疑問。因為，行政處分，正是欲其功能為，在具體案件之法律地位作終局之宣示為目的。當暫時性行政處分是終局確定時，暫時性並不絕對地排除其規範性格。

4.一九八八年聯邦行政法院之判決

前述一九八三年聯邦行政法院之判決，聯邦行政法院視此一「仍待實施業務檢查結果」之保留，非解除條件或撤回保留，而是許可保留決定規範之修正，即規範之法效果，只是對有暫時維持必要之金錢給付予法基礎(註九四)。其後之拒絕或改變之許可決定，並非撤銷或部分撤銷原有之行政處分，因為此為暫時性之規範，而無法之拘束力(註九五)。其根據為，終局補助之維持必要，繫於尚未審查及未確定之過去發生之結果(註九六)。暫時性行政處分，因此係基於行政機關對事實尚未完全調查。一九八八年十二月十五日聯邦行政法院第五法庭，則針對暫時性行政決

註九三　Vgl. § 164 AO, § 165 AO, § 21 AusländerG, § 44 BSHG, § 4 Denkmals-
　　　　chutzG NW, § 11 GastG, § 10 Gasöl-VerwendungsG Landwirtschaft, §
　　　　GüterkraftverkehrsG, § 22 Abs. 4 KOVVfG, § 42e LandschaftsG NW, §
　　　　20 PBefG, § 43 SGB-I § 74 VwVfG.
註九四　BVerwGE 67, 99 (103).
註九五　BVerwGE 67, 99 (103).
註九六　BVerwGE 67, 99 (102).

定與不完全事實解明間之緊張關係，提出看法(註九七)。係爭問題徵結在
於，上級健保機關，在對受僱人之重殘障特質，有權認定機關尚未決定
時，是否有權依重殘障者就業法第十八條及十二條之特別解約保護程序，
對重殘障者爲有益其之決定，因爲只要該事實未確定，則上級健保機關
欠缺爲拒絕受僱人解約行爲之法律上要件。依聯邦行政法院之見解，對
重殘障特質認定之不確定性，因有權認定機關之故而未能除去，上級健
保機關仍有權發布相關預先照顧之行政處分（vorsorglicher Ver-
waltungsakt）以宣示其拒絕。此一預先照顧之行政處分，係暫時性行政
處分之變形，因爲其規範效果，亦於其拘束力中修正，而與行政處分之
附款無關。預先照顧之行政處分之保留，包含著法律上之價值，只有當
重殘障特質事後事實上被確認時才存在(註九八)。暫時性行政處分在此種
案件所根據者爲，有效之法益保護優先於程序法上之權限分配，其目標
爲實體規範之保護目的及迅速之考慮。但聯邦行政法院，只是一般地允
許行政機關在法定構成要件尚未確定時，可發布暫時性行政處分，並未
再擴充。

(二)學理上構造

　　學界對暫時性行政處分，有認爲它在行政機關於給付行政領域，遇
到解明事實之困難時，有爲此種行爲形式之功能上權限(註九九)。有認爲，
暫時性行政處分，乃一造橋手段（Bruckeninstrument），在法定構成要
件是否實現狀態不明時，已允許行政機關在該時點向外爲法律上確定之
適當決定(註一○○)。另 Schimmelpfenning 認爲，事實解明之不足，

註九七　BVerwGE 81, 84 ff.

註九八　BVerwGE 81, 84 (94).

註九九　P. Tiedemann, Der vorläufige Verwaltungsakt in der Leistungsver-
waltung, *DÖV* 1981, S. 786 S.

註一○○　J. Martens, Vorläufige Regelungen durch Verwaltungsakt, *DÖV* 1987,
S. 997.

為發布暫時性行政處分可能之正當性出發點。他認為，暫時性規範乃基於對不明確事實作暫時有責任之確定之需要，係對此決定狀況之特效藥（Spezifikum）(註一○一)，建議區分為，關於決定時點尚未終結之事實發展，不可避之不確定，或與調查已終結事實手續相關之不確定性兩類型(註一○二)。暫時性行政處分之可能適用範圍，係於行政決定在不確定條件下，一般適用之行為方式與其他行政行為之方式之區別：

1.與事實行為之區別在於，事實行為並不發展成規範效果，暫時性行政處分則顯示發展成規範效果。

2.暫時性行政處分與承諾（Zusage）之區別在於，承諾係未來行政決定有拘束力之確定，暫時性行政處分則欠缺此一因素（註一○三）。

3.與部分許可決定之區別為，部分決定（預備決定、部分許可）雖有規範範圍之限制，但仍是終局之決定，暫時性行政處分則非終局決定。

4.行政處分之附款與暫時性行政處分之區分，可分以下幾點：

⑴行政處分之附款，包含終局及終結之實質決定，當然其因附款之種類而異。而暫時性行政處分，則欠缺此效果。暫時性行政處分之法律關係之形成，係未定的(offen)，此兩種規範種類之區別在於，前者「欲」為法律關係之終局（決定地）形成，後者正「不欲」為終局決定，而是暫時性之後，再終局決定。行政機關之此種目的指向，應被尊重，且於學理上，轉換成一種實現行政機關目的之方式。因此暫時性條款不能解釋成附款，而應接受暫時性行政處分為一獨自特有之行為形式。

⑵與附期限之行政處分之區別在於，附期限，對事實上之不確定性無法克服，對未來發生改變之事實，可能須再作一決定，以適應。但暫

註一○一　H.-C. Schimmelpfennig, Vorläufige Verwaltungsakte, *BayVBl*. 1989, S. 70.

註一○二　H.-C. Schimmelpfennig, Vorläufige Verwaltungsakte, *BayVBl*. 1989, S. 70.

註一○三　關於暫時性行政處分與承諾之區別，參考陳傳宗前揭論文，第一九二頁以下。

時性行政處分,可使機關先行於附期限,而針對未來作一無危險(gefahr-los)之決定。以暫時性行政處分之主要案例之補助金給予爲例,行政機關所欲之暫時性構想,以附期限方式不適合。機關所欲之目的,即請求返還給付,只有當未來事實確定,使給予之法律效果溯及失其效力才能實現。附期限,則欠缺此一要素。附期限因此對行政機關所欲達成目的之實現,沒有幫助(註一〇四)。而附期限之此種欠缺,正是實務上產生暫時性行政處分之原因之一。

(3)與附解除條件之行政處分之區別。附解除條件之行政處分,係指規定給予利益或課予負擔之消滅,繫於將來不確定之事實(條件)者(註一〇五)。而暫時性行政處分產生之案例之補助金給予,須經「實施業務審查」,其事實之保留,並非繫於未來事實。因爲它與過去存在而至目前尚未審查之事實有關,在未來對此事實只是認定而已。並且旣非「業務審查」本身,亦非其結果,自動地導至暫時性決定本身之有效或無效。解除條件,只有構成要件擔保之功能(tatbestandssichernde Funk-tion),因此如果欠缺決定之前提要件,則不能披著解除條件之外衣。總之,依附解除條件方式解決,並不妥當,因其法律效果只是將來失去效力而已。

(4)與保留行政處分廢止權之不同,通常保留行政處分廢止權,乃是對將來事實發生改變作保留。此種情況,並不存於暫時性行政處分,且保留廢止權欠缺溯及效力,故與暫時性行政處分制作之典型情況不同(註一〇六)。

註一〇四　依德國之行政手續法第三十六條規定,附期限指規定給予利益或課以負擔,從一定之時日開始,終止或在一定期間有效者。

註一〇五　參考翁岳生,行政法與現代法治國家,第二七三頁。

註一〇六　Vgl. F.-J. Peine, Entwicklungen im Recht des Verwaltungsakts-eine Zwischenbilanz, in: *Festschrift für Werner Thieme zum 70 Geburtstag*, 1993, 568 ff.

㈢暫時性行政處分發布之允許要件

暫時性行政處分，首須合乎憲法上之法律優位與法律保留原則。如果涉及法律保留，則行政需有相關法律授權方可發布。如果立法者已事先排除在該法律領域爲暫時性行政處分，則存有法律優位之限制，若爲授益行政處分則不需法律之授權（註一○七）。學者 Kemper 認爲，授益行政處分在不明確之條件下(亦即所有之構成要件特徵尚未確定)，不需法律上之授權基礎，因爲市民因此在決定時點上，比法律上所原定者獲得還多。相反地，負擔之行政處分，在不確定之條件下，則不允許發布暫時性行政處分，因爲干涉行爲，只有在法律上所定之構成要件履行後才可(註一○八)。依此則推論出，若無特別法律上授權基礎，則於干涉決定，一般不允許以暫時性行政處分之行爲方式爲之(註一○九)。但學者批評此種區分，乃未充分考慮實體之干涉授權與形式上行爲方式間之關係。當機關依實體法可對市民爲干涉之行爲時，因爲法律上所定之授權要件已滿足，他可對市民爲授益行爲，因爲此規範只是暫時性質，而對暫時性行政處分之相對人，行政機關可以很容易改變爲終局之決定。如果法律之干涉要件尚未履行，則暫時性行政處分之行爲形式，無法代償或治癒。因此在干涉行政之領域，暫時性行政處分，一般言，無法發展出固有之負擔效果，除非吾人混同行爲形式與干涉授權(註一一○)。前述聯邦行政法院之判決顯示，在給付法上之補助金，對相對人言，暫時性行政處分，反是不利益之行爲。在該案件，如果將後來營業檢查視爲行政處分之附款，則補助金不能再要回來，因爲行政程序法第四十八條第四項

註一○七　Tiedemann, *DÖV* 1981, S. 790. *其根據在於，暫時性行政處分已爲市民創造給付，而不論他是否在法律上有否請求。經由暫時性而對授益規範限制拘束效力，對市民而言，並不能視爲負擔。*

註一○八　K. Kemper, *Der vorläufige Verwaltungsakt*, 1990, S. 96.

註一○九　K. Kemper, *Der vorläufige Verwaltungsakt*, 1990, S. 96.

註一一○　Vgl. Udo di Fabio, *Risikoentscheidungen im Rechtsstaat*, 1994, S. 316.

所定之排除期限已經經過。至少對補助金之接受人言，暫時性行政處分使其明顯處於較不利之地位，因爲行政程序法第四十八條，四十九條之信賴保護，並無適用(註一一一)。行爲形式不能取代實體之法律授權基礎，但相反地，如果實質意義上存在法律上之干涉授權時，則行政處分之行爲形式不需固有之授權(註一一二)。行政機關勿寧說可以對實體之行爲委託，以有效之行爲形式來實現。問題在於在動態之規範領域。從行政機關實體之權限與義務。在不確定狀態爲暫時性措施時。行政機關以暫時性行政處分方式處理，究爲權限還是義務？

　　因此，如果依暫時性行政處分之法制度，則排除於干涉行政領域之適用。但亦有認爲，在例外情況，亦可在干涉行政領域適用暫時性行政處分，亦即當法律授權允許實質意義之暫時性措施，例如從警察法上概括條款推演出來，在危險蓋然性判斷領域及危險探究領域，或已經有其它特殊法律之授權發布暫時性行政處分時，亦予排除。從行政程序法第十條第二句之規定，即可在程序法上允許暫時性行政處分之發布(註一一三)。

㈣對暫時性行政處分之批判

　　1.認爲暫時性行政處分，可依向來之行政程序法第三十五條之行政處分及三十六條之行政處分附款解決，而不須特別創設一體系陌生之制(註一一四)。

　　2.有認爲聯邦行政法院與聯邦社會法院，在判決中對市民之信賴保

註一一一　Vgl. BSG, *DVBl*. 1988, 449 (451 f.).

註一一二　Zur Ermächtigungproblematik, vgl. Erichsen, in: Erichsen/Martens (Hrsg.), *Allgemeines Verwaltungsrecht*, § 14 Rdnr. 4.

註一一三　即行政手續之實行，應力求簡單，且合乎目的之要求。

註一一四　Vgl. J. Kopp, Verwaltungsakte unter Vorbehalt und sonstige vorläufige Verwaltungsakte, *DVBl*. 1989, S. 242; K. Kemper, Der vorläufige Verwaltungsakt, *DVBl*. 1989, S. 988.

護未完全考慮(註一一五)。特別是，行政機關發布暫時性行政處分時，事實調查爲其義務，且行政處分原則上當其本質要件未充分明白時，不可發布。而如果行政機關有好的理由而無視此原則，則必須存在不只是給付相對人利益，同時須公益，主要是給付目的之利益，且不能最終只給予受益相對人負擔（註一一六）。

3.亦有質疑暫時性行政處分是否常具合法性。行政程序法於第三十六條第二項第一號、二號，對行政處分，明定其效力及效力終結之體系。此亦思考憲法上之信賴保護，因此即使獲得市民同意之助而作成暫時性行政處分，亦破壞行政程序法第四十八條，四十九條之預防規定(註一一七)。

㈤對暫時性行政處分之評釋

1.從前舉德國法院關於暫時性行政處分之判決可知,此一行爲形式,並無相關之法律上授權，而只是來自學理上，從行政之行爲形式學發展出來(註一一八)。而聯邦行政法院承認暫時性規範之前提爲，事實尙未能充分調查。因此若爲暫時性行政處分，則須有特別之理由說明，爲何在該時點「可作」或者「必須」作暫時性行政處分。

2.前述有主張從行政程序法第四十八條，第四十九條中，對市民信賴保護而質疑其合法性。不同見解者認爲，從暫時性行政處分向來之案例明瞭，暫時性行政處分之發布，不需要撤銷，因爲終局性行政處分期限狀態之發生，並不適用暫時性行政處分之法效力，依此，行政程序法第四十八條，第四十九條並不適用。如果市民之給付，只是基於請求之

註一一五　Vgl. Bieback, Anm. über das Urteil des BSozG vom 11.6.1987, *DVBl.* 1988, 453.

註一一六　Bieback, *DVBl.* 1988, 453.

註一一七　H.-U. Erichsen, in: Erichsen, *AllgVerwR*, 10. A., § 12 Rn. 31.

註一一八　Vgl. Udo di Fabio, *Risikoentscheidungen im Rechtsstaat*, 1994, S. 312.

懷疑，則何來市民之信賴保護（註一一九）。

3.暫時性行政處分，允許後來回溯修正原來之規範，而不必撤銷行政處分。前述聯邦行政法院在一九八三年四月十四日之 Magermilch subven-tions-Urteil 判決，有關農業補助金，有「仍待實施業務檢查結果」之保留。聯邦行政法院視此一保留非解除條件或撤回保留，而是許可保留決定規範核心之修正，即規範之法效果，只是對有暫時維持必要之金錢給付予法基礎。因為，受益人只是暫時地在終局決定作成前，可以保有補助(註一二〇)。因此，暫時性行政處分，可理解為，存在於對後來終局效力規範之保留，且對終局決定無拘束效力。但因此產生一問題，亦即在發布暫時性行政處分後，是否強制地需後來再發布終局效力之規範，還是行政機關只有當終局規範改變時，有權為之？ 實務上仍不清楚（註一二一）。

4.一九八八年十二月十五日聯邦行政法院第五法庭之見解，對重殘障特質認定之不確定性，因有權認定機關之故而未能除去，其上級健保機關有權發布預先照顧之行政處分（vorsorglicher Verwaltungsakt）以宣示其拒絕。暫時性行政處分在此種案件所根據者為，有效之法益保護優先於程序法上之權限分配，其目標為實體規範之保護目的及迅速之考慮。但此一暫時性行政處分之新改變，其不確定之事實，並非存於過去，而是繫於未來，與附解除條件之事實不確定相同。因此產生預先照顧之行政處分與附條件間之區別問題。

5.前述有質疑暫時性行政處分是否常具合法性，因行政程序法於第三十六條第二項第一號，二號，對行政處分，明定其效力及效力終結之體系。此亦思考憲法上之信賴保護，因此即使獲得市民同意之助而作成暫時性行政處分，亦破壞行政程序法第四十八條，四十九條之預防規定。

註一一九　K. Kemper, Der vorläufige Verwaltungsakt, *DVBl.* 1989, S. 986.

註一二〇　BVerwGE 67, 99 (103).

註一二一　Udo di Fabio, a. a. O., S. 312.

但前述暫時性行政處分之發布，不需要撤銷，因爲終局性行政處分期限狀態之發生，並不適用暫時性行政處分之法效力，依此，行政程序法第四十八條，第四十九條排除適用。市民之給付，只是基於請求之懷疑，則不生信賴保護之問題。且暫時性行政處分，乃學理上從行政之行爲形式學發展出來，與實體法上之效力體系問題無關，在實體法上，只要合乎合憲性之一般原則及法律保留、法律優位、授權明確性等原則，則行政機關究採何種法律行爲形式，應不生違反法體系之問題（註一二二）。

6.關於暫時性行政處分之允許問題。學者主張授益行政處分，在不明確之條件下，不需法律上之授權基礎，因爲市民因此在決定時點上，比法律上所原定者獲得還多。相反地，負擔之行政處分，在不確定之條件下，則不允許發布暫時性行政處分，因爲干涉行爲，只有在法律上所定之構成要件履行後才可。但學者批評此種區分乃未充分考慮實體之干涉授權與形式行爲方式間之關係。當機關依實體法可對市民爲干涉之行爲時，因爲法律上所定之授權要件已滿足，他可對市民爲授益行爲，因爲此規範只是暫時性質，而對暫時性行政處分之相對人，行政機關可以很容易改變爲終局之決定。如果法律之干涉要件尚未履行，則暫時性行政處分之行爲形式無法代償或治癒。因此在干涉行政之領域，暫時性行政處分，一般言無法發展出固有之負擔效果。

7.暫時性行政處分，應可視爲行政之特有之行爲形式。而暫時性行政處分之此種特有之行爲形式，只有在不侵害法律保留原則，亦未有法律明示排除此種行爲形式時，才可行使。只要行政機關有制作終局行政處分之權限時，則暫時性行政處分之行使，已具有形式之合法性。暫時性行政處分之規範，亦須明白確定地表示出來。吾人從暫時性行政處分於給付法領域因特定需要而產生，從行政行爲形式學角度，從現今給付行政與侵害行政區分相對化角度，肯定暫時性行政處分之存在，或許可

註一二二　參考德國行政程序法第十條。

作為填補傳統上以給付、侵害區分，造成之學理上與實務上差距之行為方式之一。而暫時性行政處分，仍有足供吾再深入探討之餘地。例如，有關暫時性行政處分之時間界限問題，一個暫時性規範，可持續多久？只能依具體案件決定。另外，暫時性行政處分與公定力之關聯如何，亦值得討論（註一二三）。

8.有認為在我國對授益型之暫時性行政處分類型似未加以注意，而侵益型之暫時性行政處分倒有所規定(註一二四)，而建議於立法制度上考慮導入此種暫時性行政處分之制度(註一二五)。在民國八十四年七月，臺北市議會通過敬老福利津貼發放辦法，規定每戶每月收入低於最低生活標準二點五倍至四倍者，每名老人可發六千元，四倍以上者每名老人可發三千元，但與市政府所欲之對全市所有老人每月發放五千元之版本不同。臺北市社會局一度以市議會之敬老津貼版本無法實施，致使三萬多名低收入戶也無法領取原領有之生活補助津貼之虞，府會較勁，一時相持不下，後來在府會共識下，先發放原中低收入戶老人津貼（註一二六）。

在本案例中，府會對老年津貼之發放標準與發放數額雖不一致，但其發放類似德國法上授益之暫時性處分，因為同時合乎市政府及市議會標準之發放對象，對老年福利津貼具有請求權，在府會相爭告一段落後，其發放數額將終局確定。可見此一暫時性行政處分之制度在我國尤其是有關金錢給付之授益暫時性行政處分，已有類似之事例產生。德國學者 Kemper 所認為暫時性行政處分成立之要件為：㈠終局行政處分要件暫時地不明確，但有存在之可能（wahrscheinlich）時。㈡經由暫時性

註一二三　Vgl. Peine, a.a.O., S.584.

註一二四　例如食品衛生管理法第二十五條規定，主管機關對涉嫌違反該法第十一、十二條規定者，得命「暫停」製造、調配、加工、販賣、陳列之行為。其他如，藥物藥商管理法第六十七條規定，主管機關就涉嫌之偽藥、劣藥等，得「先行就地封存」。參考陳傳宗前揭論文，第六八頁以下。

註一二五　陳傳宗，同前註，第二〇二頁以下。

註一二六　參考中國時報，八十四年七月十九日報導。

行政處分之規制上存在著正當之利益。㈢被請求發布暫時性行政處分。㈣在暫時性行政處分執行後仍存在著回復舊有狀態之可能性等（註一二七），亦有值得立法參考之處。

〔陸〕 結 論

　　依德國學者看法，國家與市民間之上下支配關係，只有依基本法與法律之規定才承認。先法律之上下秩序關係，依今天之憲法理解，不再被承認。現代國家之行政行為，其狀態及發展，呈多樣性，因此國家操控之手段，亦須多樣，國家必須一方面為命令者、支配者，他方面，又是提供者、給付者、激勵者、促進者，並對社會之發展產生影響。單方高權行為與合作之行政行為，固分屬不同事物領域，但在個別事實領域，亦常須有多樣不同階段之手段，以便於不同事實情況，有所選擇，特別在具計畫、干涉、給付及促進功能之行政，多樣之手段交互存在與重疊。高權及合作手段之行為方式，今後仍會於一定範圍內存在著。而基本之命令與要求，仍須由單方高權之行為確定，但還是有必要獲得市民之協力，它常因市民之有效協力而獲得效果。因此，現今行政法上之高權行為，仍將繼續存在，且未來仍是實現行政目的之必要且重要之手段。但是在許多領域，仍須國家與市民間合作來補充。高權之措施，因此可理解為依公法上基準，單方地實施行政行為，且其內含著要求相對人忍受、注意與服從。從此意義，行政處分係一種高權措施，現行國家高權因素之功能，因環境條件與價值變動之改變，國家功能轉變與行政法與行政行為之改變而不同。高權行為在很多不同之行為樣式上，具有重要意義，他可依事實領域及客體經由行政與市民間適當之行為加以補充。

　　在行政之行為體系上，行政處分制度仍有其特別重大意義。推斷其

註一二七　Kemper, *Der vorläufige Verwaltungsakt*, 1990, S. 228.

功能將喪失之說法仍未能獲得確證，但其制度本身內在之變化，卻值觀
察。行政處分決非只停留於單方高權之命令。行政處分之發布，並非只
是法治國角度之必須舉行聽證，而是常經由行政與相對人間密集之協商，
尋求盡可能可接受之法地位之形成。一個形式上單方面之規範，只有在
行政機關明示接受特定責任，藉此行政處分有助於固有法律關係之安定
持續力時，才是協調結果所發布之行政處分。時常類似之持續力與彈性
之規範，亦可以契約方式達成。但無論如何，在得撤回與可解除之行政
契約間發展成階段化安定性之形式。實際證明，規範性與合意性行政行
為，當其以操控工具形式被接受時，較少能嚴格區別。類似之區別見之
行政處分之規範內容，對部分許可、預備決定及類似階段化制度可為說
明。一個新的規範內容之變形，見之所謂暫時性行政處分，此開啓新的
探討課題，即開放事實發展之決定狀態或尚未終局調查事實，適當地接
受等不同之規範密度階段是妥當的。此種區分不只是規範內容之時間層
面，在人之規範領域層面，長期以來所謂行政處分之雙重效果亦同。複
雜之行政決定概念，正好在這些類型之行政處分領域發展。聯邦憲法法
院並不認為每一第三人利益相關性之行政處分均承認其雙重效果，對此
缺乏規範效果類型化之分析，同樣地缺乏如何確定何種規範內容屬間接
效果而仍可歸類為對行政處分之手續法及訴訟程序法上有意義之評價範
圍。如上所述，行政處分為特有之行政責任之表明，但於國家與社會間
責任範圍在其規範內涵及規範效果，亦有事實上之差別。行政程序法第
三十五條之構成要件特徵，形成間接抽象性高，特定種類之行政處分，
顯示其中行政之不同責任性。例如，國家之許可決定，除審查許可與計
畫許可外，另可能發展出不同類型之許可（註一二八）。

註一二八　Vgl. Schmidt-Assmann, Zur Reform des Allgemeinen Verwaltung-
　　　　　srechts-Reformbedarf und Reformansätze-in: Hoffmann-Riem/
　　　　　Schmidt-Aßmann/Schuppert (Hrsg.), *Reform des Allgemeinen
　　　　　Verwaltungsrechts-Grundfragen*, 1993, S. 60 ff.

　　行政處分不只與傳統行政法及干預行政之行為不相矛盾，而且行政
處分亦證明只要是在，關於有申請必要之機關許可行為之安定給付之履
行與彈性要求，則行政處分之功能上之能力性，是無庸置疑。有些缺點，
並非來自行政處分作為法之形式及行為工具，而是因行政處分所根據之
法及為該法目的發布行政處分執行所帶來。在控制之許可上，行政處分，
正可正確地完成任務。同時，實際上關於程序效率性之討論，為另一方
向之發展。在設施許可法中，相應地減少行政機關之公開控制，是合乎
時代精神。為使相一致之思考能現實化，首先須建立法律上直接不干擾
義務及側面性之責任法制度，計畫申請人不必等待機關之許可，而已因
減少持續保護而增加其責任，行政處分因此決非派不上用場。當然此時
重點已從基於同意以達預防之操控功能，轉向抑制之法實現功能。

行政規則之外部效力問題研究

要　目

行政規則之外部效力問題研究

〔壹〕 前言

　　有關行政規則「法性質」之問題，在德國學界有兩極化之主張，有認爲行政規則「非法規範」，有認爲「毫無疑問是法規範」(註一)，有認爲從法理論之觀點，應爲法規範。向來實務上對行政規則理解爲，行政規則只是屬於內部法，此乃因爲其效力範圍只限於行政內部領域；至於國家與市民間所產生之具外部直接法拘束力之關係，行政規則不及之(註二)。因此，行政之決定，若只違反行政規則，並不當然構成違法，只有當市民基於基本法第三條第一項，要求行政與作爲裁量基準 (註三) 之行政規則相一致之平等處理，或基於信賴保護 (註四) 之考量，則此種行政規則可能產生如同違反法規範之效果。但此種見解是否妥當，值得重新思考。目前已有越來越多人主張牴觸行政規則即牴觸法。問題是，此種行政相關處分之牴觸，是否構成如同一般所理解之外部法而違法？從法律學理功能之思考角度，行政規則之效力是否該因此與其他法規範同類化，且對於牴觸之行政處置，在當事人於必要條件下，亦允許其提起行政訴訟，並且可依德國行政程序法第四十八條加以撤銷？

註一　Vgl. K. Lange, Innenrecht und Aussenrecht, in: *Reform des allgemeinen Verwaltungsrechts*, 1993, S. 321.

註二　BVerwGE 75, 109 (117 f.); 61, 15 (18); 58, 45 (49 ff.); 55, 250 (255).

註三　Vgl. BVerwGE 34, 278 (280 f.); 44, 72 (74 f.).

註四　BVerwGE 35, 159 (162).

〔貳〕 行政規則之意義及歷史沿革

一、意義

在國內，對行政規則一般之理解爲，係行政機關所頒布的拘束其內部人員的法規（註五）或規律行政體系內部事項之命令不直接對外發生效力，而通常與人民之權利義務無直接關係（註六）。而學者對行政規則之用語並不一致，除同樣稱行政規則（註七）外，有稱之爲行政規章（註八）或行政規程（註九）。而民國七十九年之行政院經建會版行政程序法草案，則對行政規則作相關規定。依該草案第一百零九條規定，所謂行政規則，係指上級機關對下級機關或長官對屬官，依其權限或職權爲規範機關內部秩序及運作所爲，非直接對外發生規範效力之一般抽象之規定（註一〇），值得參考。只可惜目前法務部版行政程序法草案對此並未規定。

而德國學者 Ossenbühl 認爲，行政規則指上級行政機關對行政組織

註五 參考陳新民，行政法學總論，三民書局經銷，修訂四版，民國八十三年，第七四、七五頁。

註六 參考吳庚，行政法之理論與實用，三民書局經銷，民國八十一年，第四二頁。

註七 例如許宗力，論國會對行政命令之監督，收於氏著，法與國家權力，臺大法學叢書，八十一年，第二九一頁以下；陳新民前揭書，第七四頁；林紀東，行政法，三民書局，修訂六版，七十九年十二月，第二九二頁。但林紀東將行政規則理解爲「在特別權力關係上，規定行政組織內部之準則」，與本文之見解不太一致。

註八 參考翁岳生，行政法與現代法治國家，臺大法學叢書，一九八七年，第一三六頁。

註九 城仲模，行政法之基礎理論，三民書局，七十七年，第七九頁；管歐，中國行政法總論，第二十六版，修訂本第四四八頁。氏稱：「行政規程乃爲拘束特種關係中之行政客體之行政命令，僅對機關本身或內部之所屬人員發生效力」，似接近行政規則之意義；史尚寬，行政法論，民國四十三年，第二五頁。

註一〇 參考行政院經濟建設委員會委託國立臺灣大學法律學研究所所擬「行政程序法草案」（民國七十九年十一月），第一〇六頁。

內部或上級機關對下級機關、公務員或職員所發布有關詳細確定行政組織及行政行為之規範。

二、歷史沿革

關於行政規則之歷史發展，僅簡單以德國公法學者 Laband. Anschütz 及 Otto Mayer 之主張說明，首先從所謂的「不滲透性理論」說起。

所謂不滲透性理論（Impermeabilitätslehre），意指將國家整體地理解，就其內部事項，不允許作法的觀察。Laband 認為行政機關之意思領域中與個人自治團體及其他機關間之關係須受法的制約，而在論及法規時，只有在為行政活動之國家意思領域與法所承認之其他意思領域相接觸及相互侵害衝突調整之情況才存在，亦即國家行政亦須服從法之規範。另方面他將國家行政內部之規律，從法所觀察之範圍中除去，他認為如果行政機關之意思，只限於行政內部而對於行政外部之主體並未科予限制或給予權限或並非以提供、剝奪、命令、禁止為內容之規律均非法規則（註一一）。

另一重要之根據為關於法規所持之見解。Anschütz 認為法係使個別主體之權限與義務範圍明確化者，即法依其本質，以相互衝突可能之複數意思主體為前提，將法規理解為對自由財產之侵害。他認為，一般對於個人自由，特別是私有財產設定基準課與限制，乃所有實質意義之法律及法規則之本質，亦即所有之法規則與個人之自由及財產有關，只有對個人自由或財產命令或禁止而為侵害之規範方為法規範（註一二），雖對為法規範之定義異於 Laband，但基本之思考方法則有共通處。

註一一　Vgl. Paul Laband, *Das Staatsrecht des Dutshen Reiches*, 5 Aufl., 2 Bd., 1911, S.181.

註一二　G. Anschütz, Die gegenwärtigen Theorien über den Begriff der gesetz-gebende Gewalt und den Umfang des königlichen Verordnungorechts nach preußischem Staatsrecht, 1901, S.97, S.169.

Otto Mayer 所謂之行政規則，乃以特別權力關係爲前提，他認爲：「行政規則以特別之法從屬關係爲前提，個人因進入此種關係內與追求特定目的之行政處於特別之法從屬關係，爲此特定目的，行政對個人規範必要之事項，行政規則之效力並非由法律所導出之法規所具有之效力，而是基於特別之從屬關係。」又關於行政規則之效力，他認爲：「行政規則不似法規之具有兩面拘束力，亦即非內部與外部同時把握而是單方面拘束行政對其權力服從者所爲之權限行使。」如此般，從特別權力關係角度否定行政規則之外部效力，並排除於行政法法源之探討範圍外（註一三）。

〔叁〕 行政規則之類型

行政規則依其意義與目的可有多種之分類，有區分爲：㈠組織與職務之行政規則；㈡法律解釋或規範解釋之行政規則；㈢裁量基準之行政規則；㈣代替法律之行政規則(註一四)。亦有區分成三類：㈠組織上之行政規則；㈡行爲操控之行政規則；㈢行政主體間之行政規則（註一五）。

國內學者之分類亦不甚相同，大略可分以下幾種：

一、法律解釋之行政規則與要件判斷之行政規則

㈠法律解釋之行政規則

指有關法規範解釋之行政規則。此種規則存在之理由爲一方面爲統一行政規則內部規範之解釋，使法律執行合理化，排除行政機關執行人

註一三　Vgl. O. Mayer, *Deutscheo Verwaltungorecht*,3 Aufl., Bd. I, 1923, S.84, S.103.

註一四　Maurer, *Allgemeines Verwaltungsrecht*, 1995, § 24 Rn. 8 ff.

註一五　F. Ossenbühl, Autonome Rechtsetzung der Verwaltung, in: Isensee/ Kirchhof (Hrsg.) *Handbuch des Staatsrechts*, Bd. III, 1988, S. 433 ff.

員之主觀性，以保障市民能獲平等處遇。他方面，爲使法律之執行定型
化，因爲並非所有行政機關之職員均爲法律專家，解釋規則若於職務指
揮關係間之行政機關間發布時具有拘束力，但對市民言，則不受解釋規
則之限制。市民若對行政之解釋不服，可向法院提起救濟，法院則不受
解釋規則所爲之解釋拘束。德國聯邦行政法院一九六九年之判決指出，
規範解釋行政規則之效力只限於行政內部領域，其遵守或不遵守，對其
適用與發布之行政行爲之違法性或合法性不生影響。行政規則與法相一
致而發布則行政行爲合法。

(二)要件判斷之行政規則

　　所謂要件判斷之行政規則，指以規律行政機關應受法院尊重承認所
謂判斷餘地之事例爲對象之行政規則。由字義可知，此說乃受判斷餘地
學說影響，但衆所周知，德國通說將裁量與判斷餘地嚴格區分，裁量只
指法律效果面，法律要件面則不存在。而只有當要件部分採不確定法概
念方式規定時，於一定條件下，承認行政機關之判斷餘地，此時法院應
尊重行政機關所作之判斷。但此究竟屬例外情況，此種情況諸如有關考
試評定，或由各種利益代表專家所組成之獨立委員會之決定，或有關預
測決定等。而在此種判斷規則中，值得探討者爲有關技術指針方面，例
如關於防止大氣污染指針（TA Luft, Technische Anleitung zur
Reinhaltung der Luft），此種技術指針，乃聽取各方面之意見而由專家
組成之委員會所作成者。問題在於，此種技術指針所規定之污染值對法
院是否具有拘束力？對此防止大氣污染指針，一九七八年之聯邦行政法
院認爲，該規則乃係「先予之專家鑑定（antizpiertes Sachverstän-
digengutachten）」，而應受尊重。但是否爲「先予之專家鑑定」則屬法
院之自由心證，因此與其說此種判斷規則拘束法院，不如說由法院之判

斷結果決定是否受其拘束，故並未逾越前述判斷規則之範圍（註一六）。

二、裁量規則

所謂裁量規則指以行政裁量行使爲對象之行政規則，當行政機關獲有裁量之授權時，爲避免行政機關於不同時間、不同地點。恣意地行使裁量權或完全違反預測可能性，從行政機關之角度，常預先設定裁量基準（後述詳細說明）。

三、代替法律之行政規則

行政規則只能於不牴觸法律保留之情況才被允許，因此代替法律之行政規則可說自始即排除其干涉性格。代替法律之行政規則主要屬於給付行政領域，特別在行政制定有關補助之指針時存在。它基於預算中之重要目標而確定分配計畫之各個細節，因此此種行政規則被視爲代替法律之命令功能而被接受（註一七）。

四、行政主體間之行政規則

依照規範主體與規範客體間關係及行政規則一致之適用領域區分可分爲：㈠行政機關內部上級對下級機關所爲求行政一致性之行政規則；㈡則指不同機關與功能之部門間，而此種有規範權限機關與有遵循義務功能部門可屬於同一或不同之行政主體；㈢一行政主體對另一行政主體所爲之行政規則，此種行政規則不僅存於聯邦與邦之間（德國基本法第八四條第二項及第八五條第二項）及邦與地方自治團體間，亦存在於其他行政主體間。

另有所謂聯邦間協定之行政規則，此來自於聯邦政府與邦間之整體

註一六　參考拙著，原子能法領域之技術規範與規範具體化行政規則，收於核能利用與法之規制，月旦出版社，一九九五年，第一三三頁以下。

註一七　Ossenbühl, a.a.O., S. 439.

政治上之意思表示或邦專家法律適用一致性與行政實務一致性之協定，
此種行政規則最常見於經濟行政法領域。

〔肆〕 行政規則之外部效力問題

一、行政規則之法效力問題

　　關於行政規則之效力問題，傳統理論之立足點為，行政規則：一、
不具外部效力，二、不需法律授權，三、不需公告。關於第一點：「行政
命令之本質並非法的規範，而是職務命令，是一般處分，亦即行政命令
非為法的規範，而是命令實施或禁止為法律行為或事實性質之職務活動。
又行政命令要求在其下執行法律行為及事實活動之諸形式，因此行政命
令乃專就行政機關內部具法的效力，對第三者不具效力。行政命令為行
政內部事項。」第三點：「行政命令不需如同立法（法規命令）般要求公
告，也不須交付與送達。行政命令須交付給相對人之行政機關，送達通
常由上級行政機關作成文書為之，並將之以公文書保管。但行政機關亦
可以揭載於政府之公報以代替文書之送付。」

　　1.行政規則對公行政之職員，只要其為接受行政規則之相對人，則
具有拘束力。在此範圍內之聯邦職員，亦受拘束。至於聯邦內部之行政
規則，對聯邦職員與聯邦受委託者，亦有拘束力。基於行政規則之法性
格，只發生行政內部之效力，與法院及國民無法之關聯(註一八)。此種情
況，卻長期以來無法令人滿足，因為行政規則很顯然事實上具有如法律
及法規命令之效力，且在許多個別案件亦顯示此種結果。另外，行政規
則之制定，常常受專門知識之影響(註一九)，其結果是行政規則不論是直

註一八　Breuer, in: *Jahrbuch des Umwelt-und Technikrechts*, 1989, S. 49.

註一九　Breuer, Die rechtliche Bedeutung der Verwaltungsvorschriften nach §
　　　　48 I BImSchG im Genehmigungsverfahren, *DVBl.* 1978, S. 28.

接或間接方式，常被承認具有確定之法律效果。然而有爭議的是，其法律上之根據，以及何種要件之下，和其效力之界限問題。有幾種不同之解決方式，一是以行政自我拘束之方式(註二〇)，一是援用基本法第三條第一項之平等原則(註二一)，但此之自我拘束，並未拘束行政規則，而是拘束行政之實務(註二二)。既是來自行政實務之承認，則行政機關在任何時候均有可能放棄此種作法(註二三)。而聯邦行政法院，則基於行政規則所占比例漸重，因此在污染防治法上，以先予之專家鑑定方式來說明其效力，此可與聯邦環境部長所發布之指針，與核能安全委員會及放射線防護委員會相互說明。但有學者認為，此先予之專家鑑定，與行政規則不能相提並論，因為先予之鑑定人，不僅有專家之事實意見，且包含政策之評價，先予之鑑定人不僅在污染防治領域日漸增多，且亦適用於原子能法與放射線防護法之領域（註二四）。

2.行政規則外部效果問題之實際解決，無法依前述之任一方法完全解決。有學者主張，即使其與內部法與外部法之區分矛盾，不妨真正地接受行政規則法上效果之事實(註二五)。但此亦不可全面主張，否則法規命令與行政規則之區分將混淆(註二六)。當然決定性之問題變成，何種行政規則具有外部效力，及其效力範圍，亦即，具外部效力之要件為何之問題。

註二〇　Vgl. H. Maurer, Allgemeines Verwaltungsrecht, 10 Aufl., 19945 S. 566 ff.

註二一　Maurer, a.a.O., S. 568 ff.

註二二　Vgl. Jarass, Das untergesetzliche Regelwerk im Bereich des-Atom und strahlenschutzrechts, in: *Reformüberlegungen zum Atomrecht*, 1991, S. 379.

註二三　Jarass, a.a.O., S. 403 ff.

註二四　Vgl. OVG Lüneburg, *NVwZ* 1985, S. 357.

註二五　Ossenbühl, a.a.O., § 65 Rn. 12 f.; W. Krebs, Zur Rechtsetzung der Verwaltung durch Verwaltungsvorschriften, *VerwArch.* 70 (1979), S. 259 ff.

註二六　H.-W. Rengeling, Anlagenbegriff, Schadensvorsorge und Verfahrensstufung im Atomrecht, *DVBl*. 1986, S. 268 f.

3.Ossenbühl 認為，爲明瞭不同之行政規則之拘束效力之密度與範圍，有必要區分不同類型探討(註二七)。依德國法院實務之持續見解，行政規則並非基本法第二十三條第三項及第九十七條第一項意義內之法律 (註二八)。但此並非指法官立即可對行政規則所具有之規範力忽視不計，對法官言，毋寧說具許多不同階段之拘束效果。

⑴行政規則若爲上級機關對下級機關所爲行動指針或組織權力之拘束力，則行政規則具內部之效力，一般較無爭議，但長期以來，此種效力被視爲行政規則唯一之法拘束效果。因爲正是行政規則此種限於內部領域之拘束力，爲與法規命令區別之處，換言之，後者爲具外部領域之直接拘束效力，亦即在高權者及市民間所產生之關係 (註二九)。

⑵德國最高法院之判決認爲，有關補足規範漏洞及執行形式法律之行政權限規則與手續規範，具有直接的，非經連結法律而有外部效力，且具一般拘束力之法(註三〇)。權限規範與手續規範，因其不須依形式之法律與法規命令爲之，故不在法律保留所規範之範圍內。他方面，機關之權限與行政手續，常常在高權者與市民間關係具有決定性之意義，但此種行政之權限的行政規則與手續之行政規則，其對國家市民間規範之拘束效力，卻與向來法規命令之拘束力不同意義。相反地，它並非由立法權導出，而是視爲原有之行政權限。當然法律保留之效力範圍，亦須注意。因此手續規範之行政規則，不可對基本權利地位干涉，或此種決定性地位之干涉而制作 (註三一)。

⑶另一值得注意者爲行爲指導之行政規則，例如在稅法領域中(註三二)，有不少指針，反映出財政機關之實務，以及常常對於納稅義務人具

註二七　Vgl. Ossenbühl, in Erichsen, *AllgVerwR*, 10 Aufl., 1995, S. 135.

註二八　Vgl. BverfGE 78, 214 (227) m. Nachw.

註二九　Vgl. BVerwG, *NJW* 1972, 1483.

註三〇　BVerwGE 36, 327 = *DÖV* 1971, S. 317.

註三一　Vgl. Ossenbühl, in: Erichsen, *AllgVerwR*, 10 Aufl., 1995, S. 136.

註三二　參考大法官會議釋字第二一六號解釋。

有不亞於形式之租稅法律之重要性。另外對與兵役法相關之規範解釋行政規則(註三三)，或補助金給予指針，以及在技術安全法，勞工法，衛生法與環境法領域所制定(註三四)與市民之法地位有重大影響之行政規則。由於其對市民生活影響之強度及持續性，實不下於憲法與法律(註三五)。然這些指導性質之行政規則，具有如何程度之外部效力，尚須依其內容定之。

以下謹將與行政規則外部效力在實務上常被討論之行政規則分成㈠規範解釋之行政規則；㈡裁量基準之行政規則；㈢規範具體化之行政規則等三類加以討論。

二、規範解釋、裁量基準、規範具體化行政規則之外部效力

㈠規範解釋之行政規則

所謂規範解釋之行政規則，指行政機關爲處分時，爲確保行政決定之統一性，避免零亂決定，上級行政機關對下級行政機關所下達之法令解釋基準(註三六)。這樣之解釋基準，只拘束下級行政機關，對國民及法院並無拘束效力，亦即無外部效力。換言之，如果依此規範解釋之行政規則爲行政處分，而該行政處分之合法性於訴訟程序中，法院可以自己獨立之立場，對法令加以解釋適用，作該處分適法或違法之判斷，不必考慮規範解釋之行政規則。且就私人之角度，如果某一規範解釋之行政

註三三　Vgl. Ossenbühl, in: Erichsen, *AllgVerwR*, 10 Aufl., 1995, S. 137. Vgl. BVerwGE 34, 278.

註三四　如行政院七十年十月十七日核定之「加強推動環境影響評估方案」及八十年四月十七日之「加強推動環境影響評估後續方案」。

註三五　Vgl. Ossenbühl, in: Erichsen, *AllgVerwR*, 10 Aufl., 1995, S. 137.

註三六　此種解釋基準在日本常以所謂「通達」之形式爲之，至於上級機關對下級機關所爲之命令，則稱訓令。

規則下達，將來可能會受有不利益處分時，私人亦無必要立即撤銷該行政規則，而是等將來根據該行政規則所爲處分後，向法院提起訴訟，經由法律之正確解釋以撤銷該處分（註三七）。

1.聯邦行政法院有關兵役緩召之判決（BVerwGE 34, 278）

⑴事實

原告預訂於一九六九年三月三日爲期三年，在工業學校上學。同年四月八日，地方兵役局，對其發出基礎兵役之召集令。原告基於下述有利於己之行政規則，請求緩召。行政法院承認原告請求，聯邦行政法院則駁回其訴。

⑵判決理由

法院認爲，本件係爭案件問題點在於，兵役法第十二條第四項第一款規定，「基於個人理由，特別是家庭、經濟、職業上理由，召集將造成兵役義務者特別之負擔（besondere Harte）情況，兵役義務者可申請緩召。」而同條第四項第二款三號規定，舉出前述特別負擔之例爲「召集對已進行之學習課程將造成中斷時」，與此相關聯者有一九五七年十一月二十五日之聯邦國防部長所制定之「關於未服役之兵役義務者審查召集之行政規則」（註三八）中明定，「於工業學校、建築學校或與其相當之學習機構求學，且在學習開始前無法召集者」，亦爲緩召之對象。因此如原告之學習才開始者，依該行政規則，亦可緩召。法院需決定之爭點爲，行政規則對行政法院是否有拘束力？或行政規則只是行政機關執行法律之解釋嘗試，行政法院對此能否審查。聯邦行政法院並不針對行政規則是否具有外部效力問題說明，而是從行政實務，基於平等原則導出行政之自我拘束。

行政依客觀之法秩序，在個別案件或同類案件有決定自由時，亦即

註三七　參考日本法院判決最判昭和四十三年十二月二十四日，民集，二二卷一三號，第三一四七頁。

註三八　*VMBl*. 1957, 739.

只有行政經由客觀法之授權，對特定構成要件之存在依其裁量有最終拘束力之決定時，市民要求行政之自我拘束才存在。行政之自我拘束，並非基於行政規則之規範一般拘束性──行政規則與法律及法規命令之具有作爲客觀法之法源不同──而是依據基本法第三條之平等原則，此一原則要求行政平等地行使裁量權。如果行政規則之適用，其中包含裁量決定之比較標準時，行政機關於個別案件，未依比較標準而爲決定時，則違反平等原則。相應地，在此情況下，市民亦可要求就其案件，若無實質理由，不可與通常裁量處理爲不同之處置（註三九）。

　　此一判決顯示出，規範解釋之行政規則，並無外部效力，它不再是行政之解釋意圖，如果此種解釋意圖對不確定法概念之解釋相當，則其決定合法，因爲其與法律相一致。如果不切中，則因與法律不符合而不必理會。因爲行政並無對第三人或法院具有拘束力之解釋權限。而規範解釋之行政規則，亦與行政被允許行使裁量權時之具固有決定應受尊重之功能領域，而只在一定範圍受法院審查之地位不同（註四〇）。

2.學界見解

　　通常規範解釋之行政規則一制定出來，依此而爲行政處分之可能性，事實上非常高。因此，行政處分制作前，是否允許從預防將來危險之角度而提起訴訟，乃值得探討之問題。但若承認規範解釋行政規則作爲具外部效力之法源，則從依法行政之角度能被承認。但此種原則是否不承認例外？例如，假設行政機關爲一較規範解釋之行政規則更爲嚴格之處分時，受有不利益之市民，能否主張平等原則之違反？從法院之角度，對市民不利之處分，只要其合法，則即應作適法之判斷，但從私人之角度，若有值得保護之情況，似乎亦應承認其例外。另外一種情況，爲規範解釋之行政規則經長期適用後，改變其解釋，而對私人造成不利益時，是否應承認之問題。從法治國角度，如果新的解釋較仍援用舊解釋爲正

註三九　　Vgl. BVerwGE 34, 278 (280 f.).

註四〇　　Richter/Schuppert, *Casebook Verwaltungsrecht*, 1991, S. 98.

確時，當然行政規則應加以變更。在日本法院之立場認爲，無論新舊之
規範解釋之行政規則，法院均不受其限制地對法令解釋及適用(註四一)。
但對此學者認爲，從法的安定性角度考量，新作成之不利解釋，似應以
法規命令方式訂定爲宜（註四二）。

　　一般在行政之固有功能領域，不承認規範解釋之行政規則(註四三)，
只有在例外情況，承認行政於此之判斷餘地。因法律之解釋，原則上屬
於法官固有權限，對法官而言，規範解釋之行政規則，其證明及拘束價
值，猶不如學界之學理上見解。問題在於，規範解釋情況，行政機關對
干涉之法律，從對市民有利角度作解釋，而法院亦不加以禁止時，則行
政之法律拘束與平等原則，將很難相容。通說主張，在違法時並無平等
原則之適用，亦不能主張重複錯誤。因此常無法導出令人滿意之結果，
但也許不可避免地吾人不應將重心置於平等原則，而是著眼於行政之法
拘束。

㈡裁量基準之行政規則

　　從徹底之法治主義角度，無論任何情況，行政機關爲處分時，只能
依法律之規定機械地執行，但是在許多場合，對於何種情況爲何種處分
之問題，常授權行政機關判斷。此爲行政裁量之問題，當行政機關獲有
裁量之授權時，爲避免行政機關於不同時間、不同地點，恣意地行使裁
量權或完全違反預測可能性，在行政機關之角度，常預先設定裁量基準
（註四四）。此種裁量權行使之內部基準，具有行政規則之性質，其制定不
必有法律根據(註四五)。依日本實務界之見解，裁量基準（審查基準）之

註四一　最判昭和三十三年三月二十八日，民集，一二卷四號，第六二四頁。
註四二　塩野宏，行政法Ｉ，第二版，第八六頁。
註四三　Vgl. BVerwG 1972, 1483.
註四四　另外可經由導入正當程序觀念，使裁量基準設定後公告。
註四五　例如與核能電廠設立許可處分相關之具體審查基準之制定，參考最判平成
　　　　四年十月二十九日，民集，四六卷七號，第一一七四頁。

設定以及行政機關依該審查基準所作之決定，法院之審查，是審查基準是否有不合理之點(註四六)。此與前述規範解釋行政規則與法院之審查權限無關之情形不同，但另一方面，有裁量權之行政機關，是否有權隨意偏離裁量之基準而作決定？日本最高法院亦有承認此種權限之判決，亦即「對於行政機關被授予裁量權之事項，即使定有裁量權行使之準則，此種準則本來係爲確保行政機關處分之妥當性，故即使違反該準則而行使，原則上只生當不當問題，並非當然違法。」(註四七)日本學者對此判決有批評認爲，從裁量權公正行使之確保、平等處理原則及相對人之信賴保護等要求觀點，與裁量基準爲不同之判斷，必須具有合理之理由，如果無法說明，則產生違法之問題。故裁量基準分類上雖非屬法規命令，但在一定程度內，應認爲具外部效力(註四八)。以下則舉德國行政法院之判決討論之。

1. OVG Münster, NVwZ - RR 1989, 169 - Überbrückungsgeld 判決

(1)事實

原告係非公務員之女教師，基於與外國所訂契約，於國外教學後返回德國，並向中央主管外國教育事業之機關申請應急金(Überbrückungsgeld) 之補助。此一申請被主管機關基於相關之指針規定而拒絕，因原告未依該指針規定，於返國一星期內，而是一星期過後，才向勞工局登記。原告上訴二審。

(2)法院見解

外國教育事業中央主管機關給付原告所申請應急金，係依一九七七年一月一日有關教育人員補償給付指針（Ⅱ）第十三號之基準，依該基準第十三號之一規定，非公務員之教師，如果與外國契約當事人之合約

註四六 參考最判平成四年十月二十九日，民集，四六卷七號，第一一七四頁。
註四七 最判昭和五十三年十月四日，民集，三二卷七號，第一二二三頁。
註四八 塩野宏，前揭書，第八七頁。

期間已終了返回德國，非因自己責任，無法立即找到其行業可期待之職
位時，則自其返回本國起三個月內，可以給予補助金。

　　高等行政法院視前述指針為裁量基準之行政規則，因為其說明裁量
行使之普遍方式，故裁量基準之行政規則，須適用裁量決定審查可能性
及裁量界限之原則。法院認為，該指針中規定在何種要件下係預算法包
括預算之目的所指示之接受人範圍之分配方法，原則上並非依循法院之
解釋定之，行政法院之審查限於，基於此種指針某一分配是否完全可實
施？若可以，則在各別案件適用該指針時，如拒絕所要求之給付，是否
違反平等原則？或未注意法律所定目的之範圍？在審查是否有此種未注
意存在時，則不論主管機關係單純依指針之文義規定，或對指針加以解
釋，均相同。關鍵在於，各別案件之結果(決定)，是否與法律所定之助
成目的相牴觸。行政法院對於此種指針適用之審查，乃基於基本法第十
九條第四項為標準所指向，而規定於行政法院法第一百十四條，有關行
政機關經由實體法律規定之授權而行使裁量權時之規範規定(註四九)。裁
量行使之界限，他方面來自於法治國之強制要求，特別是平等原則、信
賴保護原則及比例原則 (註五〇) ——過度禁止——。外國教育事業中央
主管機關對於申請應急金，要求教師於返國後立即向主管之勞工機關申
報，且定一星期之排除期限，如未遵守此期限，則拒絕補助金之給付，
而不再為進一步之事實審查或裁量考慮。聯邦行政機關對本案件亦採相
同方式處理，此為違法。行政機關如同此之外國教育事業中央主管機關，
依指針II第十三號被授權行使裁量權時，則須依照案件特別具體情況，
考慮所有與授權目的一致及不一致之情形，作最好之決定。經由持續之
行政實務之裁量自我拘束，係學理上來自於基本法第三條第一項之平等
原則(亦即恣意禁止)，依相同規範，同樣類型案件須同樣處理，因此在
同樣之正常案件，須與所有人在法律前受平等對待原則相一致。但平等

註四九　Vgl. BVerwGE, *NJW* 1979, 2059.
註五〇　Vgl. BVerfGE, *NJW* 1978, 2446.

對待原則，亦要求在事實上之不相同之情況，從正義思考角度，亦須事實上注意考慮。從正義及合目的性角度思考在法上亦不相同時，則須加以考慮。本質上相同者不可恣意地不同，本質上不同者亦不可恣意地相同處理（Wesentlich Gleiches darf zwar nicht willkürlich ungleich, wesentlich Ungleiches aber auch nicht gleich behandelt werden.）。根據指針之決定原則，亦不能太僵硬，以致排除在個別案件裁量之行使。行政機關只有在當然須考慮各別案件特別情況時，才有行政法院法第一百十四條之是否裁量權合法行使之問題。行政對於各別案件決定思考有關之支持及反對理由時，若僵硬地從特定之要件導引出無裁量空間之結論，則相應之合秩序目的及平等原則之裁量行使，便不存在（註五一）。因爲行政未考慮在許多案件中所存在法律上重要之不同。

法院進一步認爲，聯邦主管機關，在返國之教師未於一星期內向主管機關申報，以「持續之行政實務」爲由，拒絕應急金之申請，此爲違法。即使吾人贊同聯邦主管機關之教師有事實上義務，於返國一星期內向勞動機關申報，但無權只以延誤期限爲理由，毫無例外地拒絕補助金之給予。此種僵硬適用指針Ⅱ第十三號，而不考慮各別案件情況之作法，乃裁量權之不行使（Ermessensnichtgebrauch）。當一星期之期限未被遵守時，聯邦行政機關應審查教師對此是否有責任，以及時間之遲延是否與在同行中不能立即找到可期待之職位有關。因爲指針Ⅱ第十三號之一之目的，對返國之教師，只有在基於自己責任而失業時，才排除應急金之給予。故失業之責任問題及教師行爲與其失業間之因果關係，對補助金給予決定是有重要關係（註五二）。

由以上判決可獲致之結論爲，裁量指針之行政規則，主要係擔保行政實務之一致處理，此種與指針一致之行政實務拘束行政，行政規則對行政之自我拘束具有間接之外部效力。由於裁量指針之行政規則，其性

註五一　Z.B. BVerwGE 15, 155 (157 f.).
註五二　OVG Münster, *NVwZ* 1989, S. 170.

質與標準化及一般化之裁量行使相同，故須注意裁量行使之法律上界限。裁量瑕疵（如本案之裁量不行使）不只可能產生於個別決定，亦可能發生於裁量指針之行政規則上（註五三）。

2.學界見解

此種裁量基準與前述之規範解釋之行政規則不同，行政可自己制定基準且有決定餘地，故只受法院有限制地審查。此種行政規則，行政行為並非完全地決定其法律上之指引，只是使其更明瞭而非補充或補足，此時行政之法拘束與平等原則，便不致衝突，毋寧說平等原則乃學理上所創造出關於行政法院審理與行政內部領域間之一座橋（註五四）。學說及判決，從平等要求之基礎發展成經由基本法第三條第一項連結行政規則外部效果之學理上輔助架構，亦即所謂行政自我拘束之理論，使行政規則與向來之法律與法規命令等法源相類似。

行政之自我拘束絕非新理論，如果行政無理由地異於自己制作之決定基準，則於裁量領域，屬古典之恣意禁止之裁量瑕疵。而德國自基本法制定後，從基本法第三條第一項推導出行政之自我拘束、平等原則，要求行政裁量行使須平等。同等行為只在有先前決定時才考量，在同等處置要求下，受與裁量基準不同處置之市民，須主張其權利。至於受與基準同樣對待市民，已獲特定之利益，連結基本法第三條第一項之平等因素之平等檢驗，並非來自行政規則，而是來自持續之行政實務（行政實行），故基於基本法第三條第一項之自我拘束構想被放棄。承認在行政固有之功能領域行政之自我法制定之規範意志，最後創造具外部效力之原有行政法。

另外主張信賴保護者亦不妥當，因為行政規則之行使，並非以值得保護之信賴為基礎，而且通常行政規則亦非常有限地公告，而公告正是

註五三　Richter/Schuppert, *Casebook Verwaltungsrecht*, 1991, S. 100.

註五四　Ossenbühl, a.a.O., S. 138.

值得保護之信賴之基礎（註五五）。

也許在事實上承認此種行政固有之命令權而不借助「先予之行政實務」之擬制較好，後者即係維持自我拘束之構想，而對行政規則在其第一次適用時即具基礎，其他判決亦有將行政自我拘束從發布行政規則開始，但不依基本法第三條而依信賴保護爲根據(註五六)。但有認爲此種主張，並無必要，因爲只要承認行政在裁量領域可自己制定基準，且具有自我拘束之外部效力即可達成。

有認爲執行之固有規範制定權與基本法相牴觸，但亦有認爲如同行政裁量般並未違反，且亦不致有使行政實務僵化之危險，因爲行政之自我拘束，同時亦須受向來意義下之法律拘束，此亦爲法規命令與行政規則無法完全等同之原因。因爲兩規範領域之規範強度不同，行政之自我拘束允許於例外情況可爲不同決定之彈性，法律拘束則原則上要求嚴格拘束，不容忍例外。行政自我拘束之性格顯示爲一種例外，基於特別個別事實理由，行政可爲相異於自己之決定標準，並且在不同之模式可於任何時間基於事實之理由而改變。

㈢規範具體化行政規則

德國並在技術安全法及環境法領域授權行政以行政規則具體化法律規範，並承認規範補充與規範具體化行政規則對法官具有修正之拘束效果。但聯邦憲法法院將規範具體化只限於原子能法之特別領域(註五七)。但經由歐洲統合之發展，由兩個一九九一年五月三十日之歐體法院判決（註五八）可發現，規範具體化行政規則，不只適用於德國國內法，而且將行政規則作爲轉化成歐洲共同體法指針之工具。有學者對此提出批評

註五五 對信賴保護論點之批評，可參考 OVG Münster, *DVBl.* 1980, 648 (649)。

註五六 BVerwGE 35, 159 (162).

註五七 BVerfGE 78, 214 (227).

註五八 EuGH, Rs. C-361/88, Slg. 1991, I-2567; Rs. C-59/89, Slg. 1991, I-2607.

（註五九），亦有認爲未來規範具體化行政規則，將失去其重要之適用領域
（註六〇）。

1. 聯邦行政法院之 WYHL 判決

聯邦行政法院在一九八五年之 WYHL 判決中認爲，如果行政規則
不僅具有規範解釋（norminterpretierende）性質，且具有規範具體化
（normkonkretisierende）之性質時，則承認行政規則之法律上外部效
果(註六一)。但此一見解，聯邦行政法院並未再持續加以確認。而在 TA
Luft 之領域，聯邦行政法院，亦未將此一問題作判斷 (註六二)。至於其
他行政法院，則採納此規範具體化行政規則之形式(註六三)，學界亦承認
規範具體化行政規則之存在 (註六四)。部分實務及學界則用所謂標準化
standardisierende 之行政規則，取代具體化之餘地，而謂行政機關之標
準化之判斷餘地(註六五)。有認爲，此概念之形成有其價值，因爲它更能
說明行政立法（exekutive Rechtssetzung）之實質內涵 (註六六)。聯邦
行政法院卻未對採納規範具體化權限而給與行政機關有最後決定權限之
判決附上理由，也未有界定規範解釋與規範具體化行政規則界限之說明
（註六七），其出發點在於，如果行政規則界定爲規範具體化，則具有外部
效力，如果界定爲規範解釋性質，則須受法院完全審查，不能由行政規

註五九　Vgl. Thomas von Danwitz, *VerwArch.* 1993, S. 73 ff.

註六〇　Ossenbühl in: Erichsen, *AllgVerwR*, 10 Aufl., S. 141.

註六一　BVerwGE 72, 320.

註六二　Vgl. BVerwG, *NVwZ* 1988, 825.

註六三　OVG O, *DVBl.* 1988, 153; Hess VGH, *NVwZ* 1989, 1187.

註六四　Hill, Normkonkretisierende Verwaltungsvorschriften, *NVwZ* 1989, 401
　　　　ff.; Salzwedel, *NVwZ* 1987, 278.

註六五　Vgl. Breuer, in: *Jahrbuch des Umwelt- und Technikrechts*, 1989, S. 49.

註六六　H. D. Jarass, Das untergesetzliche Regelwerk im Bereich des Atom-und
　　　　Strahlenschutzrechts, in: *Reformüberlegungen zum Atomrecht*, S. 381.

註六七　H.-J. Papier, Bedeutung der Verwaltungsvorschriften im Recht der Te-
　　　　chnik, *Festschrift für Rudolf Lukes zum 65. Geburtstag*, 1989, S. 161.

則本身之形成來決定，否則法院之審查範圍將只由行政單獨決定，其界定應由立法者事先指示。行政具體化之空間，如同判斷餘地由相關法規決定(註六八)，因此既非特別之不確定概念，亦非行政決定具有預測之必要性便足夠(註六九)，必須由相關法律著手，視其是否指示行政機關對不確定法律概念之具體化有最終之責任與法院之限制審查此一要件之實際意義，不能過大之評價。相關法律一般均非同一意義，具體化空間之決定乃屬解釋問題(註七〇)。問題在於，何種事實上之觀點，在解釋相關法規時，可作為具體化餘地之根據。在原子能法領域之行政規則，有兩個特質，一是其來自專家之意見，因此程序過程上很高程度之專門權限，將影響規範之內容(註七一)，另一則是，行政規則為一評價之判斷，因此具體化之空間，額外地其前提要件為信任行政機關之制定。因為行政規則亦顯示其民主之正當性，諸如由政府部長，或複數利益組成之委員會所制定。

2. 規範具體化行政規則之效力問題

如果一般行政規則界定為規範具體化，則在原子能法與放射線防護法領域具有明確之拘束效力，法院因此停止對行政規則之審查(註七二)。規範具體化行政規則之拘束力，接近法規命令，當然仍與法規命令不同。聯邦行政法院認為，對於規範具體化行政規則，法院只能審查其是否基於恣意地調查，且導致行政規則之保守評價(註七三)。因此行政規則，如

註六八　H. -J. Papier, Zur Verwaltungsgerichtlichen Kontrolldichte, *DÖV* 1986, S. 625; BVerwGE 59, 213, 215 f.

註六九　Vgl. Schmidt-Aßmann, in: Maunz/Dürig, *Grundgesetz*, Art. 19 IV Rn. 198.

註七〇　H. D. Jarass, a.a.O., S. 382.

註七一　Vgl. P. Badura, Gestaltungsfreiheit und Beurteilungsspielraum der Verwaltung, in: *Festschrift für Bachof*, 1984, S. 176 f.

註七二　Jarass, Der rechtliche Stellenwert technischer und wissenschaftlicher Standards, *NJW* 1987, S. 1229.

註七三　BVerwGE 72, 321.

果其專家之意見，依最新之科學知識已經落伍時，則將失其拘束力(註七四)，例如，當私的環境基準創新要求時，為一例 (註七五)。通常具體化之行政規則，因其舊的專家意見特徵，常因新的知識而過時。因此，不具拘束力並且其拘束力往往是促進之標準多於保護之標準，而促進標準之具體化，對行政而言才是重要的 (註七六)。

　　規範具體化行政規則之效力，雖有一定範圍限制，但實務上應已足夠，如果欲其有更廣泛之效力，則應以法規命令方式規範(註七七)。因為它確立核設施所有人之重要義務 (註七八)。

3.對規範具體化行政規則之批判

　　⑴權力分立: 有認為規範具體化行政規則與憲法上立法及規範具體化之行政間之功能上權力界限不一致，它從體系上破壞權力分立 (註七九)，而且如果將規範具體化行政規則視為立法與行政之合作的話，則在憲法上，它究竟屬於立法抑或是行政之領域? 德國基本法關於此點很清楚，因為基本法將行政規則劃入第八十三條以下之行政範圍，因此超越所謂之具體化學說，行政規則因此很難被認為具有法律般之一般效力，對行政規則而言，欠缺其具有規範性之法律基礎。如果吾人將其劃歸立法領域(註八〇)，將打擊權力分立之憲法體系，從憲法規定外形看，其基礎薄弱，則基本法第八十條第一項便會對其加以規範，因為基本法第八

註七四　BVerwGE 55, 250, 258; OVG Lüneburg, *DVBl*. 1985, 1323.

註七五　BVerwGE, *NVwZ* 1983, S. 155.

註七六　Jarass, a.a.O., *NJW* 1987, 1230; BVerwGE 69, 34 (45).

註七七　Vgl. Rengeling, Probabilistische Methoden bei der atomrechtlichen Schadensvorsorge, 1986, 193 ff.

註七八　Jarass, a.a.O., S. 386.

註七九　Vgl. J. Wolf, Die Kompetenz der Verwaltung zur Normsetzung durch Verwaltungsvorschriften, *DÖV* 1986, S. 856.

註八〇　H. Hill, Normkonkretisierende Verwaltungsvorschriften, *NVwZ*1989, S. 407 f. 他認為規範具體化不只是包攝 (Subsumtion) 而且是規範形成(Normentwicklung)。

十條並未反對規範具體化行政規則之存在，第八十條第一項屬於立法功能，而行政規則係屬於行政之功能領域（註八一）。

如果認為立法與適用法律很難區別（註八二），則將動搖整個憲法體系。因為此將危及立法與行政間之權力區分，並因而危及執行權之憲法基礎，此種反轉之效果，已超越行政規則之規範效力問題。

(2)另有學者訴諸憲法上行政之直接及自動之立法權限（註八三）。但此種主張，則又回到行政之領域，但卻不再受法律保留（註八四）之任何限制，顯有矛盾。學者因此主張，諸如原子能法、污染防治法、水法、廢棄物處理法等，到處有發布法規命令之權限基礎（註八五），此方符合憲法之精神，也是具體化立法與行政間關係之最好途徑（註八六）。

(3)學者 Wahl 認為，聯邦行政法院之 Wyhl 判決，乃因法院自己深覺被請求對最困難技術作評斷與對科學上爭議作決斷，係過分要求，尤其在長期與熱烈爭辯之原子能法許可程序時（註八七）。因此法院顯然努力以新的適用案例，以盡可能劃清其審查之界限，但是聯邦行政法院所提供之區分基準卻不清楚，因為「解釋」總也須「具體化」（註八八），是故規範具體化與規範解釋本身，並非相對立概念。從法技術之角度，一般評價基礎，係補充放射線防護規則第四十五條之輔助規範，它係放射線

註八一　J. Wolf, a.a.O., S. 856.

註八二　H. Hill, a.a.O., S. 403.

註八三　Vgl. K. Vogel, Gesetzgeber und Verwaltung, *VVDStRL* 24 (1965), S. 165 f.; Ossenbuhl, *Verwaltungsvorschriften und Grundgesetz*, 1968, S. 512 ff.

註八四　Vgl. Ossenbühl, Autonome Rechtsetzung der Verwaltung, in: Josef Isensee/Paul Kirchhof (Hrsg.), *Handbuch des Staatrechts der Bundesrepublik Deutschland*, Band III 1988, § 65 III, Rn. 12 f.

註八五　Vgl. § 10, 11, 12 AtG; § 7 BImSchG; § 19d WHG.

註八六　Breuer, Gerichtliche Kontrolle der Technik, *NVwZ* 1988, S. 110.

註八七　Vgl. Wahl, Risikobewertung der Exekutive und richterliche Kontrolldichte, *NVwZ* 1991, S. 409 ff.

註八八　Vgl. K. Hesse, *Grundzüge des Verfassungsrechts der Bundesrepublik Deutschland*, 18 Aufl., 1991, S. 24.

防護規則第四十五條關於所允許劑量值規定之補充構成要件，亦即在何種要件下第四十五條「此一放射線暴露須考慮整體重要負擔途徑，包括對食物鏈之最不利影響狀況」之要件特徵才算完足。此一般評價基礎指示第四十五條之法律效果，而放射線防護法第四十五條又具體化原子能法第七條第二項第三號之許可要件，亦即補足第七條之構成要件（註八九）。學者 Vogel 認為，規範具體化法規之構造及其功能為基本規範之補充構成要件，因此與事實探究之行政規則，並無不同，因其同為介於基本規範與事實間之補助規範，後者並非對個別證明之詳細性給與總括之指針，而是對法律上構成要件之模糊與不確定而需要補助規範者為之，而後者具有評價指針亦與規範具體化行政規則在構造上並無不同，只不過學理上，一是具體化需要之規範，一是確定事實之規範，兩者只是對行政規則功能上不同之描述而已。至於規範具體化行政規則與規範解釋行政規則之不同在於，後者只是解釋功能，而前者除解釋功能外，另具有補充功能（註九〇）。

4. 規範具體化行政規則之法律上要求與司法審查。

　(1)法律上要求

　　有德國學者認為規範具體化行政規則必須合乎以下要求，必須與特定法規有關，而且在其規定範圍內為之。如果欠缺法律上之形成規定，其關於專家、利益團體之聽證、建言及決定程序，應以行政規則如同受到具體化之委託所必要者般作一般性規範。而當私人作成之技術規範（private Regelwerke）是在公開方式及平衡各種利益下所作成時，則應考慮如同國家性質之規範具體化。規範具體化之過程，諸如其程序決定基礎（方法、事實採行、模型及選擇等）必須記錄。規範具體化行政

註八九　Ronellenfitsch, *Das atomrechtliche Genehmigungsverfahren*, 1983, S. 254.

註九〇　K. Vogel, Verwaltungsvorschriften zur Vereinfachung der Sachverhaltsermittlung und normkonkretisierende Verwaltungsvorschriften, in: *Festschrift für Werner Thieme zum 70 Geburtstag*, 1993, S. 616, 617.

規則亦必須公告。行政機關對規範之具體化須持續地控制，且對知識之發展與法規之變動加以調適，有新的評價須立即轉化及公開，避免規範具體化之意義及目的成相反不定之狀態。

　　(2)司法之審查

　　承認行政機關之規範具體化權限並非表示行政機關可恣意爲之，而仍須受司法之審查，包括法院於審查個別案件時須注意各個行政規則之適用領域內容及適用條件，因爲對一般人言，可能無法立即明瞭特定事實範圍、條件及規範種類，而只要對規範具體化行政規則之解釋與適用有爭議時，原則上須如同法規範般處理。法院不可援引個別案例所推定之特殊性作爲一般性規範理解，如果行政機關依行政規則在個別案件爲不同處置時，須對此附記理由。另外對規範具體化行政規則之合比例控制，包括注意規範內容，僅止於程序，並審查程序瑕疵與結果間是否具因果關係，並須調查決定之基礎與具體化之結果是否恣意爲之，主要之認識方法須作記錄。但是另一方面，規範之具體化可因瑕疵或因新知識而對相關決定之基礎存疑，或行政機關對向來之風險評估有新的評價等原因而加以改變。

三、主張直接承認行政規則之外部效力者之見解

　　德國學界有主張直接承認行政規則之外部效力者,其見解整理如下:

㈠經由行政規則與經由法律所作決定其重要性相同

　　如果認爲違反行政規則之行政決定並未違法，則自始即不妥當及需特別根據，因爲該決定乃國家機關所爲，具有法律上拘束力之處置，經由行政規則所爲之權限分配或手續規範，其法實現性之重要程度，決不亞於經由法律。從行政決定之事實正確性而言，兩者同等重要。再者，以法律及以行政規則來制定權限規範至某一定程度，兩者可相互交換，特別是當思考，如果無行政程序法存在，則顯然地牴觸手續規範之行政

規則，並非毫無法律效力。此同樣適用於裁量基準之行政規則與規範具
體化行政規則。經由行政規則與經由法律決定，其重要性相同，而此兩
種操控形式(即經由法律與經由行政規則)，在廣泛範圍上，可相互爲用。

㈡違反行政規則之裁量瑕疵與其他裁量瑕疵並無不同

如果以欠缺有關裁量行使之法律規定爲由，否定行政規則之外部效
力，以及認其違反行政規則並非行政手續法及行政訴訟法意義下之法律
違反，則此種見解是錯誤的。行政手續法課予行政機關，當其獲裁量授
權時，其裁量權之行使，須依法律授權目的行使。因此，行政機關行使
裁量權時之考量，有不少是以機關內部行政規則方式爲之，而與外部法
相關。裁量之行使，因違反授權目的而牴觸行政手續法第四十條時，毫
無疑問地，該行政行爲已違反外部之法。如果行政機關之行爲與自己制
定裁量指針之行政規則相牴觸，則無論如何其裁量權之行使，已與授權
之目的不一致，此種關於裁量指針之行政規則，不只限於實體法上行政
行爲之餘地，尚可規範適用於權限規範與手續規範之行政規則。因爲若
無其他不同之法規規定，權限之秩序與行政手續之形成，屬行政之裁量
權(註九一)。沒有理由對違反行政規則之裁量瑕疵與其他裁量瑕疵作不同
之處理，且拒絕其外部效力。同樣之思考，可適用於以規範具體化行政
規則來處理行政判斷餘地之補足。

㈢通說依平等原則或信賴保護原則之不當

如果因違反行政規則而與外部法相關時，通說亦承認依基本法第三
條第一項之平等原則或信賴保護原則救濟，但此種輔助之構想，卻與行
政規則之拘束意義不合，行政事務之執行，須合乎平等原則，這是履行
行政規則與其他法規範都需遵守者。德國自基本法制定後，從基本法第

註九一　參考德國行政程序法第十條。

三條第一項推導出行政之自我拘束、平等原則，要求行政裁量行使須平等。同等行為只在有先前決定時才考量，在同等處置要求下，受與裁量基準不同處置之市民，須主張其權利。至於受與基準同樣對待市民，已獲特定之利益，連結基本法第三條第一項之平等因素之檢驗，並非來自行政規則，而是來自持續之行政實務(行政實行)，行政規則只是顯示現已存在相一致之行政實務，公行政之職員基於服從之義務，應有行政規則與行政相一致之假設，因此與行政規則相異之處置，可能直接牴觸平等處置原則。基本法第三條第一項如同轉換規範，它使行政內部指令轉變成如同直接規範國家市民間關係之法規命令，此點特別見之於有些決定不再視行政規則只是以指示外形出現，而是直接聯結平等原則，並且明示須受該行政規則之拘束（而非行政實務）者。行政之自我拘束，並非依照行政之行為(行政實務、行政實行)，而是依行政於行政規則中其意思行為之告知,故基於基本法第三條第一項之自我拘束構想應予放棄。應承認在行政固有之功能領域，行政有自我制定法規範意志，並可創造具外部效力之行政規則。

　　另外主張信賴保護者亦不妥當，因為行政規則之行使，並非以值得保護之信賴為基礎,而行政處分在一定條件下被撤銷之期待價值可能性,在行政規則被違反之情況下，亦完全被排除。行政規則之目的與市民投入期待行政作成客觀正確決定之信賴無關,而且通常行政規則亦不公告,而公告正是值得保護之信賴之基礎（**註九二**）。

　　也許在事實上承認此種行政固有之命令權而不借助「先予之行政實務」之擬制較好，後者即係維持自我拘束之構想，而對行政規則在其第一次適用時即具基礎，其他判決亦有將行政自我拘束從發布行政規則開始，但不依基本法第三條而依信賴保護為根據(**註九三**)。但有認為此種主張，並無必要，因為只要承認行政在裁量領域可自己制定基準，且具有

註九二　對信賴保護論點之批評，參考 OVG Münster, *DVBl.* 1980, 648 (649).
註九三　BVerwGE 35, 159 (162).

自我拘束之外部效力即可達成。

㈣聯邦行政法院承認規範具體化行政規則之外部效力

　　學界有主張，在組織方面，裁量指針及規範具體化行政規則，係由行政機關自己制定，故亦被其視爲理性行爲必須之要件，而需注意之指導思考。若無特別情況而任意忽視時，視爲違反補足裁量及判斷餘地之有效具外部關係法基準，而承認行政規則之外部效力(註九四)。但此種見解，並未解決行政規則是否同時具有外部法規範性格問題。在實務上，亦曾有判決，視權限及程序之行政規則爲合法性基準，而當執行法律爲必要之規範且無其他特別規定時，承認行政規則之外部效力(註九五)。又聯邦行政法院一九八五年十二月十九日之 Wyhl 判決，在行政規則係具規範具體化功能而非規範解釋功能時，在相關之法範圍內，對行政法院有拘束力，亦即承認行政規則之外部效力 (註九六)。

㈤承認行政規則之外部效力不致使行政規則與法規命令等同

　　行政規則只以其機關成員爲對象，並不牴觸其具有外部效果。許多法律、法規命令與規章，其具有行政組織規範或指示行政之特定任務或權限等，並無不同。同樣地，就相對人之範圍，行政規則係行政內部之行爲規範，而經由補足裁量及判斷餘地聯結外部法領域，如違反行政規則之法律上拘束力，則導致外部法之違法性主張，亦不致使憲法上對發布法規命令之要求落空，因爲法規命令與行政規則在許多地方不同。法規命令不只制定程序與行政規則不同，它也比行政規則具較嚴格之效力

註九四　Vgl. K. Lange, a.a.O., S. 325.
註九五　Vgl. BVerwGE 40, 237 (247 ff.); 36, 91 (92 ff.); 36, 327 (329 ff.).
註九六　BVerwGE 72, 300 (320).

要求，而行政規則在特別情況下，則可爲不同之處置(註九七)。法規命令
不像行政規則須至某一特定程度才妥當，而只受憲法上法律保留之拘束，
且法規命令位階較行政規則爲高，行政規則之效力，須不牴觸法規命令。
承認行政規則之外部效力，不至於使行政規則與法規命令等同，亦不致
使法規命令適用之特別要件無意義。以規範解釋之行政規則爲例，此時
行政規則並非取代被解釋法規範之地位(註九八)，因爲行政規則之外部效
力，無論如何不許高於被解釋之法規範，而若行政規則解釋錯誤，則規
範解釋之行政規則，不能主張外部效力（註九九）。

(六)對違反目的之行政規則可以否認其外部效力

另外，對不適當地強化內部之行政關係之疑慮，亦可因前述行政規
則可輕易改變可能性及允許不同情況作相異處理而除去。而對於裁量與
判斷餘地之補足，可能一般規範之行政規則有違反目的之危險，可因裁
量及判斷餘地仍保留個別決定之可能，故對違反目的之行政規則，可以
否認其外部效力而避免（註一〇〇）。

(七)不致造成訴訟之不當擴張

至於對防止因行政規則違反，造成訴訟可能性之不當擴張，亦可以
訴訟權限以主觀公權利之侵害可能性爲前提，牴觸行政規則在何種範圍
有權提起訴訟，依該行政規則所具體化之外部規範所牽涉之主觀權利而
定(註一〇一)。另外，當依行政程序法第四十六條，該事件不可能有其他

註九七　Vgl. B.-O. Bryde, in: Ingo von Munch (Hrsg.), *GG*, Bd. 3, 2 Aufl., 1983,
　　　　Art. 80 Rdnr. 9 b.

註九八　*因爲規範解釋之行政規則，對行政與市民間之法關係並無拘束力*。Vgl.
　　　　BVerwG, *NJW* 1985, S. 1234.

註九九　Vgl. K. Lange, a.a.O., S. 327.

註一〇〇　Vgl. K. Lange, a.a.O., S. 327.

註一〇一　Vgl. F. O. Kopp, *VwGO*, 8 Aufl., 1989, §42, Rn. 48 a, 55; *以及上述聯邦*

決定時，則對手續規範行政規則之違反，亦不能作爲廢棄該行政處分之根據。就訴訟之一般原則言，若此種手續違反對撤銷因手續瑕疵作成之決定係對內容無影響，故可不注意者，則無請求廢棄之權。同樣情況之手續違反，尚不足構成依行政手續法第四十八條之撤銷行政處分，在因違反對內容無影響而對該行政處分撤銷之決定情況，當其相對人因信賴該未經公告之行政規則時，更應承認其外部效力。

(八)承認行政規則之外部效力非即將其與外部法之規範同一視之

對行政規則之前述限制及考量基於功能特有之判斷，行政規則並非即與外部法之規範同一視之，特別是因行政規則無法滿足法律保留之要求時，足見承認行政規則之外部效力，同時對區分行政及行政外部領域及維持行政之固有性係不可廢止的，提倡承認行政規則外部效力之主張，同時考慮現存對行政之受嚴格法拘束，職務公開之功能及個別之市民(註一〇二)。

(九)具外部效果之法規範原則上須經公告，可有效保護市民之權利

1.前述所主張應具外部效力之組織上，裁量指針及規範具體化行政規則，應如同具外部效果之法規範，原則上須經公告。當然未經公告之行政規則，並不因之而無效(註一〇三)。欠缺公告之行政規則，其效果較不嚴重，因對市民自由領域之干涉，乃受法律保留之限制，而非可經由行政規則爲之。在行政手續法第四十八條意義下之行政處分撤銷，對未

<hr>

行政法院之判決 BVerwGE 34, 278 (281).

註一〇二　Vgl. K. Lange, Innenrecht und Aussenrecht, in: *Reform des allgemeinen Verwaltungsrechts*, 1993, S. 329.

註一〇三　Vgl. Maurer, *Allgemeines Verwaltungsrecht*, 1995, § 24 Rn. 36.

經公告之行政規則，應能且必須相一致地考慮相對人值得保護之信賴。

2.行政規則公告之義務不限於行政程序範圍內，或基於在個別案件存有利益，行政規則公告之義務，必須允許相應之資訊提供之請求，以作爲違反此義務之修正請求權或結果除去請求權。經由行政規則之公告所欲達到之資訊公開，亦有助於個別市民之利益，特別是有效之權利保護。對公告義務之違反，只有經由市民之持續資訊提供請求才能滿足，聯邦行政法院有關之判決認爲，其對行政規則之內容公告之請求，只限於行政程序範圍內，或基於在個別案件存在有資格之利益爲限（註一〇四）。此種見解，忽略法規命令與行政規則之平行性，且過低評價在個別案件所產生之市民利益，以使其對行政機關相關之行爲基準有處分之準備，而通知行政機關，行政亦可因此一資訊而獲有對行爲之可能操控之利益（註一〇五）。

四、行政規則外部效力問題分析

(一)規範解釋之行政規則

一般而言，不承認此爲屬於行政固有之功能領域，只有在例外時承認行政之判斷餘地(註一〇六)，因爲原則上法律之解釋乃法官獨有之任務（ureigene Aufgabe），對法官而言，規範解釋之行政規則其證明價值與拘束價值，充其量不過如學說之見解而已(註一〇七)，換言之並無拘束力。但問題在於，對某一干涉性質法律之解釋，在個別案件上若行政之觀點較法院爲有利於市民時該如何解決？此時牽涉行政之法拘束與平等

註一〇四　BVerwGE 61, 15 (20 ff.); 69, 278 (279 ff.).

註一〇五　Vgl. K. Lange, Innenrecht und Aussenrecht, in: *Reform des allgemeinen Verwaltungsrechts*, 1993, S. 330.

註一〇六　Vgl. Tettinger, Überlegungen zum administrativen "Prognose-spielraum", *DVBl.* 1982, S. 421.

註一〇七　Vgl. Ossenbühl, a.a.O., S. 137.

原則之調和問題，通說認為，在不法上並無平等之適用，以及無要求重複瑕疵之請求權（註一〇八），但此種見解似未能完全解決問題。

(二)裁量基準之行政規則

它與前述規範解釋行政規則不同者為，它屬於行政可以自己決定固有基準之領域及決定餘地，法院之審查因此受限制。此種行政規則並非有關行政行為之完全決定，亦非補充或補足法律規定，而是對法律規定加以明確化，因此便不存有行政之法律拘束與平等原則之衝突問題，平等原則只是使行政內部領域進入行政法院管轄之學理上之一座橋而已。學說及實務以平等原則為基礎，發展學理上之輔助建構，亦即經由基本法第三條第一項規定，以導出行政規則之外部效力（所謂行政之自我拘束），此使行政規則如同向來法源之法律與法規命令相近。但是行政自我拘束之思考並非新事，若無根據而為與自己制定之決定基準不同之行為，在裁量領域向來是屬古典之裁量瑕疵中之恣意禁止領域，而在基本法施行後，便由其第三條第一項導出。平等原則要求行政對其裁量權須平等行使，平等行使之前提卻須已有先例存在，在平等行使原則下，市民當事人對與裁量基準不同之行為只能主張其他處於同樣狀況之市民依相應之基準已獲得較有利之處遇。但基本法第三條第一項之平等審查與比較之特徵卻非行政規則，而是持續之行政實務(行政行使)，行政規則只是與現存行政實務相一致之表徵，因為依行政機關職員之服從義務，存在著對行政規則與行政實務相一致之期待，因此與行政規則不一致之行為，應認為直接牴觸平等處理之原則，基本法第三條扮演著如轉換規範（Umschaltnorm），它將行政之內部指令轉換成直接規範國家市民關係具外部效力之命令，當違反平等原則，是直接與行政規則本身有關，且行政本身經由行政規則（而非行政行使）受拘束時，問題便更明顯，

註一〇八　Vgl. Maunz/Dürig, *GG*, Art. 3 I Rdnr. 185 a, 186.

此時應視行政之自我拘束並非來自行政之行為(行政實務行政行使)，而是因行政於行政規則中所宣示之意思行為，因此以基本法第三條第一項為基礎之自我拘束架構應放棄，應承認行政能在固有領域產生規範意思，而最後創設一具有外部效力之原本的行政權。在實際上此種見解應較佳，因為不必再藉「先予之行政實務」之助，以維持自我拘束之架構，而可在行政規則下達之同時即具自我拘束，故一開始適用即有根據。另有主張行政之自我拘束，非來自基本法第三條而是依信賴保護原則。學者認為。此亦不足採，因為行政在裁量領域可制定固有之基準。即也同時具有自我拘束之外部效力。另有認為執行之獨立之命令權牴觸憲法，此種主張忽略了憲法上保障行政之裁量權，因此將行政規則視為附帶產生之法（leges praeter legem）是不適當的，吾人亦不用擔心此舉將使行政之實務僵化，因為行政之自我拘束本就與法律之拘束意義不同，此亦為法規命令與行政規則不完全相等之理由，因為兩規範領域之規範強度不同，換言之，行政之自我拘束較具彈性，對於特別例外情況允許不同之拘束，相對地法律之拘束，原則上較嚴格不能容忍例外，而行政自我拘束之性格顯示其例外情況產生，特別是基於一定之事實狀況行政可以有理由改變其決定模式，並且在不同之類型模式，行政具有自由處分權，亦即在任何時候，基於事實理由將其行為基準改變。

㈢行政規則之制定權限究屬行政權抑或立法權

在此首須討論者為制定行政規則之權限之法基礎，有認為行政規則乃基於行政本源之功能領域而制定，因此制定行政規則之權限乃屬於行政之固有權限，發布行政規則之基礎在於組織之權力及行為指導之權力，是故行政規則之制定不須特別之法律授權，若法律就個別之執行機關指示其發布行政規則，一般亦只是權限規範而非授權基礎。但於行政主體間之行政規則情況則不同，執行權力亦包括制定具外部效力及以外部指向之行政規則。

㈣行政規則之外部效力問題，也許較妥適者爲從拘束力出發
　觀察

　　換言之，行政規則之拘束力依其情況不同有不同之強度，例如本文
之分析所示，在規範解釋行政規則情況下，其拘束力一般只有內部效力，
在裁量基準之行政規則，則常產生外部效力，亦即可拘束法院，而此種
效力之來源，德國學者有認爲並非來自平等原則或信賴保護原則之適用，
而是直接來自行政規則之作成。另外所謂規範具體化之行政規則，德國
聯邦行政法院承認其與規範解釋之行政規則不同而具有外部效力，但聯
邦憲法法院則對此尚未表示其見解，證諸自一九八五年之 Wyhl 判決承
認規範具體化行政規則後，尚未見持續引用，似乎只限適用於如原子能
法之特殊領域。但此亦可看出行政規則之拘束力，因不同類型與情況有
不同之拘束力強度，而規範具體化行政規則其拘束力最強，直與法規命
令等同，但其拘束力具外部效力時，原則上係一種例外，故與一般法規
命令仍有性質上之不同，而當兩者效力相衝突時，則以法規命令居上位，
而在規範適用順序上，則先適用行政規則，再適用法規命令。

㈤行政規則之制定不須特別之法律授權

　　前已述及，制定行政規則之權限乃屬於行政之固有權限，發布行政
規則之基礎在於組織之權力及行爲指導之權力，是故行政規則之制定不
須特別之法律授權(註一〇九)，執行之權力包含制定具外部效力及以外部
爲指向之行政規則 (註一一〇)，因爲行政規則並非涵蓋所有外部領域，

註一〇九　在德國，此種見解於行政主體間行政規則不適用，例如依基本法第八四
　　　　　條第二項與八五條第二項，關於地方自治事務，行政規則具有如同形式
　　　　　法律之基礎，它不僅爲權限分配規定，同時亦爲授權基礎。
註一一〇　Ossenbühl, *Autonome Rechtsetzung der Verwaltung*, S. 457.

行政於該不受法律保留規範之領域可發布(註一一一)。學者認為，基本法第八十條第一項只是關於委任立法權，因此與執行固有功能領域之行政立法權不相干(註一一二)，制定行政規則之行政內部權限由憲法及法律決定，因此只要無特別規定，則依行政本身之組織及行為主導權力，即有制定之權限。

㈥行政規則之第三人效力問題

在德國有關制定行政規則之形式及手續規定，只是個別地存在，亦即散見於一些特別是有關於第三人參與制定行政規則之法律中。法律明定之參與方式，從純粹聽證至不可欠缺之協同產生效力之認可或許可規定，在此情況下，於制定行政規則過程，不只是屬於行政內部功能領域之機關諸如部長及其附設之委員會，尚包括行政外部之利益團體，社團，個別專家，工會團體，職業團體，勞工團體，個人代表等有參與公行政制定行政規則程序之規定（註一一三）。

㈦行政規則之作成與公告

在德國行政實務上有些部會對於行政規則之發布程序，以類似於法規命令方式處理，有些部會或政府之事務規則上亦存在有關行政規則作成（正本）之規定，它詳細規定誰（部長或次長或其他人）於何種行政規則，在何種順序下（在牽涉多數權責機關時）必須署名（註一一四）。

法規規範力產生，公布是必要條件。德國關於行政規則之公布，部分規定於特別法中(註一一五)，而在實務上行政規則之公布特別有兩個問

註一一一　Vgl. E.-W. Böckenförde, *Gesetz und gesetzgebende Gewalt*, 1981, S. 394.
註一一二　Vgl. E.-W. Böckenförde, a.a.O., S. 395 ff.; Ossenbühl, a.a.O., S. 458.
註一一三　Vgl. Ossenbühl, *Verwaltungsvorschriften und Grundgesetz*, 1968, S. 460.
註一一四　Ossenbühl, a.a.O., S. 459.
註一一五　例如卡特爾法第四九五〇條一項四款§ 49, 50 Abs. 1 S. 4 GWB 及信用法第十條一項三款§ 10 Abs. 1 S. 3 KWG.

題，一是公布機關，二是與此相關之是否必須選擇公布機關還是通知關係人即可？另外關係人之範圍如何？一般而言，對於行政規則，因其制定欠缺透明性而提起訴訟很難成立，如果公布可緩和此問題，對於行政規則之公布至少須依考慮行政規則之內容所牽涉之人時地之層面之人的範圍。德國聯邦行政法院承認有關行政決定裁量基準之行政程序參與者之資訊要求權，卻拒絕律師之要求公布及資訊之請求權(註一一六)，學者批評此種見解過於嚴格（註一一七）。

〔伍〕 我國有關行政規則外部效力問題

行政規則在我國，一般以解釋函(令)、注意要點、注意事項、釋示、方案等形式出現。我國學界及實務有關行政規則外部效力之見解，一般對行政命令之效力，分成對外效力與對內效力，並以法規命令係發生對外效力，行政規則則僅具對內效力，對一般之人民及法院並無形式之規範力(註一一八)。吳庚教授則認爲，若行政規則性質上屬於裁量性或政策方針之指示者，則具間接效力或附屬效力(註一一九)。亦有學者認爲，我國之行政規則中，除裁量規則與判斷規則可以透過行政自我拘束理論發生間接對外效力外，其他行政規則僅具對內效力(註一二〇)。可見無論認

註一一六　Vgl. BVerfGE 61, 15; BVerwG in: *NJW* 1984, S. 2590; BVerwG in: *NJW* 1985, S. 1234.

註一一七　參考 Ossenbühl, a.a.O., S. 460。因爲只有當律師了解所有行政決定之根據時，方能遂行其職務。但 Ossenbühl 同時認爲，此問題在實際上不太會產生，因爲律師可透過其委任當事人要求資訊請求權之助，而獲得相關之行政規則資訊。

註一一八　參考陳新民，行政法學總論，八十一年一月，第二〇四頁。朱武獻，公法專題研究(一)，第四〇頁。

註一一九　吳庚，行政法之理論與實用，八十一年九月，第二二九頁。

註一二〇　莊國榮，職權命令與行政規則之研究，臺灣大學碩士論文，七十五年七月，第二一八頁。

爲行政規則只具內部效力或依其性質不同亦可能有間接效力，但尙無如德國學者或實務上主張某些類型之行政規則可具直接之外部效力。大法官會議釋字第一三七號解釋謂「法官於審判案件時，對於各機關就其職掌所作有關法規釋示之行政命令，固未可逕行排斥而不用，但仍得依據法律表示其合法適當之見解。」七十六年之釋字第二一六號解釋並謂「法官依據法律獨立審判，憲法第八十條載有明文。各機關依其職掌就有關法規爲釋示之行政命令，法官於審判案件時，固可予以引用，但仍得依據法律，表示適當之不同見解，並不受其拘束，本院釋字第一三七號解釋即係本此意旨，司法行政機關所發司法行政上之命令，如涉及審判上之法律見解，僅供法官參考，法官於審判案件時，亦不受其拘束。」可見對有關解釋法規之行政規則，認爲並無對外效力。

　　值得探討者爲行政規則依我國中央法規標準法第七條所稱之職權命令究何所指? 國內學者對此有不同看法，有認爲係執行命令或代替法律之執行命令或特別命令等，但學者亦有認爲應爲行政規則(註一二一)，因爲行政規則之特徵與該條所述「各機關依其法定職權訂定之命令……應下達」之規定相吻合。而對其監督爲避免牴觸權力分立原則僅能以行使聽證權或課與單純送置義務兩種模式 (註一二二)，其說可供參考。

〔陸〕 結語

　　德國通說認爲如果因違反行政規則而與外部法相關時，承認依基本法第三條第一項之平等原則或基於信賴保護原則救濟，但此種輔助之構想，卻與行政規則之拘束意義不合，行政事務之執行，須合乎平等原則，這是履行行政規則與其他法規範都需遵守者。平等原則乃學理上所創造

註一二一　參考許宗力，論國會對行政命令之監督，收於氏著，法與國家權力，臺大法學叢書，第二八八頁以下。

註一二二　許宗力，同前註，第二九四頁以下。

出關於行政法院審理與行政內部領域間之一座橋而已。且行政規則之目
的與市民投入期待行政作成客觀正確之決定之信賴無關，承認行政規則
之外部效力，不至於使行政規則與法規命令等同，亦不致使法規命令適
用之特別要件無意義。前已述及聯邦行政法院一九八五年十二月十九日
之 Wyhl 判決，在行政規則係具規範具體化功能而非規範解釋功能時，
在相關之法範圍內，對行政法院有拘束力，亦即承認行政規則之外部效
力。但值得注意者為，聯邦行政法院，則似只把規範具體化行政規則視
為原子能法領域之特別案例，並未擴及於其他領域(**註一二三**)，且未對其
合憲性作判斷(**註一二四**)，故學界之主張行政規則具直接外部效力之聲雖
大但是否將來實務上會全面承認，仍值觀察。

　　當然，德國學界有關行政規則外部效力之討論及實務之發展，對我
國實務及學說有何種程度之參考價值，仍值得探討。不過誠如 Ossenbü-
hl 所云，當法律保留領域有漏洞，而為在保持行政功能能力是不可避免
時，應接受行政規則之過渡法（Übergangsrecht）功能（**註一二五**）。

註一二三　Vgl. BVerfGE 78, 214 (227).

註一二四　BverfGE 80, 257 (265).

註一二五　Ossenbühl, a.a.O., S. 141.

行政裁量之研究

要　　目

行政裁量之研究

〔壹〕 行政裁量之意義

裁量來自立法者之承認（einräumen）（**註一**）。

而所謂行政裁量，可理解爲，行政因法律對其行爲未作終局詳細規定，而給予其依自己之見解，特別是合目的性之觀點，有行爲與決定之餘地（**註二**）。裁量之概念，係多義性。若從與國家權力行使關係角度觀察，係指依不同決定主體，決定種類，所採不同措施之決定自由。除行政裁量外，另有所謂立法裁量與司法裁量（**註三**）。但即使是行政裁量一詞，概念上仍不統一，在德國早期學說與判決之見解，很重要一點是，行政裁量指決定之自由，它同時存在於規範之構成要件與法律效果面；至於要件裁量與效果裁量之區別，則於六〇年代開始（**註四**）。自此通說及判決，視行政裁量爲關於行政之規範基礎，限制與指引之法律效果規定。在此狹窄涵義下，行政裁量之概念不包括計畫裁量，因計畫裁量在行政裁量之狹義概念下，屬於不同之構造。行政裁量是所謂嚴格之法律

註一 Maurer, *Allgemeines Verwaltungsrecht*, 10. Aufl. 1995. § 7 Rn. 9.

註二 Vgl. O. Bachof, *Verfassungsrecht, Verwaltungsrecht, Verfahrensrecht*, Bd. I, 3 Aufl., 1966, S. 231; H. Soell, Das Ermessen der Eingriffsverwaltung, 1973, S. 182. 對向來反對行政裁量者而言，其本身亦存在主觀認爲正確之餘地。

註三 至於上述三種裁量間是否具有一致之構造或本質之不同，仍有爭議，參考 Ossenbühl in Erichsen, *AllgVerwR*, 10. A., 1995，§ 10 Rn. 10.

註四 Ossenbühl, a.a.O., Rn. 10.

　　從屬，且只限於法律事先規定之法律效果之選擇；而計畫裁量，則是在以比較衡量爲特徵之計畫決定範圍內，行政之判斷自由及評價自由。在所謂之自由行政，行政機關被賦予對每一法律行爲有訂定構成要件之權限，此種形成自由，自然不同於從屬法律行政（gesetzesakzessorische Verwaltung）。實際上，不少法律，只對行政機關行爲授權及設定範圍，而未命令要求（ein Handeln der Verwaltungsorgane ermöglichen und be schränken, ohne es zu gebieten）。亦有些法律只規定法律相關目的，而未明示授意行政機關之措施。這些形成行政，可以形成裁量（Gestaltungsermessen）（註五）來表示。在行政計畫領域，尤其國土計畫、專門計畫、與發展計畫，計畫裁量扮演重要之角色。它與從來行政於執行法律，於法律所給予範圍內之法律構成要件涵攝之餘地，或法律效果選擇之權限不同（註六）。相對地，計畫規範具終局構造性質，行政可在法律所規定範圍內，計畫地形成其效果，因爲「無形成自由之計畫本身即爲矛盾（Planung ohne Gestaltungsfreiheit wäre ein Widerspruch in sich）」（註七）。

　　裁量爲國家權力與國家功能之交會點。除了認識之理論上問題，尤其是裁量與不確定法律概念區別問題外，裁量學說同時牽涉所有法治國之基本要求，諸如權力分立，行政之合法性原則及適切權利保護問題。它亦牽涉在社會法治國下憲法上及功能上責任之具體分配問題（註八），而在迅速動態發展之工業化社會中行政角色之調適（註九），行政裁量權

註五　Vgl. BVerwGE 62, 86 (93).

註六　Hoppe, Struktur von Normen des Planungsrechts, *DVBl*. 1974, S. 641.

註七　Vgl. Hoppe, Die Bedeutung von Optimierungsgebot im Planungsrecht, *DVBl*. 1992, S. 853 ff.; BVerwGE 34, 301.

註八　R. Scholz, Verwaltungsverantwortung und Verwaltungsgerichtsbarkeit, *VVDStRL* 34 (1976), S. 145, 148.

註九　Hoffmann-Riem, Wolfgang (Hrsg.), *Innovation und Flexibilität des Verwaltungshandelns*, 1994.

之行使亦爲重要課題。

　　對裁量問題之討論，日漸增多之傾向爲，行政裁量已不只是視爲不受立法與司法影響之行政自由領域，而是執行法律所定目的之彈性領域（註一〇）。又有時法規在法律構成要件及法律效果上以不確定法律概念（註一一）方式規定以拘束行政，例如「重要理由」、「公共利益」、「急迫之公益」、「必要時」、「職務上必要」、「公共安全」、「公共秩序」、「技術水準」等。本來對於不確定法律概念之解釋（亦即其意義內含之探尋）如同一般解釋，無論對適用之行政機關或審查之行政法院，均屬法律問題，但是在某些不確定法律概念中之類型概念（Typenbegriffe），如「不可信賴」及技術規範概念（technische Normbegriffe），如「依科學技術水準」等，行政機關於適用這些概念時，有可能存在決定空間，有稱此時爲概念補足或要件裁量。

　　Bachof 對法院審查有關行政機關於適用不確定法概念時之涵攝自由，以判斷餘地（Beurteilungsspielraum）表示（註一二），相類似者有 Ule 主張此種情況法院對行政機關之判斷，只限於合理性（或代替可能性）（Vertretbarkeit）（註一三）之審查。亦有學者認爲，若主張適用不確定法律概念時法院有完全之最後決定權限，乃誤解事實狀況及行政之責任問題（註一四）。

　　在實務上有援引 Bachof 之判斷餘地理論，對行政機關於特定之生活事實領域與案例類型適用不確定概念時，承認其評價特權（Einsch

註一〇　M. Bullinger, Das Ermessen der öffentlichen Verwaltung, *JZ* 1984, S. 1004.

註一一　一般於學界及實務界對不確定法概念並不採過於廣泛之理解，而只限於實定法律所定之法概念。

註一二　O. Bachof, Beurteilungsspielraum, Ermessen und unbestimmter Rechtsbegriff, *JZ* 1955, S. 97 ff.

註一三　C. H. Ule, Zur Anwendung unbestimmter Rechtsbegriffe im Verwaltungsrecht, *Gedächtnisschrift für Walter Jellinek*, 1955, S. 309 ff.

註一四　M. Bullinger, Ermessen und Beurteilungsspielraum, *NJW* 1974, S. 771.

ätzungsprärogative）（註一五）。用語上有的判決使用評價餘地（Bewer-
tungsspielraum）（註一六）、合理餘地（或代替可能之餘地）、（Vertret-
barkeitsspielraum）、要件裁量（Tatbesatndsermessen）、判斷裁量
（Beurteilungs-spielraum）（註一七)等，因此判斷餘地可理解爲係「帶
狀範圍之決定可能性」（Bandbreite von Entscheidungsmöglichkeit）
而判斷餘地乃爲實務所承認（註一八）。

　　而行政之除在一定條件下有直接之評價特權外，亦存在對行政於涵
攝不確定法概念時有影響之因素而有評價特權之間接可能性，此即所謂
之因素理論（Faktorenlehre）。它係間接與行政決定有關之構成要件
相關之個別因素，而可作爲限制法院審查之根據（註一九）。

　　我國學界關於行政裁量與不確定法律概念之研究，自翁岳生敎授之
「論不確定法律概念與行政裁量之關係」（註二〇)最早有體系之論文發表
以來，至今亦累積相當之成果(註二一)。本文不再重複前人對裁量之意義，

註一五　Vgl. BVerwGE 75, 275 (279); BVerwGE 39, 204.

註一六　Vgl. BVerfGE 84, 34.

註一七　Vgl. BVerwGE 72, 38 (53).

註一八　Vgl. Redeker, Fragen der Kontrolldichte verwaltungsgerichtlicher
　　　　Rechtsprechung, *DÖV* 1971, S. 762; auch Schulze-Fielitz, Neue Kriter-
　　　　ien für verwaltungsgerichtliche Kontrolldichte bei der Anwendung un-
　　　　bestimmter Rechtsbegriffe, *JZ* 1993, S. 722 ff.

註一九　詳見本書後述說明。

註二〇　收於行政法與現代法治國家，臺大法學叢書，第三七頁以下。

註二一　參考翁岳生，不確定法律概念判斷餘地與獨占事業之認定，收錄於，法治
　　　　國家之行政法與司法，月旦出版社，八十三年五月，第九一頁以下。葉俊
　　　　榮，論行政裁量的司法審查與程序上的要求，憲政時代，第十一卷第四期，
　　　　第七〇頁以下；同氏著，論裁量瑕疵及其訴訟上的問題，憲政時代，第十
　　　　三卷第二期，第四七頁以下；同氏著，行政裁量與司法審查，臺大法硏所
　　　　碩士論文，七十四年六月。劉宗德，行政裁量之司法審查——試以日本行
　　　　政裁量理論評釋我國行政法院判決，輔仁法學，第七期，第一頁以下。李
　　　　震山，論行政法上比例原則與裁量原則之關係，警政學報，第二十三期，
　　　　八十二年，第一頁以下；同氏著，西德警察法之比例原則與裁量原則，警

歷史發展，理論架構與司法審查關係等作系統之介紹，而從比較法上直接就幾個有關行政裁量與不確定概念之問題作探討。

〔貳〕 德國實務上承認判斷餘地之案例及法理

在德國適用不確定法律概念時，由判決、學說所發展形成之行政判斷特權根據之標準如下：

1.由獨立、不受指示複數專家所組成，且具有決定權限之委員會之決定（註二二）；

2.決定之不可代替性（註二三）；

3.評價之因素，係關於精神藝術方面（註二四）；

4.預測決定具有計畫性、程序性及形成之性質（註二五）；

5.風險決定（註二六）；

6.法律上判斷因素之決定（因素理論）（註二七）。

以上之基準未必是獨立或相互排斥的。因不同學者有不同之分類，有的標準亦可能重疊，例如預測決定與風險決定，有人視爲同一；而評

政學報，第九期，第一頁以下。羅傳賢譯，行政裁量之司法控制——正當程序之探討，憲政思潮，八十八期，第三一頁以下。蔡震榮譯，裁量與不確定法概念，警學叢刊，七十五年，第一四二頁以下。

註二二　Vgl. BVerwGE 62, 330; 59, 213; 39, 197.

註二三　BVerwGE 61, 176 (186).

註二四　Nierhaus, Zur gerichtlichen Kontrolle von Prognoseentscheidung der Verwaltung, *DVBl.* 1977, S. 23.

註二五　P. J. Tettinger, Überlegungen zu einem administrativen Prognose-spielraum, *DVBl.* 1982, S. 426; BVerwG *DVBl.* 1979, 877 (878); BVerwG DVBl. 1981, 975 (976).

註二六　Vgl. Udo Di Fabio, *Risikoentscheidungen im Rechtsstaat*, 1994.

註二七　Vgl. Ossenbühl, *Verwaltungsvorschriften und Grundgesetz*, 1968, S.333, Fn. 235; BVerwG *DÖV* 1977, S. 134 f.

價之因素係關於精神藝術方面者，有時正爲決定之不可代替性。此外在有些案件則兼具幾種基準，例如有關靑少年有害書刊之判決，兼有由獨立不受指示複數專家所組成有決定權限之委員會之決定、預測決定與評價因素；核電廠許可程序之審查，則爲預測決定兼有計畫性、程序性及形成之性質及風險決定。本文謹從近幾年，德國實務界與學界常處理與討論之考試之評價決定、預測決定、風險決定(本文將此二者同列討論)與法律上判斷因素之決定（因素理論）論述之。

一、有關考試評價之決定

㈠向來判決之發展

在考試法領域之判決有關判斷餘地方面，德國聯邦行政法院最早於一九五九年四月二十四日之判決（註二八）中指出，法院對主考官在教育學術方面評斷之審查，有其界限。判決之出發點爲，「法官於陌生學術領域，不可能對主考官予其他學生或考生所打之分數，事後對其作完全審查。」因爲考試之意義，正是由考生向主考者證明其能力，而主考者則根據其所累積之經驗作判斷。因此法官之審查只限於是否主考者以錯誤之事實爲基礎，而未注意一般有效之評價原則，或考慮不該考慮之事。唯有如此，才能劃定法秩序之界限，在此範圍內，主考者依其所知及良心作判斷(註二九)。當然，判決並非對行政機關在適用所有不確定法律概念時，均同意其免於法院之審查，而只是在有關個人成績、適性、能力方面之評價判斷，承認行政之判斷餘地。在考試法之外，公務員法上有關公務員候選人是否對憲法忠誠之判斷(註三〇)、有關行政機關對未來形成

註二八　BVerwGE 8, 272 = *NJW* 1959, 1842.

註二九　BVerwGE 8, 272 (274) = *NJW* 1959, 1842.

註三〇　Vgl. BVerwGE 8, 192 = *NJW* 1960, 63; BVerwGE 21, 127 (130) m. w. Nachw.; BVerwGE 61, 176 (185 f.) = *NJW* 1981, 1386 und BVerwGE 61,

預見之判斷，法律要求行政爲預測時，亦承認其判斷餘地（註三一）。

(二)早期聯邦憲法法院之見解

早期聯邦憲法法院，對於針對聯邦行政法院之判決所提起之憲法訴願，大抵上接受聯邦行政法院判斷餘地之見解。而過去十多年，判決亦無否認之跡象。在有些案件，更明白承認存在不受法院審查之判斷餘地，例如在所謂之"Extremistenbeschluss"決定（註三二）中，有關公務員法之適用，承認任用行政機關對候選人有關其對憲法忠誠疑問決定之判斷餘地。法院指出，「對於此一撤銷之訴（即對拒絕決定所提起），適用行政法院於此類案件所發展形成之原則，其中包括法院對行政判斷（如考試結果，職務判斷等）審查之範圍。只要任用機關存在充分之判斷餘地，則法院之審查，只限於機關是否以不正確之事實爲基礎，以及是否誤解公務員法及憲法上之範圍（基本法第三十三條第二項及第五項）。此外，審查限於恣意之控制，因此法院對該當判斷，不可以自己之見解，取代行政之判斷。」（註三三）此正是行政法院在考試法領域所形成之判斷餘地界限之原則（註三四）。而在原子能法領域，憲法法院亦同意法院審查之界限。在 Sasbach-Beschluss（註三五）判決中，聯邦憲法法院從權力分立原則出發，承認許可機關可在法律所定範圍無恣意地調查及評價，例如關於科學技術之水準，對損害採取必要措施，或對故障或其他效果採必要措施。換言之，行政法院對行政機關此種確定及評價，只能對其合法性加以審查，而不能以自己之評價取代行政機關之判斷（註三六）。亦即行

---

200 (204 ff.) = *NJW* 1981, 1390.

註三一　BVerwGE 64, 238 (242) = *NJW* 1982, 1168.

註三二　BVerfGE 39, 334 = *NJW* 1975, 1641.

註三三　BVerfGE 39, 334 (335) = *NJW* 1975, 1641.

註三四　F. Seebass, Eine Wende im Prüfungsrecht? *NVwZ* 1992, S. 611.

註三五　BVerfGE 61, 82 = *NJW* 1982, 2173.

註三六　BVerfGE 61, 82 (114 f.) = *NJW* 1982, 2173.

政法院須考慮行政機關之判斷餘地。至一九九一年四月十七日之聯邦憲法法院判決，雖仍不脫離憲法法院允許行政機關判斷餘地，免除法院審查之立場，但對考試法領域，判斷餘地之範圍作相當地限制。

㈢ 一九九一年四月十七日之聯邦憲法法院判決

判決包括對考試程序及行政法院審查考試決定之程序，均有新的見解。其內容大致如下：

1.憲法法院首先對有關基本法第十二條第一項認爲，有關特定職業資格而須經考試形式取得者，其相關法令，係有關職業選擇自由問題，須滿足基本法第十二條第一項之要求。基本法第十二條第一項，設定關於其法基礎、考試限制及考試程序之範圍。

2.聯邦憲法法院認爲，向來在考試法方面之判斷餘地，並不完全合乎基本法第十九條第四項之規定。國民依基本法第十九條第四項，有要求法院事實上及有效之審查(註三七)。因此法院原則上有義務對係爭之行政處分，爲法律上及事實上之完全審查。聯邦憲法法院認爲，職業選定考試之必要評價，須考慮考試程序對所有參試者之機會平等（基本法第三條第一項），且不能直接地在後來行政爭議程序，對個別應試者獨立地實施。如果個別之應試者，經由行政訴訟程序得到於比較範圍內獨立之評價，則機會平等原則將被侵害。只有當考試機關在考試特有之評價（prüfungsspezifische Wertungen）具決定餘地，法院之審查受此限制時，機會平等原則才能實現（註三八）。

3.只有考試特有之評價，包括與此不可分之專門判斷，才給予考試機關最後決定之權限（註三九）。

註三七　*NJW* 1991, 2005 ff.

註三八　*NJW* 1991, 2005 (2007, 2008).

註三九　*NJW* 1991, 2005 (2007). 依此，判斷餘地固然比向來考試法上之判斷餘地狹窄，但實際上未必比第一眼讀到判決時所認爲般狹窄。因爲，專門之判斷，

4.聯邦憲法法院認為，一個以適當有分量之見解爲基礎之解答，不能評定爲錯誤，乃係一般之評價原則，係基於基本法第十二條第一項，對職業相關考試所導出之原則(註四〇)。又有關恣意之審查方面，聯邦憲法法院並不受聯邦行政法院之見解限制。聯邦憲法法院認爲，恣意之審查，若只是法官關於主考官對學術專業見解之瑕疵，認爲完全不能維持時，尚不足夠，而是法官經由專家之助，判斷認爲主考官之專業見解不能維持時，才構成恣意之瑕疵評價（註四一）。

㈣對聯邦憲法法院判決之評解

1.聯邦憲法法院之判決，對行政法院之程序，有強烈之影響。法院對考試決定之審查將更嚴格，亦即聯邦憲法法院對判斷餘地之範圍，重新加以更嚴格定義，原則上，只有關於考試特有之評價才存在，不包括非與考試特有之評價不可分之專門判斷。但何種情況爲與考試特有之評價不可分之專門判斷，聯邦憲法法院卻語焉不詳，此有待未來之判決加以解明。將來若出現很多此種「與考試特有之評價不可分之專門判斷」而成法院不得審查之例外時，亦不足怪。無論如何，將來在主考官評價範圍內之專門判斷，原則上不受法院審查，因爲主考官在此範圍內，有最後決定之權限。當然此評價餘地，仍須受恣意禁止之限制。

2.又關於恣意審查方面，係爲擔保評價餘地不超越其應有界限之審查。如果評價餘地不存在，則法院不只審查行政之恣意行爲，而且及於所有領域，此時並無所謂只有恣意審查。由於聯邦憲法法院認爲，特定專門判斷須受恣意之審查，則強制其前提係具評價餘地之專門判斷。爲避免法理論及法體系之破滅，則對聯邦憲法法院之觀點，只能解釋爲有

　　　　並非絕對不允許評價判斷，當它與考試特有之評價不可分時，仍有評價之餘地。Vgl. Seebass, a.a.O., S. 613.
註四〇　*NJW* 1991, 2005 (2008).
註四一　*NJW* 1991, 2005 (2008).

兩種不同之專門判斷，一種是與考試特有之評價不可分，此屬主考官評價餘地領域，因此只受法院恣意之審查。另一種是，非與考試特有之評價不可分，此非屬主考官評價餘地領域，因此須受法院完全之審查(註四二)。

3.又聯邦憲法法院認爲，一個以適當有分量之見解爲基礎之解答，不能評定爲錯誤的，乃係一般之評價原則。但在對於專業問題有爭議時，究竟由誰決定考生之解答是否適當，其解答是否以有分量之見解爲基礎？是否以法院所找之專家而非主考官決定？又有關恣意之審查方面，法官經由專家之助，判斷認爲主考官之專業見解不能維持時，亦已構成恣意之瑕疵評價，則將來當法官對主試者之專業見解有疑問時，常即認爲主考官之專業見解不能維持，已構成恣意之瑕疵評價時，須提出專家之證明 (註四三)。

4.又學者質疑，是否此種改變過去有關考試決定之見解，眞能達到實質正義？因爲聯邦憲法法院本身亦已意識到其實行之困難，但認爲不能以實現困難爲理由，而限制基本法第十九條第四項所保障之權利保護 (註四四)。然而法之可實踐性，具重要意義，如果法不能實現，則不只無價值且是有害，因其無法履行對人民之法承諾，使人民對法之期待失望 (註四五)。

註四二　Seebass, a.a.O., S. 614.

註四三　德國聯邦行政法院院長 Horst Sendler 則認爲，此種借助專家的方式，有其界限。因爲專家常常本身亦受利益拘束，故其公正性，常受質疑，而且經由求得專家之鑑定、相反鑑定或再鑑定可能更造成混亂，人們亦可能操控專家。他並引英國某一法官之見解爲例作說明，該法官將僞證者依程度分成三類，依次是1.說謊者，2.惡劣之說謊者，3.最高級者爲以專家型態出現之僞證者。Horst Sendler, Die neue Rechtsprechung des Bundesverfassungsgerichts zu den Anforderungen an die verwaltungsgerichtliche Kontrolle, *DVBl*. 1994, S. 1090 u. Fn. 15, 16.

註四四　*NJW* 1991, 2005 (2008).

註四五　Seebass, a.a.O., S. 617.

二、有關風險決定（Risikoentscheidungen）

㈠有關風險決定之特殊性質與構造

最近於德國，漸漸有此意識。向來之學說與判決，係將其與傳統警察法上之危險防止決定（Gefahrenabwehrentscheidungen）等同視之。但隨著這些風險行政決定（例如，原子能法、聯邦污染防治法、基因遺傳技術法、醫藥法、化學法、植物保護法等）所產生之問題，「風險決定」，漸漸獲得實際上之重視，因而由向來之危險防止行政區別出來。向來之危險防止決定之狀態與事實種類，依經驗法則之助，來診斷危險。相對地，風險決定，則是對危險蓋然性之預防，因此進入危險蓋然性之領域。風險決定之特徵為，經由認定不確定性（kognitive Unsicherheit）之措施，以損害發生蓋然性作判斷(註四六)。風險決定儘管處於明顯之資訊欠缺狀態，仍須基於蓋然性因素作判斷。風險決定因各風險行政之不同法律構造，使風險決定機關，在相關風險決定上，法律有判斷餘地之權限。例如於原子能法領域，聯邦行政法院，於一九八五年之 Wyhl 判決中，從原子能法第七條第二項三號之構造，認為立法者把必要之損害預防，即風險判斷，屬於行政之權限，依行政功能保留之概念，在原子能法領域，存在著許可機關之固有判斷領域。聯邦行政法院認為，依原子能法第七條，「依照科學與技術之水準，對於因核電廠之設置與運轉所將引起之損害，已採取必要之預防措施」之規範構造分析，風險調查與風險評價之責任，屬於行政(註四七)。且行政有關科學上爭論之評價，包括風險評價，不能由法院以自己之評價加以取代，因為此非屬行政法院事後審查之事項（註四八）。判決中未使用預測之字眼，而使用「風險評價

註四六　Vgl. Udo Di Fabio, *Risikoentscheidungen im Rechtsstaat*, 1994, S. 128 ff.

註四七　BVerfGE, 72, 300 = *DVBl.* 1986, S. 195.

註四八　BVerfGE, *DVBl.* 1986, S. 195.

（Bewertung der Risikoabschätzung)」及「責任（Verantwortung）」等用語，其決定本身與預測決定相似（註四九）。判決之見解給予風險決定之學理上發展相當有力之根據（註五〇）。

(二)聯邦行政法院有關風險決定之判決

聯邦行政法院在所謂種子判決（Saatgutentscheidungen）中，對相關法律規範給予合議機關評價衡量與及有關專業之法律適用權限，特別是當這樣之機關係在認識與評價程序作決定時。亦即，對於期待之栽培者之進步，是否給予判斷授權時，係將此權限移轉給由聯邦種子機構所組成之專門合議機關，而非聯邦種子機構本身。而該合議機構對登載於種子目錄之決定,至少是在異議程序中,如同司法程序之進行(註五一)。如此之法律規定之權限決定，也因此不受行政法院之完全審查，因為合議機關之衡量,是在合議之過程所為終局多數決定(註五二)。此種見解之背景，乃已廣泛被討論之見解，換言之，在法適用之界限事件，很顯然不只可以有理性根據之決定，且可能有多數正確之決定(註五三)。在建築師登載名錄之決定中，聯邦行政法院第五庭持續法院判決指出，立法者可以授權行政機關判斷，特別是評價決定有多種結果可能性時，將之交付給有權限之委員會(註五四)。聯邦行政法院，向來類似此種對法律之判斷授權，有教育上評價、考試評價及人格特質評價、禁書目錄判斷及專家委員會之決定。其特徵為: 1.不確定法概念指示人格的或專有之評價。

註四九　參考拙著, 核能電廠設立程序之司法審查——以德國法為中心, 中山學術
論叢, 第十二期, 八十三年六月, 第一七六頁以下。

註五〇　BVerfGE 72, 300 (316); Ossenbühl, in Erichsen, *AllgVerwR*, 10, A., 1995, §
10 Rn. 42.

註五一　BVerwGE 62, 330 (339).

註五二　BVerwGE 62, 330 (339).

註五三　Vgl. BVerwGE 39, 197 (204 f.).

註五四　BVerwGE 59, 213 (216 f.).

2.依法律上之可確信之論點，唯一合法性之決定爲不可能時，則允許適當性之餘地。3.依法令有特別之決定程序，例如由特定之專家委員會或社會公正人士組成之委員會所作之決定或標準。從這些要件特徵可知，環境法、技術安全法及產品法上，均具備這些要件要求。風險決定之法律概念，其損害之經過，並無蓋然性拘束之預測。經由特別之不確定性評價及決定相關性與科學專家評價之相關性之特徵，常常專家委員會對此種科學相關之風險決定，加入決定程序，其決定對行政機關有不同之拘束。除藥事法上有關許可決定外，其他在基因遺傳法，化學法中之階段決定，污染防治法或化學法上界限值確定，基因適當衡量之許可決定或原子能法領域安全性判斷爲其特徵。

　　前已述及聯邦行政法院特別就原子能法上風險決定，承認行政機關判斷餘地。在 Wyhl 判決中，聯邦行政法院認行政機關對風險評價與風險標準化，有諮詢專家之權限。原子能法第七條第二項三號，委託行政機關對超越危險界限之損害可能性之風險，加以減輕，此強制行政機關對存在於科學上尙未有一致見解之形成(作決定)。因此，對於何種科學見解居優先問題，行政機關在制度上居衡量之優位，因爲立法者正是以此爲前提，並且執行機關對風險調查與風險評價，比立法與司法具有更佳之行爲形式(註五五)。在原子能法領域，行政機關之評價餘地，亦擴及至所謂之「規範具體化行政規則」(註五六)。聯邦行政法院在 Wyhl 判決之後，並未擴充判斷餘地於其他與原子能法上風險決定結構相類似之風險行政領域。或許聯邦行政法院只欲於原子能法領域中行政之特有判斷地位，承認行政機關之判斷餘地 (註五七)。

　　聯邦行政法院在 Paraquat-Entscheidung 判決中，對基於植物保

註五五　Vgl. BVerwGE 72, 300 (316 f.).
註五六　參考拙著，核能電廠設立程序之司法審查──以德國法爲中心，中山學術論叢，第十二期，八十三年六月，第一八七頁以下。
註五七　Vgl. Udo Di Fabio, *Risikoentscheidungen im Rechtsstaat*, 1994, S. 276.

護法第十五條第一項三號之適當性決定，認爲其構成要件結構類似於藥事法上及基因遺傳法上之蓋然性與適當性決定，其所指示之風險決定，係以科學操作上之利用風險衡量爲前提，須受完全之法院審查，故明示拒絕行政之判斷餘地。法院認爲，「此種授權，無法從法律規定之文句或規範內容推出。且又非須衡量多種評價餘地之不可代替之判斷，對許多不確定法概念之適用，法院有衡量與判斷之義務。因此須考慮危險概念與蓋然性之關係。如果法院欠缺必要之專門之知識，可以尋求專家之協助」(註五八)。由此理由可知，聯邦行政法院以其固有之學理方向前進，而與判斷授權並無詳細關聯。比較前述判決，似乎聯邦行政法院在危險法上之蓋然性預測採不承認判斷授權之立場，但是毫無疑問地，在原子能法領域，則對危險防止之因素，承認判斷餘地，因此必須說明在植物法上之風險決定與原子能法上者之區別。判決對危險相關或與蓋然性預測相關之不確定法律概念之適用解釋與評價關係，隱藏著關於科學知識上之要求情況下，傳統危險預測與新風險評價間體系之區別。法官之法律上判斷，手段之危險預測與理性的審查評價之相關能力，最後需靠法官之比較基準與信賴的經驗陳述。在此種背景下，專家之證言，亦在法官自由證據評價之範圍內。而支持法官法律上及事實上實質審查，只要損害可能性，在此種背景下可藉專家之助而判斷與評價，因此事實上不存在行政之判斷餘地。但立法者如果對危險預測建立於法官之比較基準與日常之經驗法則，且藉專家之助，將科學上水準再審查，則產生新判斷狀態。亦即1.預測蓋然性之程度，係由蓋然性降爲可能性，如同法律上嫌疑決定之案件。2.對損害可能性欠缺明確之因果知識。科學或知識主要是提示理論上之風險評價，其在科學上之論述，並非全無爭論，即認知之不足。3.法律顯然地，其出發點並非危險防止之目的絕對優位，而是要求適當評價，亦即利用、風險、平衡、權衡許多相互衝突法益。

註五八　BVerwGE 81, 12 (17).

　　法律上形成之法律關係之結構比較可能性，諸如在植物保護法或藥事法中之風險決定及原子能法領域中，關於必要之損害預防程度，不可避免地須面對法院審查密度之問題。尤其是 Paraquat-Entscheidung 判決與 Wyhl 判決間，審查密度之比較。由於欠缺與其他風險行政素材之比較，尤其與 Wyhl 判決間，故學者認為，不能立即認為，聯邦行政法院，原則上否定行政法上風險決定與風險評價時行政機關之判斷餘地（註五九）。

㈢聯邦憲法法院關於風險決定之判決

　　在原子能法領域，聯邦憲法法院於 Sasbach 判決中，對科學技術上之判斷，基於權力分立、關係人手續法上之意義，承認行政機關之評價餘地。法院認為，許可機關因此必須在規定範圍內為無恣意地調查與評價。例如，科學與技術之水準、損害預防措施之必要性或對故障之防護或其他影響，已採必要措施。法院對此種確定與評價只能對其合法性加以審查，而不能以自己之評斷加以取代。此種審查方式乃與權力分立原則相一致。但如果在行政程序中，本來可提起或解明之異議，在實際行政程序上不提起或太晚提起，而在訴訟程序時才提起，則此種審查次序將被破壞（註六〇）。聯邦憲法法院對於複雜之科學技術事實問題與預防評價之判斷，承認行政機關之判斷餘地。法院之審查，則限於法之界限與恣意之控制。允許行政判斷餘地之理由，在於考慮風險決定。對此聯邦憲法法院雖未明示一般適用於在技術環境與產品製造安全上複雜決定之情況，但其出發點在於，此種決定係在認知不確定領域，且向前延伸之行政行為強制，並無正確之決定可獲得。在這些案件上因立法者之所見或客觀之規範不作決定情況，使司法失去審查基準而須減少審查密度

註五九　Vgl. Udo Di Fabio, *Risikoentscheidungen im Rechtsstaat*, 1994, S. 282.

註六〇　BVerfGE 61, 82 (114 f.).

以免篡奪行政之評價標準化與風險標準化之權限（註六一）。

Sasbach 判決事實上乃聯結聯邦憲法法院在原子能法領域有關風險決定之 Kalkar 判決與 Mülheim-Kärlich 判決之見解。在 Kalkar 判決中，首先聯邦憲法法院以對風險決定法律規範上之困難爲出發點，而基於本質上，人類之安全及許多相關聯法益，因此並不禁止立法者使用不確定法概念，而由行政具體化與標準形成來實現（註六二）。聯邦憲法法院強調從功能角度，移轉對風險標準化之權限予行政是必要的。換言之，具體風險之判斷，須考慮所有風險因素之效果關係，以及採取可能之預防方法。隨技術之發展（例如對安全預防之複數、相關、或獨立之可能性及對不變因素之持續監督），個別因素之比重，可能一次次地變動，須依當時最新之知識水準，對風險判斷之標準狀況加以持續調適，才能滿足最佳危險防止與風險預防之原則。此種判斷屬於行政，它對必要之調適，比立法者具有更佳之裝備，因此有助於動的法益保護（註六三）。

在 Mülheim-Kärlich 判決中，聯邦憲法法院，雖對行政是否給予判斷自由空間未作決定，但卻強調在複雜之決定中與基本權利相關之特定手續權利對權利保護之有效性。此種強調在於，當法院在許可程序中對特定過程與確定事項，不再完全審查。給予行政判斷與標準化權限，不

註六一　Vgl. auch BVerfGE 63, 261 (279). 聯邦憲法法院，原則上在原子能法領域，限制地肯定行政之判斷餘地，且視爲「適用不確定法概念須受法院完全審查」原則之例外。學者 Wahl 特別強調基準之欠缺與授權行政形成基準間之關係，其論點從功能上角度，不外對風險決定之判斷評價與標準形成，行政被賦予隨時間，專門權限手續之自發，比較之經驗與特有之行爲形式等裝備，均比法院爲佳。Vgl. Brohm, Verwaltung und Verwaltungsgerichtsbarkeit als Streuerungsmechanismen in einem polyzentrischen System der Rechtserzeugung, *DÖV* 1987, 265 ff.; Wahl, *NVwZ* 1991, 411.

註六二　BVerfGE 49, 89 (138 f.).

註六三　BVerfGE 49, 89 (139 f.). 此處固然並未直接言及行政與司法之關係，而是行政與立法關係，但聯邦憲法法院亦提及執行固有之「判斷領域」，且從權力分立角度，當立法者賦予行政風險標準化之餘地時，則法院欠缺審查基準。此一由立法者所給予行政之判斷自由，法院應加以尊重。

限於原子能法上風險決定，聯邦憲法法院亦用之於考試決定方面，如同在 Sasbach 判決，法院認爲，行政程序之補償效果首先只存於基本權利，而法院之審查無法完全一點一點地達到效果時，亦即若評價過程，係由許多不可衡量因素決定，而這些不可衡量因素，於行政訴訟程序中，又很難或完全不能掌握時，則法院若審查，將逾越其界限(註六四)。聯邦憲法法院關於不確定法概念具體化之解釋，對判斷餘地學說有特別之意義。聯邦憲法法院很顯然固持著行政法學理上「裁量決定」與「不確定法概念解釋」間，有法院審查之區別存在。但對於經由行政法院對不確定法概念之解釋適用無限制審查之原則亦明瞭，但允許例外存在，換言之，「當然不確定法概念，可能因高複雜或特別動態之規範因素太模糊及其在執行行政決定具體化時很困難，以致於法院之審查牴觸司法功能上之界限。在此種案件，允許法適用之行政機關有限制之決定空間，並不違反法治國原則」(註六五)。但判決對於接受行政決定餘地之詳細基準，卻未說明。

三、法律上判斷因素之決定

(一)因素理論 (註六六) 之意義

　　因素理論乃嘗試作爲判斷餘地之新理論根據。依因素理論，法院審查之界限，來自於不確定法概念之前階段，此一前階段爲行政形成自由之領域，法院對不確定法律概念之全面審查，要求對不確定法概念之先

註六四　BVerfGE 84, 34 (46).

註六五　BVerfGE 84, 34 (46).

註六六　Vgl. P. J. Tettinger, Rechtsanwendung und gerichtliche Kontrolle im Wirtschaftsverwaltungsrecht, 1980, S. 84, und 459 f.; H. Kellner, Einiges zum behördlichen Ermessen, *DÖV* 1969, S. 309 ff.; derselbe, Ermessen Verwaltungspolitik und unbestimmter Rechtsbegriff, *DÖV* 1970, S.84 ff.; F. Ossenbühl, *Verwaltungsvorschriften und Grundgesetz*, 1969, S.333.

前階段，因情事不同有可能存在著免除法院審查且應加以尊重之領域(註六七)。有學者認爲，因素理論在行政預測時扮演著重要角色。行政預測判斷決定性之意義，可從因素理論獲得。因素理論在幾個判決內被明白提及(註六八)，有些判決則只有蛛絲馬跡可循。因素理論點出一問題點，即如何畫定法律上可判斷具體事實之界限，以及在法律適用時，相關具有規範效力之因素，應注意的是什麼（亦即在法律上應作判斷之具體事實之範圍爲何，以及在爲涵攝時應注意之因素是什麼），例如，在德國法上有關侵害公務利益之虞，所謂「侵害之虞」之預測，是由特別之要素來決定，這些特別要素並未在法律之構成要件上被排除，而是預先給予。就警察執行機關而言，屬於特別要素者爲，執行警察之「介入準備」、該執行警察被授權之任務範圍 (註六九)。「侵害之虞」之預測，須以這些要素爲指標，且以之爲出發點，但這些要素是先予的、確定的資料，因此這些因素，並非法律適用之客體，且非法院審查之對象。

　　另一例子是，能源開發之擔保，本質上是關於公共利益的，對一個核電廠許可之即時執行(註七〇)，是行政法院法第八十條第二項四號之規定事項；因此能源需求之預測，按照行政法院法第八十條第五項之快速程序，須以基礎之資料爲指標，此一基礎之資料，繫於一連串之政策決定，例如國家或地方之電力需求，長期以來究竟倚重者爲煤炭、石油或核能。此一政策之先行事項，決定於電力開發之擔保是否繫於擴大核能利用之必要性，法院對依照行政法院法第八十條第五項之程序所設之電力需求預測，須考慮之「政策的先予事項」、目標及政策轉換，此政策的

註六七　Vgl. H. Kellner, Einiges zum behördlichen Ermessen, *DÖV* 1969, S. 312.
註六八　Vgl. BVerwG *DÖV* 1977, 134 (135).
註六九　BVerwG *DÖV* 1977, 134 (135).
註七〇　德國之行政救濟程序，原則上，許可之執行因提起訴訟而停止。許可只有
　　　　法院終局之確認爲適法，方可執行，許可之行政機關，爲避免起訴之停止
　　　　效果，可闡明許可之即時執行可能性，其前提爲即時執行有特別之公共利
　　　　益或關係人之優越利益存在。

先予事項(註七一)，爲先予之要素，係必須包攝之現實，此現實亦如行政之政策先予及行政之支配事項，如此之政策先予及行政之支配事項，在預測判斷時，扮演重要之角色(註七二)。前所述及之公務員法，行政組織之形成，係先予的、行政自發之特定指標；在電力需求預測中，有權國家機關政策的目標先予之形成，是重要因素。再者對於一條未建設之道路，將來因交通產生噪音之調查，繫於道路交通開始。道路交通開始之基準，係按照計畫決定所確立之道路建設計畫之形成，以及確定計畫爲前提要件之交通功能，換言之，對於污染之預測，一個先予之行政意思行爲是判斷基準。最後聯邦行政法院在進口數量判決中表示，行政被允許有一自動之決定空間，因爲對於進口數量之決定權限來自於「經濟政策之需要」(註七三)，此亦意指，法律構成要件之外，存在著涵攝時須注意之要素。

(二)學者 Ossenbühl 對因素理論之見解

因素理論雖在行政預測時扮演著重要角色，且常須合併考慮。但Ossenbühl 認爲，因素理論與行政之評價特權是兩回事，因素理論是有關法律適用時所考慮事實之界限；相對地，行政之評價特權，則指在有疑義時之最後拘束之判斷權限問題，兩個問題彼此之間，因此是平行不相干的，在不確定法律概念未指明給予行政判斷之權限時，因素理論也具有意義。行政之評價特權，以及規範之因素，是兩個不能相比之現象，關於判斷之授權，在法律適用過程中，與因素理論不同，須以其他方法來探討。

(三)因素理論聯結法獲得與法實現之過程

註七一　Vgl. BayVGH *GewArch*. 1984, S. 274.
註七二　Vgl. Ossenbühl, a.a.O., S. 741.
註七三　BVerwG *DVBl*. 1972, S. 895.

此過程則在規範規定與規範現實化間相互變化地影響，依 Karl Engisch 之看法，規範解釋與構成要件調查，乃在持續變化作用中存在，因為，即在持續比較事實與法概念來回移動中，而相互地獲得一致(註七四)。法律解釋與事實確定相互影響，並建構法獲得與法實現之過程，由事實及規範來發現法。法之發現，為事實與規範同化（類化）而趨一致之謂（註七五）。

〔叁〕 裁量及判斷餘地之問題點

一、裁量及判斷餘地之根據

1.行政裁量來自立法者之承認（授權）（註七六）。但如果吾人進一步探討立法者為何可授權行政機關行使裁量權，亦即其根據何在則未必清楚。Maurer 認為，即使經由法律授權允許行政機關有最終之判斷權亦不足，因為基本法第十九條第四項之權利保護，並非在法律保留原則之下，換言之，單是符合法律保留原則，尚不足為不確定概念判斷餘地之根據（註七七）。一九六三年二月五日之聯邦憲法法院判決指出，經由基本法第十九條第四項所擔保之訴訟途徑，必須使法院能在法律上與事實上對行政處分作完全審查(註七八)。此判決是否即指，基本法第十九條第四項排除行政機關之裁量權？有學者認為，第十九條第四項之訴訟途徑保障，只指出必須提供，而並不妨礙法律上如程序法審查之界限。且依行政法

註七四　Vgl. K. Engisch, Logische Studien zur Gesetzesanwendung, 1963, S. 15, von Ossenbühl, a.a.O., S. 88, FN 41.

註七五　Arthur Kaufmann, Freirechtsbewegung——lebendig oder tot? Ein Beitrag zur Rechtstheorie und Methodenlehre, *JuS*, 1965, S. 6 f.

註七六　Maurer, *Allgemeines Verwaltungsrecht*, 10 Aufl., 1995, S. 114.

註七七　Maurer, a.a.O., S. 138. BVerfGE 3, 243; 13, 161; 49, 89 (133); 78, 214 (216).

註七八　BVerfG *JZ* 1963, S. 443.

院法第一百十四條，允許對裁量權行使界限之審查，此相應於依基本法第十九條第四項之完全審查。聯邦憲法法院之判決，乃針對法院是否受行政對事實確定之拘束，完全審查只指行政處分，不只於法律上同時對其事實基礎之存在，亦必須受法院審查。法律上審查之特別完全問題，並非聯邦憲法法院判決之客體。因此法院完全審查之命題，並非來自基本法第十九條第四項或聯邦憲法法院之判決(註七九)。同樣地，在效果裁量領域，亦能適用。

　　2.不確定法律概念之合憲性問題，德國實務界並不認為以不確定法律概念方式規定違憲(註八〇)。特別是憲法上之十分明確要求，並不禁止立法者制定不確定法律概念之規範，即使規範有解釋必要，並非即表示不符法治國必要之明確性(註八一)。當然法律之概念不能不明確至無法區別屬於概念範圍與不屬於概念範圍者(註八二)，而是法律須將其干涉與許可之授權之目的、內容與範圍規定得可理解之程度，而明確性之範圍，並非一般地確定，而是依規範之事實領域基本權利相關之範圍，以及行政被授權行為之樣式（註八三）決定之。

　　有認為裁量制度乃基於立法抽象化之必要與事實之不可預見。立法抽象化之必要，強制立法者必須使用不確定之概念，而由行政在個別案件，就具體觀點適用法律時，加以補足。事實之不可預見，使立法者將不易調查與確定之事，移轉給行政為之。

二、判斷餘地是否只存於涵攝或亦及於法律解釋

　　在法律要件上解釋適用，在分析上可將其區分為㈠事實認定㈡要件

註七九　G. Schmidt-Eichstaedt, Ermessen, Beurteilungsspielraum und eigenver-antwortliches Handeln der Verwaltung, *AöR* 98 (1973), S. 189 f.

註八〇　BVerfGE 3, 243; 13, 161; 49, 89 (133); 78, 214 (216).

註八一　BVerfGE 21, 209 (215); 83, 130 (145).

註八二　BVerfGE 21, 73.

註八三　BVerfGE 56, 1 (13).

解釋㈢認定之事實向要件涵攝等三階段。

　　有學者認爲，不確定法律概念之解釋，係法律解釋與單獨法律問題之決定，爲完全獨自之司法權功能，行政之判斷餘地，是完全不可想像 **(註八四)**。因爲吾人若承認行政不受法院審查之判斷餘地，則明顯地牴觸基本法第十九條第四項之權利保護規定。而部分學界，在討論適用不確定法律概念而允許行政之判斷餘地時，只在涵攝面討論，亦即只有在適用不確定法律概念對具體事實及依此所作之評價判斷，才是問題。具體上所確定之事實是否不確定法律概念，換言之，抽象之法律構成要件，所要規範者，依 papier 之看法，行政之判斷餘地，只限於涵攝。至於概念解釋，則被排除。但學者 Sendler 有不同見解，認爲判斷餘地在概念解釋情況，於法律規定範圍內，亦有可能。因爲，機關在解釋法律時，便可行使確定，當然有判斷之餘地（註八五）。

　　對不確定法律概念之解釋與涵攝間，乃緊密結合著，但兩概念領域之明確區分，在實際處理時非常困難。當然，在理論上，將解釋與涵攝區分較不困難。學者 Fischer 認爲，不確定法律概念之特徵，在於對其內容之一般解釋及其事實之範圍敍述的很少。而其解釋之基礎，只是立法者非常模糊之不確定內容，因此當適用此種概念時，它能給予者很少。這些不確定概念，經由在該當個別案件之適用或不適用，來保持其詳細之形成與具體化。而此種概念之內容，總是愈經廣泛對直觀物質之適用、不適用，隨時間之經過，而能更明白、更確定。當然行政之固有之涵攝，總是較狹窄，因爲其活動餘地，經由日增之精鍊解釋之精密界定，因之對概念更加凝縮，而使行政之活動空間，更形狹窄。解釋，多少經由涵攝而形成，兩者係相互倚恃。此意指，對解釋之絕對審查，亦適用於涵

註八四　Vgl. H.-J. Papier, Zur verwaltungsgerichtlichen　Kontrolldichte, *DÖV* 1986, S. 623 f.

註八五　H. Snedler, Skeptisches zum unbestimmten Rechtsbegriff, Festschrift fur C. H. Ule, S. 341.

攝，於具體案件上，亦須概括審查。

三、要件裁量與效果裁量之區別

德國學界早期區分規範構成要件面之判斷裁量及規範效果面之行為裁量及決定裁量(註八六)。判斷裁量，係有關在規範構成要件多義性概念之具體化。行為及決定裁量則是，確定規範構成要件後，行為多數可能性中之選擇，包括不行為在內。但今日通說及判決，則只承認行為裁量及裁量定為行政之裁量餘地。依通說，行政原則上只有在規範之法律效果面，經由「可」、「得」等規定，明示行為多種可能性之決定時，有固有責任之行為餘地。如果規範之構成要件使用不確定概念，而有不同解釋可能時，依通說，並無判斷裁量。只有在例外情況，才有判斷餘地存在。原則上，只有法院有權確定正確之概念內容與適用領域。

依德國學界及實務通說，行政裁量只存於效果面，不承認所謂之要件裁量。例如學者 Erichsen 明白表示，在基本法下，法治國之行政法，不容法規構成要件面之裁量存在(註八七)。Rupp 亦不承認行政在概念之補足（Ausfüllung）與事實之確認（Feststellung）上有判斷之自由。因為，不確定法律概念之解釋與在爭議事件有拘束力之事實確定，只屬於法院之事務，故須前後一致地拒絕每一裁量。通說所主張之行為裁量與決定裁量，補足裁量與構成要件確定裁量不同(註八八)。但學者 Tettinger 持不同看法，認為，從構成要件與法律效果之區分，導出裁量與不確定法概念區別之主張，在個別案件，常會遇到困難。因為，依照一般見解，不確定概念亦常見於法律效果面，且對判斷餘地與判斷特權之承認，

註八六　Vgl. Giese, Grenz der verwaltungsgerichtlichen Ermessensnachprüfung, *JZ* 1952, S. 585 f.

註八七　E.-U. Erichsen, Das Verwaltungshandeln, in: Erichsen/Martens (Hrsg.), *Allgemeines Verwaltungsrecht*, 8 Aufl, 1988, S. 209.

註八八　Vgl. H. H. Rupp, Grundfragen der heutigen Verwaltungsrechtslehre, 1965, S. 177 ff.

減低此種區分之價值。又聯結規定（Koppelungsvorschriften）與混和
之構成要件（Mischtatbestanden）產生新的區分問題(註八九)。Scholz
認為，當立法者以條件規定予行政機關時，行政機關只有相應於法律規
定，依情況獲得只是嚴格之法效果裁量及判斷餘地。但當立法者此種規
定只是有限制之規定，而給予行政有終局固有之規定形成時，則在構成
要件，亦須給予固有之裁量權限(註九〇)。例如，在所謂計畫裁量之情況，
其所受之形成委託，包含程式形成，如同程式執行，從裁量角度，則為
構成要件與法律效果。同樣情形見之於經濟政策上之行政決定。又在所
謂預測決定，允許行政機關事實上之形成評價特權。因此，在判斷餘地，
法效果裁量概念領域外存在著形成餘地。構成要件裁量與法律效果裁量
之區別，本身由於欠缺邏輯上及規範結構上之充分證明，故只是一種虛
構（註九一）。

　　正當性與行政法上裁量之界限，形成權力分立、法治國之問題。依
此，正當性之裁量不應從判斷餘地及法效果領域減少。因為，構成要件
裁量與法效果裁量，是不能完全相互分離。判斷餘地與構成要件裁量之
區別，證明只是擬制之解決。事實上，對不確定法律概念之評價的、判
斷的填補，亦牽涉到構成要件裁量。因此，有學者主張原則上一貫之行
政裁量，亦即放棄判斷餘地之學說(註九二)。將行政裁量作構成要件裁量、
法效果裁量與形成裁量之類型分類，這樣之分類，這些概念之區別界限，
係流動的，個別裁量授權間，在概念上只有量之區別。依此，最廣泛之
裁量權限，存在於形成裁量、計畫裁量及預測決定之形成餘地(註九三)。
學者 Scholz 認為，此種對裁量學說之解決方式，不致於使行政責任先

註八九　Tettinger, *Rechtsanwendung und gerichtliche Kontrolle im Wirtschaftsver-waltungsrecht*, 1980, S. 80 ff.
註九〇　Vgl. R. Scholz, a.a.O., (FN8) S. 166.
註九一　Scholz, a.a.O., S. 166; Schmidt-Eichstaedt, *AöR* 98, 179ff., 186ff.
註九二　Vgl. Obermayer, *BayVBl.* 75, 258 f.
註九三　Scholz, a.a.O. S. 167 f.

於權利保護而違反法治國原則。相反地，只是嘗試脫離司法之困境，而歸還本屬立法者之責任。因為，行政裁量，須有法律上之授權委任，亦即立法者授權行政適用法律。在構成要件與法律效果不完全之法律規定中具體化地完成(註九四)。誠如學者所云，裁量不只是在法律規定「得」、「可」、「將可」等文句時有裁量自由，在使用不確定概念及不可預知之構成要件，行政於補足不確定法律概念及不可預見之構成要件時，亦有裁量之自由。此乃一般承認之原則，與從基本法第十九條第四項所導出之法院完全審查之要求，並不牴觸。相反地，裁量乃來自權力分立原則、自我行政原則，合乎程序經濟與程序效率原則之要求（註九五）。

四、裁量與判斷餘地與形成自由之關係

　　Maurer 反對在不確定概念下，行政機關有不受法院審查之判斷餘地。因為此將與基本法第十九條第四項不符。而允許行政機關之此種權限，只有當其以合憲方式，並只在事實之例外情況方可，而判斷餘地對行政機關之判斷授權，只有在個別案件適用不確定法概念（涵攝）時才存在，如果將判斷餘地擴及不確定法概念之抽象解釋，則應不允許，因為此將導致法之散亂與法之不安定性，而防止此事發生者正是法院之基本任務(註九六)。前已述及德國學界對不確定法概念與效果裁量間之區別有爭議，有認為判斷餘地學說代表構成要件特徵之多義性，為法概念。

　　而在行政計畫領域，尤其國土計畫、專門計畫與發展計畫，計畫裁量扮演重要之角色。它與向來行政於執行法律，於法律所給予範圍內之法律構成要件涵攝之餘地或法律效果選擇之權限不同(註九七)。相對地，計畫規範具終局構造性質，行政可在法律所規定範圍內計畫地形成其效

註九四　Scholz, a.a.O., S. 168.

註九五　G. Schmidt-Eichstaedt, *AöR* 98 (1973), S. 194, 195.

註九六　Maurer, a.a.O., S. 138.

註九七　Hoppe, Struktur von Normen des Planungsrechts, *DVBl*. 1974, S. 641.

果，因爲計畫而無形成自由，本身即是矛盾。至於行政之裁量權限與計畫之形成是否有區別，亦有不同看法。Badura 認爲，在嚴格意義下所謂裁量，乃屬於執行於決定之際之選擇可能性，係根據法律或其他規範而來，至於雖產生自由選擇之意思形成結果，但只是由行政一般事務及行政內部之規定產生，對個人法之地位不生影響之行政決定，乃從此嚴格意義之概念排除，稱爲形成裁量或自由形成之行政(註九八)。Ossenbühl 則謂，執行於有關「是否」(ob) 及「如何」(wie) 有自律的決定之情況，換言之，欠缺法律上之基準，指示時，行政並非行使裁量權，而是自由形成。此種目的、目標與手段之自律的決定之行政作用，特別常存在於政治及自治行政領域，但是即使在行政其他領域之此種行政作用，依通說，承認其合法性而稱其爲自由形成行政，而從法律之執行除外(註九九)。亦即明確區別屬於法律從屬作用之裁量行使與自由形成行爲之區別。但部分學者如 Schmidt-Aßmann 認爲，行政裁量與計畫裁量（形成）並不具有質之差異，因爲行政裁量與計畫裁量在法律構成要件上無法區別，兩者均須就行政作用有關之所有觀點加以總括之調查與比較衡量，計畫裁量與行政裁量之差異，在於存在法律之精確性與預想之比較衡量之預測性（註一〇〇）。

　　而事實上如果吾人從相關規範須加以具體化、選擇餘地（裁量判斷餘地形成自由）之瑕疵類型（即選擇餘地之界限）與司法審查之角度觀察，裁量與判斷餘地與形成自由三者應只有量之區別而已(註一〇一)。若將此三者嚴格區別，就學理探討及問題思考上固有助益，但在行政之實

註九八　P. Badura, Das Planungsermessen, 1968, S. 171 f.

註九九　F. Ossenbühl, *Verwaltungsvorschriften und Grundgesetz*, 1968, S. 315.

註一〇〇　E. Schmidt-Aßmann, Verwaltungsverantwortung und Verwaltungs-gerichtsbarkeit, *VVDStRL* 34 (1976), S. 251 f.

註一〇一　Vgl. Herdegen, *JZ* 1991, S. 747 ff; Schmidt-Aßmann, *VVDStRL* 34 (1976), S. 251 f; R. Scholz, *VVDStRL* 34 (1976), S. 163 ff; H. J. Wolff/O. Bachof, *Verwaltungsrecht I*, 1994, § 31 Rn. 63.

務上，意義不大。

五、手續選擇之導入

(一)所謂手續選擇又稱手續裁量（Verfahrensermessen）或手續形成裁量（verfahrensgestaltendes Ermessen）(註一〇二)

　　在行政過程中，考慮手續選擇或手續裁量之問題，乃因行政手續對人民基本權利保護之重要性。且國家不只有義務注意實體之基本權利，他亦必須經由相應之手續形成，來促成基本權利之有效實現，如果手續法不能導致基本權利之有效實現，則基本權利之內涵，可能被侵害(註一〇三)。因此，手續選擇問題，直接與人民基本權利保護有關，值得探討。手續選擇，亦可視爲手續種類或手續形式之選擇，原則上，法規若有特別規定，則依其規定，若無特別規定，原則上行政有選擇之自由(註一〇四)。手續選擇問題，值得研究者爲手續選擇之定位、適用領域、適用範圍、界限及法院之審查問題。

(二)手續選擇問題，首先在於其在學理上之定位問題

　　依德國學界及實務界之通說，在法律構成要件面，不確定法律概念適用所謂判斷餘地（部分亦稱爲要件裁量），在法律效果面，稱裁量（行爲裁量或法律效果裁量），另有所謂結合規定，亦即同時在法律要件面使用不確定概念，同時於法效果面，使用裁量規定。又有行政之衡量餘地，

註一〇二　Vgl. Badura, in: Erichsen-Martens (Hrsg.), *Allgemeines Verwaltungsrecht*, § 37 III, § 40 II; ders., *VVDStRL* 34 (1976), 294 f.

註一〇三　Vgl. BVerfGE 53, 30 (72); F. Ossenbühl, Grundrechtsschutz im und durch Verfahrensrecht, in: *Festschrift für Kurt Eichenberg zum 60 Geburstag*, 1982, S. 183 f.; 並參考法務部行政程序法草案之草案總說明，八十三年四月。

註一〇四　參考德國行政程序法第十條第一項。

所謂計畫裁量等。究竟將手續選擇或手續裁量，定位於那一類型，以界定司法之審查範圍，學理上並不清楚。且如果吾人將手續選擇視爲手續種類之選擇，則一般言，同時亦爲行爲類型之選擇，而受相對應法律方式拘束。此時，其裁量亦具實體決定之因素。

㈢手續裁量之法性質

茲以德國行政手續法之規定說明。依德國行政手續法第十條第一項規定，對於手續之方式，如法規無特別規定者，行政手續不受一定方式之拘束。第二項規定，行政手續之實行，應力求簡單，且合乎目的之要求(註一〇五)。此一規定，可解釋爲，只要無特別之法規規定及不違反手續之目的，則行政機關對行政手續之履行與形成，具有裁量權限(註一〇六)。換言之，行政手續法第十條，具有法規範性質，且具有拘束力。學者認爲，第二項之規定行政手續之實行，須注意手續目的。此與實體之裁量規範，一方面具授權之規範性質，他方面，具義務性之規範性質，並無不同 (註一〇七)。

㈣手續裁量之適用領域及範圍

手續裁量之適用範圍，原則上應適用所有之行政手續，且原則上法令未有特別規定時，行政機關有裁量之權限 (註一〇八)。

註一〇五　參考翁岳生，西德一九七六年行政手續法，收於氏著，行政法與現代法治國家，第二六二頁。

註一〇六　Badura, a.a.O.

註一〇七　Vgl. H. Hill, Verfahrensermessen der Verwaltung, *NVwZ* 1985, S. 451.

註一〇八　參考德國行政手續法第九條關於行政手續之意義及第十條第一項。但須注意者，此與行政機關對於程序之階段化 (Stufung des Verfahrens) 之裁量不同，因爲階段化程序乃對實體之決定分解及強化其目的，實體面重於程序面。

(五)手續裁量之界限

手續裁量之外部界限，爲行政手續法第十條第一項之一般界限及行政手續法第二十二條、第二十四條第一項第二句、第二十六條第一項、第三十七條第二項第一句，有個別規定，另外第四十條，有裁量之法律上界限規定。手續裁量之內部界限，爲行政手續法第十條第二項，依此規定，所謂「合目的」，並非與合法性相對之概念，而是手續裁量之法律上界限，依此，行政有義務關於手續執行與手續形成之決定，以規範拘束力，手續目的爲方向，並且所有憲法上及法律上有關行政手續目的之規定，特別是相關行政事務之最佳決定與最佳履行，包括國民權利之保護與實現。除這些手續上之實質目的與目標外，形式上，法所承認之目的，如簡單、迅速、理性、經濟性、節約等原則亦包括在內。但手續裁量，並非意指授權行政可恣意地爲手續形成；行政除須探究前述之目的外，同時更須衡量可能之手續形成，主要是過度禁止原則及禁止爲不適當、不必要、不合比例之手續行爲。

(六)手續裁量之瑕疵及其效果

由於衡量個別案件上，手續之目的不同，故原則上，並無要求特定手續形成之請求權，而只有請求無瑕疵手續裁量之行使(註一〇九)。若依行政手續法第十條第一項，而有手續裁量權時，則只要行政於手續裁量之界限內行使時，則不至手續瑕疵，並構成行政處分之違法。只要在法律上之界限內及符合目的拘束，則原則上允許複數之手續形成。只有當逾越其界限，如違反目的拘束，才構成違法。而在行政手續法第四十六條條件下，構成行政處分之得撤銷(註一一〇)。而如果手續之形成，仍在

註一〇九　關於實質決定之無瑕疵裁量行使請求，vgl. Pietzcker, *JuS* 1982, S. 106.
註一一〇　德國行政手續法第四十六條規定，行政處分非依第四十條而無效者，如對該事件不可能有其他決定時，不得只因其違反有關手續方式或土地管

其活動餘地範圍內，則在一定情況下，只是不合目的之手續，尚未成為瑕疵之手續，而不構成違法(註一一一)。若吾人將手續裁量與行政機關之實體裁量相比，則在構造上，兩者並無不同。實體裁量之行使，經由不同利益之衡量，在裁量界限內，作處置之選擇。兩者重要之區別在於，法院所確定裁量瑕疵之存在，亦即訴訟程序上，對手續裁量所致之裁量瑕疵（手續瑕疵）效果與實體裁量之瑕疵（實體瑕疵）不同，此區別來自於手續相關法律及法院之權限中，對手續瑕疵及實體瑕疵，作不同之處理所致。如果存在實體之瑕疵，則對該決定向法院提起撤銷之訴，而對手續裁量方面，由於行政手續法第四十六條之規定，使手續、手續裁量、手續瑕疵之意義，較實體決定、實體裁量與實體瑕疵，特別是與實體裁量瑕疵相比，較不具價值。該條規定，如果實體決定正確，若只因手續瑕疵，仍不得請求撤銷，因此行政機關之瑕疵，行政手續及手續裁量之瑕疵，在訴訟程序中，轉為對實體決定正確性之審查。依第四十六條之規定，行政機關之手續選擇，當其逾越界限及違反目的拘束，仍可能維持。行政機關之手續選擇，從功能上之角度與實體裁量不能等量齊觀。當手續選擇逾越界限時，並未立即構成手續之瑕疵，而如同實體裁量瑕疵般因此造成行政處分之撤銷，以及因此經由行政機關重新行使裁量之可能。而是法院自己依手續之基礎決定，因此取代行政之手續及手續裁量。手續裁量，只有與實體裁量相結合，才能如同法院對實體裁量，依行政法院法第一百十四條，對行政裁量審查之功能上意義(註一一二)。

又在日本，裁量之控制方式，近年來特別被強調。一方面，行政機關之實體判斷作為裁量問題，未必能完全審查。代替的是對行政行為加以程序之統制，以擔保行政決定之公正，可謂為純粹之手續審查。最高

轄權之規定而被請求廢棄。參考翁岳生，前揭論文，第二七七頁。

註一一一　參考德國行政法院法第六十八條第一項第一句，亦即在提起撤銷之訴前，須對行政處分之合目的性及合法性事先審查。

註一一二　Hill, a.a.O., *NVwZ* 1985, S. 453.

法院在個人計程車執照申請許可案件，執照申請人受有依公正手續決定是否得到許可之法律上利益。因違反如此之審查程序而駁回許可之申請時，係侵害前述利益，構成違法處分之事由（註一一三）。日本學界，一般贊同此種法理。日本之行政手續法，亦以此種法理為背景，為確保行政決定之公正而制定。如果違反手續規定，是否立即構成違法撤銷事由，仍需依具體情況決之，但至少有可能構成處分違法，則行政手續法，對裁量處分之手續控制便更強化。

　　另一更實體之審查方法，所謂日光太郎杉事件之東京高等法院之判決。法院認為關於土地收用法第二十條所定要件存否之認定，承認行政機關之裁量餘地（要件裁量），其裁量權行使之方法，「本來最應重視之諸要素，諸價值，不當，輕易地輕視其結果，當然應盡量考慮者未盡力，或本來不應考慮之事項而加以考慮，或本來不應過大評價事項而過重評價，因為這些情況如果上訴人（被告行政機關）關於此點之判斷因之受左右時，則同上訴人前述之判斷，即為裁量方法乃至過程錯誤而違法」（註一一四）。當然，此一判決究竟是否純粹之手續審查，亦有問題。就行政機關之判斷材料與判斷方法，正為是否他事考慮之問題，與實體之判斷非常接近，此與古典之裁量權濫用之審查很近似（註一一五）。

六、時間選擇之導入

　　所謂時間選擇，乃將時間之因素導入裁量概念中，意指行政機關為行政決定時期之裁量問題。時間裁量概念之導入，不僅於我國尚很陌生，在國外亦尚未受重視，以日本為例，此一問題，首先被提起者為一九八

註一一三　最判昭和四十六年十月二十八日，民集，二五卷七號，第一〇三七頁。
註一一四　東京高判昭和四十八年七月十三日，行裁判例集，二四卷六、七號，第五三三頁。
註一一五　參考塩野宏，行政法Ⅰ，第二版，有斐閣，一九九四年，第一一三頁。

二年四月二十三日之最高法院判決(註一一六),乃有關建築紛爭事件。道
路管理者之行政機關,對車輛限制令上之認定保留數個月之違法性爭議
事件,最高法院認為,認定基本上乃無裁量餘地之確認行為性格,但並
非認定時依具體案例,包含道路行政上比較衡量之判斷之合理行政裁量
之行使均完全不允許。因此,問題在於,認定之暫時保留問題,其裁量
係關於時間亦即時間之裁量。但行政機關行使時間之裁量時,因須考慮
某些事,因此裁量具體內容,則成為係行使處分權時之選擇考慮事項之
裁量。由此點看來,前揭判決考慮時之裁量,固為防止紛爭之激烈化,
但與該認定行為之根據法條無直接關係。是否一般性地認為行政機關行
使行政行為時具有考慮迴避紛爭之權限。又向來在日本行政法學上,時
間成為問題之情況,在於不作為之違法確認訴訟,是否經過「相當期間」?
當然,法院可認定其期間之經過,亦即相當期間之判斷,行政機關並無
裁量餘地。此與時間裁量,是否具有整合性,有加以探討必要。如果從
時間裁量之角度,若經過相當期間,則為裁量權限之逾越。

七、結合條款

㈠判斷餘地因素間彼此相關聯,同時規定不確定概念與效果 裁量

　　常常聯結法律要件上之不確定法律概念與法律效果面之裁量自由,
所謂之結合條款(Koppelungsvorschriften),例如,德國聯邦公務員
法第二十六條第一項第一款,在構成要件上所謂「職務上之需要」,而在
法律效果面,允許裁量自由。此種結合條款之形成,並不具特殊性。法
適用過程歷經兩個階段,首先是確定法律構成要件,此為法適用過程,
如果構成要件存在,則連接行政之裁量行使,法適用與裁量行使之區分

註一一六　民集,三六卷四號,第七二七頁。

並不難。但困難的是，在構成要件使用不確定法律概念，而這些事實基礎吸收爲決定。

　　所謂結合條款或混和之構成要件，係指法律規範，一方面在構成要件面採不確定法概念，而它方面在法律效果面採裁量授權規定，在實際上存在許多此種法律規範，其效果由各該部分之規範定之。聯邦行政法院判決認爲，因「職務上必要」而調職係不確定法律概念，應受法院完全之審查。至其所聯結之相關裁量決定，法院之審查，只及於裁量瑕疵。又當行政機關在實行其裁量權而必須注意不確定法律概念時，結合規定亦存在。例如，公務員應徵者之選擇與任用，任用機關對於應徵人之特質、能力與專業成績之判斷指向有裁量權。對行政機關有關不確定概念之適用，允許限制法院審查之判斷餘地(註一一七)。在法律要件面與效果面，可能其效果由一方移向他方。

　　1.當已適用不確定法律概念，且亦考慮所有裁量行使之基準，則可能裁量收縮。對裁量權而言，已不再存在，其結果爲肯定構成要件而爲決定時，「得」之規定已實際上變成「應」之規定。例如聯邦行政法院之判決云，「當其實施與利用不危害公益時，其他計畫(換言之，外部領域之建築計畫)，可在個別案件給予許可」。聯邦行政法院認爲，如果建築計畫影響公益時，則儘管許可機關有權拒絕，但此時已無所謂之裁量審查，此種解釋，當然亦考慮基本法第十四條第一項。

　　2.他方面，法律規範在構成要件以不確定法律概念出現，而實際上屬裁量權。因爲它確定裁量之範圍及內容。不確定法律概念因此被裁量吸收。聯邦最高法院共同庭，針對一九一九年帝國稅法第一百三十一條第一項規定，「當依個別案件情況，若課稅不妥當時，則可於個別案件，免除其稅。」依共同庭之見解，「不妥當」並非構成要件特徵，而是一種裁量。當然此乃明顯針對一九一九年帝國稅法第一百三十一條第一項規

註一一七　Vgl. BVerwG *DVBl.* 1982, 198.

定之決定，在學理上很薄弱，而不能使其普遍化（註一一八）。

(二)不確定法律概念與裁量權之交換性

在許多案件，特定之立法目的，可經由相一致之規範或者從構成要件面（不確定法律概念），或從法律效果面（授予裁量權）達到。例如立法者若欲對公務員之從事副業採許可義務，以防止危害職務利益，則可有兩種規範方式。一是，「副業之許可只有當其牴觸職務利益時，才可拒絕」（不確定法律概念「職務利益」，強制之法效果）。二是，「對申請從事副業之許可，得加以拒絕」（裁量授權，須無瑕疵地行使，但只有在職務利益方可拒絕）。

〔肆〕 我國之現況

一、我國實務有關考試成績評定之評析

在我國行政法院對考試機關考試評分所引起之爭訟，有審查權（註一一九）。至於其審查範圍，依行政法院五十五年判字第二七五號判決認為，「關於考選機關面試程序之進行，如果並無違背法令之處，其由考選委員評定之結果，即不容應試人對之藉詞聲明不服。」依此，則法院之審查權限，僅止於考試程序（註一二〇）是否違背法令。八十二年六月之大法

註一一八　Vgl. BVerwGE 39, 355 (363 ff.); H. Maurer, *Allgemeines Verwaltungsrecht*, 10 Aufl., 1995, S. 133.

註一一九　參考三十四年院字第二八一〇號解釋，有關考試之決定屬行政處分，其處分違法或不當者，應考人得提起訴願；另可參見四十年判字第二號以及翁岳生，行政法院對考試機關考試評分之審查權，收於氏著，法治國家之行政法與司法，八十三年，第七二頁以下。

註一二〇　所謂考試程序包括此項考試有無法律依據、考試委員是否依法聘任、應口試人是否當場自行抽題作答、評分委員有無三位等問題。翁岳生，同前註，第八一頁。

官會議釋字第三一九號則謂,「考試機關依法舉行之考試,其閱卷委員係於試卷彌封時評定成績,在彌封開後,除依形式觀察即可發現該項成績有顯然錯誤者外,不應循應考人之要求,任意再行評閱,以維持考試之客觀與公平。」故考試院所修正發布之「應考人申請複查考試成績處理辦法」第八條規定,申請複查考試成績,不得要求重新評閱,提供參考答案,閱讀或複印試卷等規定,與憲法尚無牴觸。惟考試成績之複查,既為兼顧應考人之權益,有關複查事項,仍宜以法律定之。本號解釋認為,考試院發布之有關應考人申請複查考試成績處理辦法,乃為貫徹維持考試之客觀與公平所必要,亦與典試法第二十三條關於辦理考試人員應嚴守秘密規定相符,故與憲法未牴觸,結論為並不違憲(註一二一)。不過同解釋之不同意見書則認為,本件解釋,對該項規定是否違憲之關鍵,乃在於考試評分有明顯不法情事時,是否仍得經由一定法定程序給予重新評閱之機會,以資救濟(註一二二)。而應考人申請複查考試成績處理辦法第八條之規定,並未剝奪申請人依法提起訴願或訴訟之權,亦即並不限制應考人憲法所保障之法定救濟權利,故與憲法尚無牴觸。

　　本號解釋以維持考試之客觀與公平,以及合於典試法辦理考試人員應嚴守秘密規定,而不違憲。不同意見,則以應考人申請複查考試成績處理辦法第八條之規定,並未剝奪申請人依法提起訴願或訴訟之權而合憲。從考試公平之角度,釋字第三一九號之解釋文及理由書,值得肯定。因為考試之精神,貴於客觀公平,更何況考試機關所舉辦之考試,諸如專門職業考試,公務人員考試,資格檢定考試,與人民選擇職業之權益有關,其基礎亦可求諸於憲法上人民有工作權及生存權,及人民有應考試服公職之權利為其根據。而考試本身,亦是一種競爭,因此不只考試

註一二一　但解釋文最後仍建議,有關複查事項,「宜以法律定之」。從解釋文之文義,如果關於複查事項,將來一直未以法律定之,本解釋對其亦無任何拘束力。

註一二二　參考翁岳生、楊日然、吳庚大法官之一部不同意見書。

過程須合乎平等原則，包括報名以至於複查成績及事後救濟與爭訟之程序，均須平等。故所有競爭之考生，須維持相同之比較及競爭條件，包括在特定時點接受測驗。在口試場合，則各個口試委員，在同一條件下進行，不可對特定考生有相異之條件下為之。而就複查成績言，除有顯然錯誤者外，如果應考人可要求再行評閱，則從平等角度，即有問題。因為除有顯然錯誤外，再行評閱，則當初評閱之條件已不同，若為筆試閱卷，則重新再評閱與原來閱卷之條件亦不同，因為此時已無法如原來閱卷有連續數卷，數十卷，甚至數百卷考生之試卷可比較評閱，而是獨立出來評閱，與一般考生比，條件已不同，口試之場合亦同。

並且，若允許複查評閱，除有顯然錯誤，否則對複查人而言，複查結果，不外維持原成績，成績增多或落榜變錄取，即使成績變少，一般而言，對其不錄取並無影響。總之，均對再獲評閱之考生有利，此已違反機會平等之原則。本來依考試之性質，就評閱試卷言，不同之閱卷者，不同之時點，不可能絕對客觀公平，只能依考試過程，如命題標準、評閱標準、審查標準等，盡量使其客觀公平，其他依人之實踐理性無法完全排除對考生如上述般閱卷可能不公平之風險，乃是所有考生必須承擔者，此為考試之本質，無法避免。此不只適用於複查，在法院之爭訟程序亦同，故前述德國聯邦憲法法院認為，職業選定考試之必要評價，須考慮考試程序對所有參試者之機會平等(基本法第三條第一項)，且不能直接地在後來行政爭議程序，對個別應試者，獨立地實施。如果個別之應試者，經由行政訴訟程序得到於比較範圍內獨立之評價，則機會平等原則將被侵害。此種見解，在我國應能同樣適用。

但另一方面，從考生權益或人民基本權利保護方面，則該命令位階之複查辦法有否符合法律保留及人民救濟管道之保障原則？亦即有否牴觸憲法第二十三條（**註一二三**）及中央法規標準法第五、六條規定，以及

註一二三　參考大法官會議釋字第三一三號解釋。許宗力，論法律保留原則，法與國家權力，第一一七頁以下。陳新民，論憲法人民基本權利的限制，憲

憲法第十六條人民有訴願及訴訟之權利? 就後者言, 即使通過法律保留
授權明確原則檢驗, 且合乎平等原則, 但如只求考試之客觀與公平, 而
實質排除所有考生之救濟管道時, 則有合憲之爭議(註一二四)。因此亦應
於解釋文中, 如不同意見書, 加以說明。是故應考人申請複查考試成績
處理辦法第八條之規定, 應同時合乎平等原則、法律保留原則及保障權
利救濟管道(註一二五)。故解釋文中除原有文字外, 似宜將不同意見書中
之「並不限制應考人憲法所保障之法定救濟權利」加進解釋文內。至於
法律保留部分, 解釋文及不同意見書其前提是並無牴觸, 只是仍宜以法
律定之而已。

　　而對於法院關於考試評分之審查範圍, 解釋文並未提及, 而只在不
同意見書提到,「典試委員之評分雖應予尊重,但如其評分有違法情事時,
並不排除其接受司法審查之可能性 (行政法院五十五年判字第二七五號
判例參照)。法院固不得自行評分以代替典試委員之評分, 惟得審查考試
程序是否違背法令(如典試委員有無符合法定資格要件), 事實認定有無
錯誤 (如部分漏未評閱或計分錯誤), 有無逾越權限 (如一題三十分而給
分逾三十), 或濫用權力 (專斷將與事件無關之因素考慮在內) 等, 若有

法基本權利之基本理論 (上冊), 第一八一頁以下。

註一二四　參考德國原子能法第七 b 條, 以及原子能法手續規則第七條第一項第二
　　　　句規定, 在原子能法許可程序中主管機關有關安全報告書及其他事項須
　　　　加以展示, 在展示期間, 任何人可對計畫提出異議, 展示期滿所有非基
　　　　於特別之私法上權原均被排除, 第三人本可提出之表件, 結果未提出異
　　　　議將因而被排除。此種排除規定是否牴觸基本法第十九條第四項之訴訟
　　　　途徑擔保之規定, 學界見解不一, 聯邦行政法院則肯定其合憲性。參考
　　　　BVerwG, *DVBl.* 1980, 1005, 1006.

註一二五　至於須否合乎典試法第二十三條「嚴守秘密」規定, 可能並未直接相關,
　　　　因除前述不得要求重新評閱外, 不得提供參考答案, 閱覽或複印試卷,
　　　　不得要求告知閱卷委員 (口試則口試委員知曉是否亦有同樣適用) 等,
　　　　應與嚴守秘密無直接關聯, 若有亦已吸收於前述考試之客觀與公平原則
　　　　中, 至於其他「有關資料」, 可由其他公務機密相關法令, 檔案法令或刑
　　　　法等規範, 總之似無必要在解釋文中特別強調。

上述違法情事，行政法院得撤銷該評分，使其失去效力，而由考試機關重新評定」。徵諸我國、外國實務，應認爲妥當（註一二六）。德國聯邦憲法法院一九九一年四月十七日之判決雖改變向來之態度，但其實際可行性，德國學界亦提出質疑（註一二七）。一方面，聯邦憲法法院之判決，對行政法院之程序，有強烈之影響。法院對考試決定之審查，將更嚴格，亦即聯邦憲法法院對判斷餘地之範圍，重新加以更嚴格定義，原則上，只有考試特有之評價才存在，不過包括專門判斷而與考試特有之評價不可分者。但何種情況爲與考試特有之評價不可分者？聯邦憲法法院卻語焉不詳，此有待未來之判決加以解明。他方面聯邦憲法法院認爲，一個以適當有分量之見解爲基礎之解答，不能評定爲錯誤的，乃係一般之評價原則。但在對於專業問題有爭議時，究竟由誰決定，考生之解答是否適當？其解答是否以有分量之見解爲基礎，是否以法院所找之專家而非主考官決定？並且學者質疑，是否此種改變過去有關考試決定之見解，眞能達到實質正義，因爲聯邦憲法法院本身亦已意識到其困難。

二、以集會遊行法實際案件爲例

　　某民間團體事前雖申請集會遊行之許可，但除於規定時間地點集會遊行外，集會遊行時間過後，該團體仍未解散，繼續滯留。後來亦未獲得許可，轉往臺北車站四周靜坐，此違法狀況持續至第三天，警方才採取驅離行動。

　　就集會遊行法之規定，行政機關在法律規定下，就本案爲處分，在那一階段可能有選擇權存在？亦即有裁量權或判斷之餘地存在？集會遊行法第二十五條規定有左列情事之一者，該管主管機關得與警告，禁止或命令解散。以本文前述過程分析：

註一二六　BVerwGE 8, 272 (274) = *NJW* 1959, 1842. BVerfGE 39, 334 (335) = *NJW* 1975, 1641.

註一二七　F. Seebass, Eine Wende im Prüfungsrecht? *NVwZ* 1992, S. 617.

A.事實認定：集遊法第二十五條各款之情事是否存在。

B.要件解釋：集遊法第二十五條第一～四款。

C.事實認定向要件包攝（涵攝）：事實與法條構成要件涵攝。

D.手續之選擇：警告。

E.行爲之選擇：命令、警告、制止或不採取行動。

F.時間之選擇：何時下命令爲處置。

若依效果裁量學說行政機關於 D、E、F 均可能有裁量（即效果裁量），但在 A、B、C 處，就主張有判斷餘地者而言，假設本案依情況行政機關有判斷餘地，則在什麼階段行政機關有選擇之餘地？德國通說認爲，在 C 處有判斷餘地，在 A、B 則無，而前已述及有主張在 B 亦有可能者。

值得注意者爲，在本案件固亦有時間選擇之權限，但並非毫無限制，時間之選擇，若從社會上一般客觀之思考已不妥當時，即應視爲違反裁量權之行使而違法。當然若從傳統之裁量權逾越濫用，或不作爲之國家賠償等，亦可能解決此之時間選擇問題，但將時間選擇問題獨立出來探討，從行政過程角度，對行政機關行爲之有效規範應有意義。

三、我國自八十一年二月四日開始施行之公平交易法

其中有關規範行爲，許多係採不確定法概念之規定方式（註一二八），其理由除係爲保留法條較有彈性之適用空間外，另爲考慮利益衡量及達成經濟安定與繁榮之公平交易法終極目標（註一二九）。但在實際運用上，例如主管機關對獨占事業之認定，法院能否審查？翁岳生教授認爲，在某一範圍內，應尊重行政機關之決定，因爲法院既非這方面之專家，又

註一二八　如不公平之方法（第十條第一項第一款），不當之決定（第十條第一項第二款），妨礙公平競爭（第十九條）等。

註一二九　參考廖義男，公平交易法修正之重點與理由，公平交易月刊，第一卷第四期，第二～三頁。

不負行政責任，而行政機關有豐富的經驗，同時要負政策責任，所以法
院應該要盡量予以尊重(註一三〇)。此種見解，證諸德日學界及實務之主
張，應可贊同(註一三一)。但教授亦認為，在我國目前法院之實務，要法
院不審查，恐怕很難(註一三二)。吾人若從前述因素理論之見解，則應更
能強化教授之主張，因為因素理論，乃嘗試作為判斷餘地之新理論根據，
依因素理論，法院審查之界限，來自於不確定法概念之前階段，此一前
階段為行政形成自由之領域，法院對不確定法律概念之全面審查，要求
對不確定法概念之先前階段，因情事不同，有可能存在著免除法院審查，
且應加以尊重之領域。換言之，在解釋及適用公平交易法第十條與第五
條獨占之規定時，何種事實情況為涵攝時應注意之因素？是否屬於政策
的先予事項等，來決定行政有無判斷餘地。當然此仍有待學理上之繼續
探討。

〔伍〕 結 論

德國之裁量學說與實務有以下之傾向，亦即裁量已經不再如同一九
五五年以來之只限於法效果面之裁量，此種狹隘之見解不只在德國，在
奧國及瑞士亦被認為是一種錯誤之發展，立法者亦可於法條之構成要件
面承認行政之裁量權使行政具體化並實現法律規範，主張只有判斷餘地
存在之觀念必須放棄。作為行政實現多種功能之自由餘地，行政裁量絕

註一三〇 翁岳生，不確定法律概念判斷餘地與獨占事業之認定，收於氏著，法治
國家之行政法與司法，八十三年，第一〇四頁。

註一三一 Vgl. R. Scholz, Technik und Recht, in: Festschrift zum 125 jährigen
Bestehen der juristischen Gesellschaft zu Berlin, 1984, S. 708ff., BVer-
wGE 72, 300 (316). 原田尚彦，科学裁判と裁判官，ジュリスト七百號(一
九七九)，第二三三頁以下；同氏著，科学裁判，法令解説資料總覽，七
號，第一五五頁以下。

註一三二 翁岳生，前揭文，第一〇二頁。

非法治國之行政法領域之異物，而是有效率行政及各個市民利益保護之
必要因素(註一三三)。當法院對行政決定內容完全一致之審查爲法律所拒
絕或只能在一定範圍內爲之時，組織上規範、手續規範與法院審查可對
此限制加以平衡。吾人從相關規範須加以具體化、選擇餘地（裁量判斷
餘地形成自由）之瑕疵類型與司法審查之角度觀察，裁量與判斷餘地與
形成自由三者應只有量之區別而無質之差異，尤其存在著法律規範方式
以所謂結合條款或混和之構成要件出現，即法律規範，一方面在構成要
件面採不確定法概念，而他方面在法律效果面採裁量授權規定，若照傳
統嚴格區分，將徒增困擾，並且在行政預測決定及風險決定領域越來越
擴張之情況，使事實認定方面，須對未來作蓋然性之判斷，使事實認定、
法律解釋、涵攝三個階段，更形不確定，其對判斷餘地之影響如何，值
得注意。又於行政機關之決定過程，宜導入手續選擇與時間選擇之觀念，
以求行政決定之合法性及人民基本權利保護。

註一三三　Bullinger, *JZ* 1984, S. 1009.

行政上之預測決定與司法審查

要　目

行政上之預測決定與司法審查

〔壹〕 前言

十九世紀之自由法治國時代，國家之任務，只限於對人民之平等、安全、自由權等基本權利保障，行政之任務，於事件發生後反應即可，亦即只要防止對公益或個人之警察法及秩序法上之危險。而此危險防止，乃具有與未來相關之未雨綢繆性格（Vorsorgecharakter），因此學者Kirchof 認爲，警察法上之危險防止爲古典之預測決定（klassische Prognoseentscheidung）（註一）。而在現代工業國家，隨著科學技術之發達，人類社會生活之變化，產生新的要求，國家亦從憲法上之原則出發，被要求須具備總括、主動地使社會秩序向未來形成之義務與能力。從民主原則出發，此一責任原則上屬於立法者，但隨著社會之發展，此亦成爲公行政之特質，亦即具有計畫形成、生活照顧、未雨綢繆之措施等之任務，國家任務之比重亦因此變爲給付功能多於秩序功能。執行不能再只以定點確認爲滿足，而須常以複雜之預測爲其決定基礎，預測漸漸成爲最高之要求。但社會國家行政之機動、功能之實效原則（Effektivitätsgrundsatz），常與法治國家憲法之秩序原則（Ordnungsprinzip）處於緊張狀態（註二），因此在複雜行政關係中，須同時使行政之實

註一　Vgl. Kirchof, Diskussionsbeitrag, *VVDStRL* 34, S. 312.

註二　W.R. Schenke, Gewährleistung bei der Änderung staatlicher Wirtschaftsplanung, in: *AöR* 101, S. 337.

效性與行政事務受總括控制兩者間取得平衡。換言之，在要求行政發揮給付功能之同時，如何對行政決定加以審查，是重要課題。

而行政決定與司法審查問題，更是行政法領域內一個歷久不衰且值得深究之課題，尤其在行政適用不確定法律概念時，司法對行政之審查密度，常常又可作爲反映國家權力關係間相互調整之指標（註三）。德國在七〇年代中期，開始大量增加所謂之預測決定現象，更在此一審查密度領域內，投下變動之因素（註四）。當然，行政於許多事件上須作預測並非新鮮事，例如，長期以來在警察法及營業法上之危險預測、許可審查和公務員品格適任問題等，均牽涉到行政之預測決定問題，只是預測決定之概念，被當作行政法院之審查密度課題研究，係由七〇年代開始，隨後漸成爲學術界及實務界之常用語（註五）。目前預測決定，更擴及於環境法、經濟行政法、藥事法、植物法及基因遺傳工程法等諸領域（註六）。不可避免地，行政機關在行政法中許多領域，必須爲風險之決定，以實現國家之任務及保護人民基本權利。但傳統學理上及實務上之見解未必能很快適應此種變動趨勢，尤其有關司法權與行政權間權限之劃分，更是重要課題，如何在學理上加以探討與調適，是本文之關心重點。

註三 Ossenbühl 認爲，行政法院對行政之審查密度問題，可說是行政法學上一個永恆的課題（ewiges Problem）. Vgl. F. Ossenbühl, Die richterliche Kontrolle von Prognoseentscheidungen der Verwaltung, in: *Festschrift für Christian-Friedrich Menger zum 70. Geburtstag*, 1985, S. 731.

註四 此由學者 Tettinger 在其論文內之章節標題:「由預測帶來判斷餘地之文藝復興」，可見一斑。Vgl. P. J. Tettinger, Überlegungen zu einem administrativen Prognose, *DVBl*. 1982, S. 421.

註五 Ossenbühl, a.a.O., S. 731.

註六 Tettinger, a.a.O., S. 422.

〔貳〕 行政上預測決定之意義根據及與其他概念之區別

一、意義

所謂預測，指「對未來之精神上預想」(**註七**)，或「對可預見將來之短、中、長期可期待之結果或事實狀態之陳述。」(**註八**)固然，預測仍須以經驗法則、向來累積之知識以及目前之分析爲基礎 (**註九**)，但預測之此種「指向未來」之特徵，正是與其他行政決定最大不同之處。換言之，一般行政決定，從構成要件角度，乃對過去及現在事實作決定；而預測決定，則另須對未來推論然後作決定(**註一○**)。前已述及，警察之危險防止爲古典之預測決定。當警察於採取行動前，須經歷幾個短暫之過程：於採取措施前，須盡可能對危險狀態肯定掌握及分析(亦即診斷)，基於確認之事實、診斷與警察於類似案件之經驗，對將來發展之可能狀態作預測，然後盡可能採取適當之措施以防止或減低危險狀態。警察有義務基此預測合比例地採取適當措施，以防止危險發生(**註一一**)。換言之，警察之危險防止有兩個層次之預測過程，一是如果警察不採取行動，目前情況將如何發展？二是當採取特定措施時，情況將如何進行？而採個別措施，期待發生如何之效果？例如我國公平交易法第十九條規定，事業

註七　F. Ossenbühl, Die richterliche Kontrolle von Prognoseentscheidungen der Verwaltung, 1985, S. 732.

註八　Hoppe, Gerichtliche Kontrolldichte bei komplexen Verwaltungsents-cheidungen, in: *20 Festgabe Bundesverwaltungsgericht*, 1979, S. 308.

註九　Vgl. R. Scholz, Verwaltungsverantwortung, *VVDStRL 34*, S. 184.

註一○　Vgl. Schreven, *Prognoseentscheidungen der Exekutive*, 1977, Diss., S. 4.

註一一　F.L. Knemeyer, Der Schutz der Allgemeinheit und der individuellen Rechte durch die polizei und ordnungsrechtlichen Handlungsvollmach-ten der Exekutive, in: *VVDStRL 35*, S. 245 ff.

有該條所定六款情形之一，而有妨礙公平競爭之虞者，不得爲之。事業之行爲是否有妨礙公平競爭之虞，須向未來作預測。又依原子能法施行細則第三十五條規定，原子能委員會對申請建造核子反應器者，如認爲於設計上已足以維護公衆健康與安全者，得發給建廠執照。此亦牽涉對未來之預測。

二、根據

依法治國之原則，當行政基於法律授權對人民爲干預之行政處分時，授權之法律，必須其授權之目的、內容、範圍明確，以便國民對干預之範圍可預見及可預計(註一二)。而在行政上之預測決定方面，德國聯邦憲法法院採較寬鬆之原則，因爲行政之決定牽涉不可衡量（Unwägbar-keiten）及不安定性（Unsicherheit）之預測（註一三），德國聯邦憲法法院基於基本法第八十條第一項第二款，要求授權法規命令之內容應盡可能可預見（voraussehbar）（註一四）。但是聯邦憲法法院此種可預見性之要求，後來被規定之明白性（Programmklarheit）（註一五）所取代而放棄。因此，立法所定之行政決定之基準，不再是以可預見性爲標準，而是不矛盾且可掌握之目標規定（widerspruchsfreie und erfassbare Zielsetzung），如果未達此一最低要求，則該法律違憲(註一六)。由上述判決之原則可知，立法者透過法律，對行政之授權，應盡可能自己決定，或者說立法者應盡可能自己預測，而授與行政之預測部分應盡可能減少。當然，由立法作預測而行政只是完全地作決定（即不須預測）固爲最佳

註一二　BVerfGE 8, 325; Art. 80 Abs. 1 S. 2; 參考大法官會議釋字第三一三號解釋。許宗力，行政命令授權明確性問題之研究，收於氏著，法與國家權力，八十一年四月，第二一五頁以下。

註一三　Schreven, a.a.O., S. 12.

註一四　Vgl. BVerfGE 1, S. 160 ff; BVerfGE 2, S. 334; 4, S. 21; 5, S. 76; 7, S. 301.

註一五　Vgl. BVerfGE 5, S. 71 ff; BVerfGE 8, S. 274 ff.

註一六　Knemeyer, a.a.O., S. 277 f.

方式，但此乃理想情況，因爲立法無法對各個複雜之事實判斷作一般性之預測。例如，對國家之經濟監督（Wirtschaftsaufsicht）方面，因牽涉高度複雜及迅速變動性，需要彈性之法律概念（elastische Gesetzes-begriffe）來適應（註一七）。且在經濟政策領域，立法者因經濟科學之知識程度仍然不足(註一八)，對於立法者言，自己作完全之預測爲過份要求，因此關於構成要件執行之一部分，常轉由行政與司法來實現(註一九)。尤其在技術領域，技術規範之問題，越來越重要。如此立法者將固有之預測權限委託給行政，使行政之決定，不再是可預見與可確定，與憲法法院當初之要求不符，爲符合法治國之要求，則法律之目的規定必須不矛盾及可掌握。但行政從立法者授權而來之此種預測決定，在憲法上是否允許？吾人可從干預行政檢驗。前已述及，現代國家之任務，其給付功能重於秩序功能，遂有學者從此一角度認爲，行政之預測決定，不只可以（Dürfen）且爲必須（Notwendigkeit）。因爲，基於事實情況，不可能期待立法者作一般之預測，以解決各個具體事件，如此須長期之立法程序。且現代之給付國家（Leistungsstaat），不談計畫形成、民生照顧等是不可想像的，而這些活動之前提，常須預測(註二〇)。由於立法者無法對這些事務一一實現，因此常只限於對整體國家目標加以規範，而這些任務之實現，只有強制地由行政承擔。再者現代之工業化國家，許多事務均牽涉計畫及未來指向，國家之憲法上義務，必須預測決定，換言之，行政須作預測決定。因此，行政不只有權限作預測決定，基於憲法，

註一七　R. Scholz, *Wirtschaftsaufsicht und subjektiver Konkurrentenschutz*, 1971, S. 105 ff.

註一八　R. Schmidt, Rechtsfragen der regionalen Strukturpolitik, in: *AöR* 99, S. 529.

註一九　R. Breuer, Direkt und indirekte Rezeption technischer Regeln durch die Rechtsordnung, in: *AöR* 101, 46, 49.

註二〇　Schreven, a.a.O., S. 17.

亦有義務爲預測決定（註二一）。

三、與其他概念之區別

㈠行政預測與立法預測

立法者基於政治形成自由之原則，比行政有較大之預測空間，因立法者比行政對未來決定之形成更具正當性(註二二)。因爲立法者只受基本權利及客觀憲法原則之限制，而具有形成之自由，且原則上是一般性質之預測(註二三)。而行政預測，除憲法之界限和指示外，也須受法之拘束及注意目的指示之規定，且主要是個別預測，或遠眺效果之預測(註二四)。

又基於較大之預測自由，使立法者有經由法律之助，對不同之動機（Intention）爲實驗之可能性 (註二五)。對預測之控制方面，立法預測只由憲法法院審查是否具明白可反駁及明顯之瑕疵(eindeutige Widerlegbarkeit und offensichtliche Fehlsamkeit)，而行政預測，則須受其他許多之控制 (註二六)。

㈡預測與包攝

學者 Ossenbühl 認爲，預測爲對未來事實之陳述，因此非包攝（Subsumtion）而是蓋然性之判斷（Wahrscheinlichkeitsurteil）。對

註二一　Schreven, a.a.O., S. 17.

註二二　F. Ossenbühl, Die Kontrolle von Tatsachenfeststellungen und Prognoseentscheidung durch das Bundesverfassungsgericht, in: *Bundesverfassungsgericht und Grundgesetz*, Bd. I, S. 501.

註二三　Vgl. F. Ossenbuhl, Die richterliche Kontrolle von Prognoseentscheidungen der Verwaltung, 1985, S. 734.

註二四　例如某書刊是否對青少年有害、公務員候選人是否對憲法忠誠、是否違害公安之虞等。

註二五　Ossenbühl, a.a.O., S. 511.

註二六　參考後述〔肆〕。

未來之陳述，並無眞實性或正確性之基準，而只有注意之標準，什麼是正確的，須證之於未來。預測可能其內容有錯誤，但同時卻適法地存在（註二七），錯誤並不必然導致不法。相對地，包攝意指聯結過去或現在已調查之確定事實與抽象之法律構成要件。預測乃對未來事實之預見，它來自依經驗法則，從現存及已知之事實，向未來事實發生蓋然性作推論。預測與包攝雖同時具有不確定性，但包攝之不確定，係來自於法律規定本身或因其對規範意涵不可避免之多義性，或來自事實是否法律規範之客體之多義性；預測不確定之原因則來自人類受知識、經驗之限制。包攝爲事實之發現，預測則爲蓋然性之判斷（註二八）。

(三)預測與診斷

　　預測與診斷在構造上不同，此可從其時間之範圍與其方法上相異觀察(註二九)。時間上，診斷乃對過去或現在之因果關係說明，預測則是對未來之預想。在方法上，預測不只是對事實合法性及經驗評價分析，且須著眼於未來不確定之蓋然性基準。雖然預測與未來有關，但只要診斷是來自科學之愼密調查結果，則每一預測可基於此類診斷而作預測(註三〇)。換言之，預測而不基於經驗法則、向來累積之知識以及目前之分析，是不可想像的，因此，預測只有當其所根據之診斷係適法地行使時，才是合法(註三一)。而預測之困難，來自於人類知識主觀之界限與對未來客觀上未知之間隔（註三二）。

註二七　F. Ossenbühl, Die richterliche Kontrolle von Prognoseentscheidungen der Verwaltung, 1985, S. 732.

註二八　Ossenbühl, a.a.O., S. 733.

註二九　Vgl. Tettinger, *DVBl.* 1982, S. 423.

註三〇　Vgl. Schreven, *Prognoseentscheidungen der Exekutive*, 1977, Diss. S. 29 指出，在醫學領域，醫師總是先從患者之疾病及生病過程診斷，然後再加以治療，此在行政法學領域有關預測之適用，並無不同。

註三一　Schreven, ibd., S. 30.

註三二　Vgl. Tettinger, *DVBl.* 1982, S. 423.

〔叁〕 行政上預測決定之構造

一、法律上預測規範構成要件之分類

立法與行政間預測權限之分配可分三種(註三三)，一是立法者本身於規範上已作終局之預測，此亦適用於各個具體案件，行政因此須受立法者預測之拘束。二是立法者對其與行政之間之預測任務加以分配（後詳述之）。三是立法者放棄每一固有之預測，而將其權限完全移轉給行政。

㈠立法者自己預測構成要件之診斷概念

在此類中，立法者已終局地預測，因此行政之決定並無法治國可預見性及明確性之問題。立法者於總括生活經驗已一般地預測時，可為此種規定，實務上，此種規定並不少。一般之規定方式本為「當事實 X 確定，將發展成 Y 時，主管行政機關基此指定法律效果 Z。」而立法者本身於規範上作終局預測時則是規定為「當事實 X 確定，主管行政機關指定法律效果 Z。」

此種立法技術顯示，立法者自行為終局之預測，而行政機關並無任何預測空間。立法者聯結法律效果於確定之診斷要求(要件)，且放棄於規範之構成要件有任何預測，此時行政之固有預測權限不存在。例如集會遊行法第十條規定，關於集會遊行之負責人、其代理人或糾察員之消極資格，如未滿二十歲者、無中華民國國籍者或受禁治產宣告尚未撤銷者；立法者,於立法時已自己預測上述之人不適宜為集會遊行之負責人、或其代理人或糾察員，以保障人民集會遊行之自由、維持社會秩序之目的(註三四)，同樣地，也見於道路交通管理處罰條例第三十七條第一項關

註三三　Vgl. H. Schreven, a.a.O., S. 18 ff.
註三四　集會遊行法第十條。

於營業小客車駕駛人之消極資格規定。

㈡立法者與行政間之預測權限分配構成要件中之診斷與預測概念

如果立法者不可能自己為終局之預測，則可能在構成要件上採預測概念，同時或多或少採診斷概念，如此則預測責任分配予立法及行政，如果立法者在行政法規範構成要件上採預測概念，則亦移轉預測責任予適用法律之行政機關。而規範之形式，可能採取如下形式：「當事實發展至 Y 時，主管機關指定法律效果 Z，特別是在事實 $X_1X_2X_3$ 存在時。」

例如少年福利法第十九條第一項規定，少年不得出入酒家、酒吧、酒館（店）、舞廳（場）、特種咖啡茶室及其他足以妨害少年身心健康之場所。依本條之規定，少年所出入之場所是否足以妨害少年身心之健康，牽涉到預測問題，行政於適用時有預測權限。但立法者對於前述酒家、酒吧、酒館等特殊場所，則已先預測係妨害少年身心健康之場所(註三五)。

㈢行政之單獨預測──構成要件上之預測概念

立法者抑制自己之預測而在構成要件上採預測概念時，則預測責任移轉予行政，此時只要法律之目的規定不矛盾及可掌握，行政便能合乎合法性原則。因此，立法者有義務明確地作目標設定或目的規定，其規定之形式可為當事實發展至 Y 時，主管機關指定法律效果 Z。對行政言，

註三五　當然，立法者與行政間之預測分配，另有其他規定方式。例如，德國之武器法第三十條第一項聯結第五條第二項一a及三號規定，有關申請武器持有卡及彈藥取得證，如果有事實足認，申請人欠缺必要之信賴性時，應予拒絕。而如果申請人在過去五年，因犯內亂、對民主法治國危害等罪，而受有罪判決確定者，或為無行為能力人，或限制行為能力人時，為欠缺必要之信賴性。立法者除授權行政預測判斷申請人是否欠缺必要之信賴性外，自己亦預測，申請人在過去五年因犯內亂對民主法治國危害等罪，而受有罪判決確定者，或為無行為能力人，或限制行為能力人時，為欠缺必要之信賴性，故行政對此只能診斷。

它必須持續注意現行之事實關係及其發展，同時須永遠判斷過去及(或)現行情況，是否可期待形成法定預測概念之範圍。若是，則使法律效果發生。例如集會遊行法第十一條規定申請室外集會遊行不許可之情況：第二款：有事實足認為有危害國家安全社會秩序或公共利益之虞者；第三款：有危害生命、身體、自由或對財物造成重大損害之虞者。所申請之室外集會遊行是否將危害國家安全、社會秩序或公共利益或將危害生命、身體、自由或對財物造成重大損害，均須委諸行政之預測。

立法者在為此種預測責任分配時之兩難問題為，一方面須使行政合於合法性原則及法之安定性義務；但他方面，可能因此使行政無法適應具體之個案。故立法者在如何程度自己預測，如何程度移轉預測責任予行政之問題，只能求諸立法者合義務之裁量。

另外行政之預測決定，亦須合乎法律保留原則。儘管在預測決定下，未來事實之發生仍不確定，但在法律預測概念下，包攝仍是可能。因此，仍須受法律拘束原則之適用，因為問題不在於包攝及法之拘束，而在於預測。故行政之決定，不論具拘束或授益性格，均須受法律保留原則之適用。而有學者主張不應有給付或侵害行政之區別，在預測決定，只有合法性之問題。

二、行政預測決定之合法性要件

從法治國角度，行政之行為，必須依循立法者於法律構成要件與法律效果上之授權之法律要件之拘束，而行政之決定，也只有在履行法定構成要件時，才合法。以下從法律構成要件與法律效果探討之：

㈠法律構成要件

預測決定從構成要件層面看，行政機關須診斷與預測(註三六)。因為，

註三六　Vgl. R. Scholz, Zusagen Privater und öffentlich-rechtliche Vertrage im Rahmen der Funktionskontrolle, in: *Wettbewerb im Wandel*, 1976, S. 238.

預測固然指向未來，但亦須考慮經驗法則、向來累積之知識及目前之分析，因此只要以嚴謹之科學調查所得結果之診斷，亦可作爲預測決定之基礎。故預測決定，只有在其所根據之診斷係適法地行使時，才是合法（註三七）。

1.診斷

不管立法者給予行政預測決定之程度如何，其所須考量之診斷原則均相同。只有當行政機關對事實之調查係總括、且無瑕疵時，其診斷才是合法，亦即事實之確定(註三八)，須具客觀之正當性。如果行政之決定以不相關之事實要件爲出發點，則其決定違法，因爲此時預測已失其基礎（註三九）。

2.預測

預測決定須考慮對未來實際發展有影響之事實；預測決定之合法性，須視其法律上之授權而定。因此，合法性實際上可稱合法律性(註四〇)。是以，預測決定之合法性問題，與其從預測發展事實上發生之角度，不如從立法者給予行政預測授權之程度觀之較佳。

(1)立法者自己預測

如果立法者自己已作終局預測，則法律效果爲特定之診斷，立法者因此自己承擔預測之責任，行政則不爲預測決定，亦無行政預測合法性之問題（註四一）。

(2)立法者與行政間之預測權限分配

註三七　H. Schreven, a.a.O., S. 29.

註三八　值得注意者爲，學者 Bachof 認爲，如果行政機關被承認有判斷餘地時，則其存在於法律概念之包攝，而非存於事實之確定。Vgl. Wolff-Bachof, *Verwaltungsrecht I*, 10. Aufl. 1994, S. 366.

註三九　Vgl. Schmidt-Aßmann, Verwaltungsverantwortung und Verwaltungs-gerichtsbarkeit, *VVDStRL* 34, S. 258.

註四〇　參考德國基本法第二十條第三項及第一條第三項。

註四一　當然，此並不影響前述診斷合法性之問題。

如果立法者已自己預測，則行政只有診斷，行政與立法者之預測一致，亦即行政只作診斷，並聯結法律所規定之效果。只有在具體案件之特殊情況下，當立法者之預測未發生，則行政以自己之預測取代立法之預測。如果立法者只是給予行政具體化之診斷，則尚未構成行政之預測。因爲，此時行政於每一具體案件，必須再審查是否該診斷將發展成立法者所描述之預測概念，當從客觀角度，事先之預測係基於所確定之事實，則行政之預測具合法性（註四二）。

(3)行政之單獨預測

如果立法者放棄每一固有預測，且移轉預測權限予行政時，在構成要件上無診斷，則行政在其權限領域，須持續注意事實發展。但此預測授權，並非臆測之授權，而是在爲有拘束之決定前，須經科學上承認理性之預測程序(註四三)；在此預測之合法性判斷，須從事前客觀之角度出發。又行政於預測決定時，可能須對相衝突之利益考量，因此機關爲了不承擔其決定違法之風險，須盡可能努力於正確之決定，因爲只有以完全之診斷爲基礎，行政之預測決定，才是合法。但另一方面，亦須考慮預測之風險，如果預測決定係基於完全之診斷，且其推演向未來之過程係合理時，則瑕疵之預測，並不違法（註四四）。

3. 構成要件面之裁量

預測規範，亦可能在構成要件上給予行政裁量權。但在德國學界，究竟所謂判斷餘地或評價特權（註四五）存於何處，有爭論。有認爲存於

註四二　Vgl. F.-L. Knemeyer, Der Schutz der Allgemeinheit und der individuellen Rechte durch die polizei-und ordnungsrechtlichen Handlungsvollmachten der Exekutive, *VVDStRL* 35, S. 243 f.

註四三　Vgl. K.-J. Philippi, Tatsachenfeststellungen des Bundesverfassungsgerichts, 1971, S. 124 ff.

註四四　H. Schreven, a.a.O., S. 33.

註四五　Wolff-Bachof, a.a.O., S. 365 ff.

包攝過程（註四六），亦有認為存於概念之解釋（註四七）上。由於科學技術領域進步神速，及經濟發展之複雜與快速，促使立法者須嘗試採彈性之規定，以使行政能有效執行，不致落於科技經濟發展之後。如果立法者對個別案件之未來發展無法預見時，則其有義務給予行政適當之工具，以使其適應未來情況。立法者此時，通常在要件上，以如下之不確定概念規定，如「科學與技術之水準」（註四八），「技術水準」（註四九），「一般被承認之技術規則」（註五〇），「國民經濟特別需求之判斷」（註五一），「考慮商業及其他經濟政策之需要」（註五二）等，而如「技術之水準」，在行政層面，常以法規命令為之。因為在這些領域，單是僵硬之概念不足以適應實際情況，而是需要動態（註五三）之概念，由行政來確定其內容，立法者放棄於構成要件作完全之規範，有意識地使法律存在漏洞，而由行政依合義務之裁量加以補足。此種裁量，有認與法律效果之裁量並無不同。

㈡法律效果

如果立法者對行政規定特定之構成要件，預先規定有拘束之法律效果時，行政之決定便無選擇之餘地。反之如果有權之行政機關，在履行法律之構成要件後，有多種選擇可能性時，則此為向來所謂之裁量。立法者在法條規定上，常用「得」，「可」等字，或給予行政機關多種之選擇可能。如我國之警械使用條例第四條第一項規定，警察人員執行職務

註四六　Vgl. W.-E. Sommer, Aufgabe und Grenzen richterlicher Kontrolle atomrechtlicher Genehmigungen, 1983, S. 20.

註四七　H. Schreven, a.a.O., S. 33.

註四八　Z.B. § 4 Abs. 2 Nr. 3 AtG.

註四九　Vgl. § 3 Abs. 6 BImSchG.

註五〇　Vgl. § 3 Abs. 1 Maschinenschutzgesetz.

註五一　Vgl. § 2 InvestitionszulagenG.

註五二　§ 12 AWG.

註五三　Vgl. BVerfGE 49, 89 (140).

時，遇有左列各款情形之一者「得」使用警刀或槍械。

　行政即使依法律規定有裁量權，但行使時仍須受法律之目的及憲法原則之拘束，亦即比例原則、實質正義原則、法治國原則、平等原則、社會國原則等。

〔肆〕 預測決定與法院之審查

一、學說

㈠行政決定之預測性格得否作爲行政評價特權之根據

　德國學者，對於行政決定之預測性格本身能否作爲行政評價特權之根據，可分兩個方向。有認爲，行政在預測決定時有評價特權，但大多數學者均認爲單依行政之預測決定性格，不能就推出行政有評價特權，而須再尋求其他論據(註五四)。最典型者爲採所謂功能法上之論點。此論點爲憲法上有關聯邦憲法法院對其他國家權力之審查界限問題。功能法之思考方式，產生與審查密度有關之界限問題，亦即誰在法上擁有具拘束力之最後認定權（此與權力分立有關，至於憲法法院審判權之界限，則爲另一問題）？有意義者爲，吾人是否能找到一基準，以決定究竟那一機關，在如何條件下，對於憲法與法律有最後之判斷與決定之權限？這樣之基準，有關各個國家事務擔當機關之地位、組成、決定手續、正當性、專門知識、整合能力等，在他們共同合作下，能更理性、更安定地畫出界限，而非只是模糊地所謂「司法自制」。亦有提出以下之基準，以聯結行政領域內之預測與評價特權，亦即若存在以下之任一基準，則行政之預測決定具有評價特權。其基準如下：

註五四　Vgl. Ossenbühl, Die richterliche Kontrolle von Prognoseentscheidungen der Verwaltung, 1985. S. 742.

⑴在相關決定中行政之效果責任。

⑵從權力分立角度觀察。

⑶行政之專門性。

⑷因素理論。

以上之基準，指出了功能法上之方向，對上述四基準之批判，敍述如下：

1.有關行政之效果責任方面。對於行政與法院審判權問題，學界認為並非事實上之責任問題，因為接受行政這種責任性，並非法院審查之意義，其審查領域，終究還是在法拘束之程度上。

效果責任之思考，回復到功能法上之思考模式，它不著眼於法之拘束之論點或向來審查之學理；而是從另一層面探討，它可能以事件之合理依照將產生之效果為尺度，作為判斷之標準，它較著重於一般預測之情況甚於個別之預測。效果責任之主張，與審查之問題不相關，因為問題在於，行政是否有權在有疑問之界限事件上，作最終之決定權。因此問題只在於有疑問之事件上。此一爭議，來自於對未來發展之評價上，與法律拘束之程度無關，它存在於人類對未來預見能力之不足。

2.從權力分立角度看，司法並非具有積極政治決定之權限，而只是對由民主選舉產生之立法者所制定之法律，加以解釋、適用。此非行使固有之支配權，因此司法雖具獨立性，但仍具有民主之正當性(註五五)。相對地，行政乃統合於民主之責任關係，因為行政之行為，視為政治機關之行為，而在選舉時負其責任，且以民主之方式加以修正(註五六)。但司法審查之界限，並非來自於法律之不確定性，而是在於行政有無特別

註五五　Vgl. Buiren/Ballerstedt/Grimm, Richterliches Handeln und technisches Risiko, 1982, S. 54 f.

註五六　Zeidler, Gedanken zur Rolle der dritten Gewalt im Verfassungssystem, FS zur 600 Jahr-Feier Uni. Heidelberg, 1986, S. 647.

之判斷權限，亦即行政在有爭議之界限事件，是否有決定權之問題(註五七)。因此，無法從行政之固有性及責任導出究竟行政有無最後之決定權之答案。例如，有關核能電廠設立許可決定，由於設施之事故，也許在設施設立後數十年才發生，此時究由誰負擔決定之責任？是數十年前有決定權限之機關，還是我們的子孫 (註五八)？

3.主張行政具有較佳專門知識之論點者，認為以下之見解不妥當，亦即將行政機關與刑事及民事法官相比，刑事及民事法官亦有專門技術委員會之鑑定作為判決根據者。因為行政法院法官，另有其他完全不同之情況存在，它是對一個有權限且有專家之專門技術機關所作決定加以審查，當然行政法院可以基於權利保護，對有關電力需求之預測以私經濟機構之鑑定作判斷根據。當法院如此行為時，則對私的預測之信賴將多於政府部門，此猶如將一個重要之能源政策，委諸於非國家機構決定，它既無法受到審查，且又欠缺決定之正當性，此種情況，可參照核電廠許可程序中有關危險之判斷問題。

雖然一般而言，行政之預測，例如有關危險防止與風險預防原則之實現上，比法院具有較佳之設備(註五九)。但在現實情況下，自然科學技術領域，仍有未知部分及不安定性，且人類之知識，在科學技術領域，總是或多或少有欠缺(註六〇)。因此，有些專門技術知識，行政與司法，同樣不具備。因此不能因法官不具備專門知識，而必然地承認行政之評價特權。

另有強調，從憲法上無缺漏之權利保護之原則出發。若以法院欠缺

註五七　Ossenbühl, Die richterliche Kontrolle von Prognoseentscheidungen der Verwaltung, S. 736.

註五八　參考拙著，核能電廠設立程序之司法審查──以德國法為中心，中山學術論叢，第一二期，八十三年六月，第一九〇頁。

註五九　Vgl. BVerwG, 1986, S. 195.

註六〇　Nicklisch, Grenzwerte und technische Regeln aus rechtlicher Sicht, S. 104.

在自然科學技術或國內經濟種類之知識等困難爲由，給予行政評價特權
是不妥當的。同樣在預測時亦同。

　　4.因素理論（註六一）

　　⑴有學者認爲，因素理論在行政預測時扮演著重要角色。行政預測
判斷決定性之意義，可從因素理論獲得。因素理論在過去幾個判決內明
白提及（註六二），有些判決則只有蛛絲馬跡可循。因素理論點出一問題點，
即如何畫出法律上可判斷具體事實之界限，以及在法律適用時相關具有
規範效力之因素，應注意的是什麼。例如在德國法上，有關侵害公務利
益之虞，所謂之「侵害之虞」之預測，是由特別之要素來決定，這些特
別要素並未在法律之構成要件上被排除，而是預先給予。就警察執行機
關而言，屬於特別要素者爲執行警察之「介入準備」、該執行警察被授權
之任務範圍（註六三）。「侵害之虞」之預測，須以這些要素爲指標，且以
之爲出發點，但這些要素是事先預定的、確定的資料，因此這些因素，
並非法律適用之客體，且非法院審查之對象。

　　另一例子是，能源開發之擔保，本質上是一公共利益，對一個核電
廠許可之即時執行（註六四），是德國行政法院法第八十條第二項四號之規
定事項，因此能源需求之預測，按照德國行政法院法第八十條第五項之

註六一　Vgl. P. J. Tettinger, Rechtsanwendung und gerichtliche Kontrolle im
　　　　Wirtschaftsverwaltungsrecht, 1980, S. 84, und 459 f.; H. Kellner, Einiges
　　　　zum behördlichen Ermessen, *DÖV* 1969, S. 309 ff.; Derselbe, Ermessen
　　　　Verwaltungspolitik und unbestimmter Rechtsbegriff, *DÖV* 1970, S. 84
　　　　ff; F. Ossenbühl, Verwaltungsvorschriften und Grundgesetz, 1969, S.
　　　　333.
註六二　Vgl. BVerwG *DÖV* 1977, 134 (135).
註六三　BVerwG *DÖV* 1977, 134 (135).
註六四　德國之行政救濟程序，原則上，許可之執行因提起訴訟而停止。許可只有
　　　　法院終局之確認爲適法，方可執行，許可之行政機關，爲避免起訴之停止
　　　　效果，可闡明許可之即時執行可能性，其前提爲即時執行有特別之公共利
　　　　益或關係人之優越利益存在。

快速程序，須以基礎之資料為指標，此一基礎之資料，繫於一連串之政策決定。例如國家或地方之電力需求，長期以來究竟倚重者為煤碳？石油或核能。此一政策之先行事項，決定於電力開發之擔保是否繫於擴大核能利用之必要性。法院對依照行政法院法第八十條第五項之程序所設之電力需求預測，須考慮之「政策的先予事項」、目標及政策轉換、此政策的先予事項（註六五），為先予之要素，係必須包攝之現實，此現實亦如行政之政策先予及行政之支配事項，如此之政策先予及行政之支配事項，在預測判斷時，扮演重要之角色（註六六）。前所述及之公務員法，行政組織之形成，係先予的、行政自律的特定指標；在電力需求預測中，國家機關之政策的目標先予之形成，是重要因素。再者對於一條未建設之道路，將來因交通產生噪音之調查，繫於道路交通開始。道路交通開始之基準，係按照計畫決定所確立之道路建設計畫之形成，以及確定計畫為前提要件之交通功能，換言之，對於污染之預測，一個先予之行政意思行為是判斷基準。最後聯邦行政法院在進口數量判決中表示，行政被允許有一自動之決定空間，因為對於進口數量之決定權限來自於「經濟政策之需要」（註六七），此亦意指，法律構成要件之外，存在著要素。

　　⑵因素理論乃嘗試作為判斷餘地之新理論根據，依因素理論，法院審查之界限，來自於不確定法概念之前階段。此一前階段為行政形成自由之領域，法院對不確定法律概念之全面審查在不確定法概念之先前階段，因情事不同，有可能存在著免除法院審查，且應加以尊重之領域（註六八）。學者 Ossenbühl 認為，因素理論在行政預測時，扮演著重要角色，且常須合併考慮。但因素理論與行政之評價特權是兩回事，因因素理論是有關法律適用時所考慮事實之界限，相對地，行政之評價特權，則指

註六五　Vgl. BayVGH *GewArch.* 1984, S. 274.

註六六　Vgl. Ossenbühl, a.a.O., S. 741.

註六七　BVerwG *DVBl.* 1972, S. 895.

註六八　Vgl. H. Kellner, Einiges zum behördlichen Ermessen, *DÖV* 1969, S. 312.

在有疑義時之最後拘束之判斷權限問題(註六九)。兩個問題彼此之間是平
行的，在不確定法律概念未指明給予行政判斷之權限時，因素理論也具
有意義。但行政之評價特權，以及規範之因素，是兩個不能相比之現象，
關於判斷之授權，在法律適用過程中，與因素理論不同，須以其他方法
來探討。

　　(3)因素理論，聯結法獲得與法實現之過程。此過程，則在規範規定
與規範現實化間，相互變化地影響（註七〇）。依 Karl Engisch 之看法，
規範解釋與構成要件調查，乃在持續變化作用中存在，因爲，即在持續
比較事實與法概念來回移動中，而相互地獲得一致(註七一)。法律解釋與
事實確定相互影響，並建構法獲得與法實現之過程，由事實及規範來發
現法。法之發現，爲事實與規範同化（類化）而趨一致之謂（註七二）。

(二)學說所發展形成之行政判斷特權根據之標準

　　由以上分析，若欲承認行政機關在預測決定時之評價特權，須有其
他之條件。而此條件爲何，並未有定論。因此吾人回到討論適用不確定
法律概念時，由判決、學說所發展形成之行政判斷特權根據之標準，有
如下標準：

　　1.由獨立、不受指示之複數專家所組成的有決定權限之委員會之決
定（註七三）。

註六九　F. Ossenbühl, Ermessen, Verwaltungspolitik und unbestimmter Rechts-
　　　　begriff, *DÖV* 1970, S. 84 ff.

註七〇　F. Ossenbühl, Ermessen, Verwaltungspolitik und unbestimmter Rechts-
　　　　begriff, *DÖV* 1970, S. 88 f.

註七一　Vgl. K. Engisch, Logische Studien zur Gesetzesanwendung, 1963, S. 15,
　　　　von Ossenbühl, a.a.O., S. 88, FN 41.

註七二　Arthur Kaufmann, Freirechtsbewegung-lebendig oder tot? Ein Beitrag
　　　　zur Rechtstheorie und Methodenlehre, *JuS*, 1965, S. 6 f.

註七三　Vgl. BVerwGE 62, 330; 59, 213; 39, 197.

2.決定之不可代替性（註七四）。

3.評價之因素，係關於精神藝術方面（註七五）。

4.預測決定具有計畫性、程序性及形成之性質（註七六）。

以上基準，與討論審查密度課題所牽涉之領域並無不同。行政之預測決定，並未明示諸如依物之本性之能力，而使行政有判斷之特權。到目前爲止，無人如此主張，但一個行政決定之預測因素，對於判斷餘地之承認，具有指示之效果，此指示效果，並非作爲推測之嚴格司法意義，而是提供是否沒有其它正當之線索支持判斷授權，指示效果終究只是鼓舞之效果。要約言之：

第一、行政決定是否因預測因素而具有評價特權，一般由當時之基準判斷，此基準乃目前爲止所討論有關行政判斷授權之承認，此基準之範圍，仍未改變。因此，在預測決定之領域，有關審查密度之討論，是令人振奮的，但仍不夠充實。

第二、在行政之預測決定時，法院審查密度問題，並不是有關法律所定之相關預測之蓋然率之程度，而是有關未來將發生之特定事實是否接受之問題，即評價特權。

第三、當人們在個別案件承認行政預測之評價特權時，並非意指行政之預測將完全排除法院之審查，而是法院對預測之審查，仍存在於可能之理性之程度。對此 Hoppe 分析行政預測，且揭出各個情況時之審查。

註七四　BVerwGE 61, 176 (186).

註七五　Nierhaus, Zur gerichtlichen Kontrolle von Prognoseentscheidung der Verwaltung, *DVBl.* 1977, S. 23.

註七六　P. J. Tettinger, Überlegungen zu einem administrativen Prognose-spielraum, *DVBl.* 1982, S.426; BVerwG *DVBl.* 1979, 877 (878); BVerwG *DVBl.* 1981, 975 (976).

㈢學者 Tettinger 認為對預測之審查方式如下（註七七）

1.行政之預測是否以相關及充分調查之事實為基礎——預測基礎之審查。

2.行政是否充分注意法律所定之目的基礎和範圍——實定法預測規定之審查。

3.是否基於考量不相關事務所作之預測——恣意之審查。

4.預測是否依循正當之預測程序——預測方法選擇之審查。

5.手續之瑕疵是否被避免——程序規範預測規定之審查。

6.預測程序是否首尾一貫地實行——預測一致之審查。

7.預測評價之觀點是否具充分明白性且經公告——預測效果確實性及理由之審查。

㈣學者 Hoppe 主張區分對預測過程之審查與預測結果之審查（註七八）

1.預測過程之審查

⑴預測與不確定性有最緊密之關係，當不確定性可經由經驗以及經驗法則除去時，預測之餘地被排除，對於該不確定因素須完全被審查。

⑵有關預測基礎資料之利用及調查須受審查。當然只以相關重要之資料為對象，在此情況下，可能產生判斷餘地。當事實之調查只有經由評價為之時，亦可能存在判斷餘地。

⑶如果行政機關之預測是基於一般所承認之經驗法則，且理性地可認識時，須受法院審查。

註七七　P. J. Tettinger, Überlegungen zu einem administrativen Prognose-spielraum, *DVBl*. 1982, S.427.

註七八　Hoppe, Gerichtliche Kontrolle von Prognoseentscheidungen bei komplexen Verwaltungsentscheidungen, S. 310 ff.

(4)審查可針對與科學水準一致之方法選擇問題進行。固然行政有選擇方法之權限，但方法本身，必須是妥當的、且在科學上被承認。

(5)審查包括對方法之停止，因為如果方法不能適切持續地被適用，則再好之方法亦沒用。

(6)審查亦可擴張至預測之過程，亦可稱為預測之協合一致。預測之審查，也可以在程序部分，而非正確性之審查，它只是一種有關蓋然性推演過程之審查。

(7)審查亦可只是預測規範之解釋，經由補充概念之裁量審查，審查是否行政本身具有補充概念之權限。

2．預測結果之審查

依 Hoppe 之見解，預測之結果不能審查，有關預測瑕疵及預測錯誤時亦同。此與預測在比較衡量之結果不同，預測結果之審查，適用以下原則：

(1)有關預測結果是否妥當，不是法院審查之事項。

(2)自始瑕疵之預測屬於程序瑕疵，原則上可審查，預測瑕疵亦無礙其合法性。

3．一般之審查原則

(1)對預測之審查，其審查密度，隨干涉影響、及形成可能強度增大而增加，對基本權有重大影響者，法院審查密度將更強。

(2)當預測越是一般性及不確定時，行政之決定特權越被肯定。

(五)預測之審查及審查密度

若爭議點為預測本身時，單是預測，不能成為全部或部分排除法院審查之根據。完全不受限制之審查，很少存在，而是對特定預測存在預測活動餘地之理性基準，法院之審查密度，須依相關預測規範之授權規定而有不同。

㈥有認為可以有以下一些基準

1.在行政程序中之裁決團體之制度化。例如靑少年有害書刊之聯邦審查委員會。

2.所為行政決定之不可代替性。此一決定，部分是由前述有決定權團體之制度化。

3.法律本身包含目的之表示，此乃伴隨直接法律固有之目標，如從計畫形成而來。

4.有關交易及經濟政策提案之評價性格之預測決定，它主要屬於行政之事務且允許評價之裁量。

5.來自法律對行政行為裁量之形成委託指示。

以上所舉這些基準及根據之原則，係相對地薄弱，且非學理上的。當法院允許行政之評價特權時，很顯然並非純從學理之考量，而是法院面對行政所作決定當時判斷之複雜性，及法院從功能法上，直觀地認為它較不具管轄權之故。因此司法之自制，實際上是由審查密度之規則來決定（註七九）。

㈦承認行政評價特權時之審查方式

當法院允許行政在預測決定時有評價之特權，則它須限制自己在行政訴訟中減少審查範圍及審查密度。審查課題實際上可分以下幾個階段：

1.預測問題及蓋然性之程度

完全之法院審查須決定以下之問題，即行政依照法律在各個案件中所呈現之預測問題是否正確地掌握。因為這是法律解釋之問題，預測問題是法律先予的，而須由行政加以實現。因此，例如法院在法律解釋過程，將確定有關污染預測，行政必須考慮何種狀況。關於政治難民，行

註七九　Vgl. Ossenbühl, a. a. O., (FN3).

政須決定，那些未來之時間長度，考慮對難民將受政治迫害問題。完全之法院審查，須遵從預測安定性之確認；換言之，即蓋然性之程度，是對未來事實評價之基礎，這種蓋然性之程度，在判決中不完全相同。

2. 預測基礎

預測是一種推論過程，它依據身邊之事實與資料，對未發生之事實，藉經驗法則之未來的接受，推出結論。這些事實資料及經驗法則，是預測決定推論過程之基礎，法院則審查行政對為預測根據所陳列之事實是否正確，及全盤調查與預測相關之資料，當然，亦須注意因素理論之特殊性。依此，則法院可能必須對行政之特定決定及支配事務，當作已給予的預測因素，而不予審查。

3. 預測程序

若與預測程序有關，則產生以下相關之審查原則。即法院之審查，須注意是否選擇一個該當客體、適當地及方法上無誤之預測程序。

⑴行政機關是否違反程序規定？

⑵行政機關是否考慮不相關之情事？

⑶行政機關之預測，是否以事後可實現為基礎？

⑷預測從結論之角度，是否妥當、理性及具一致性？

⑸是否注意一般之評價基準？

⑹是否具有能識別之瑕疵？

二、判決

學者 Ossenbühl 認為，欲嘗試使法院對預測決定方面之判決系統化，則自始注定要失敗。如此之系統化，學界上未見到，判決亦很少(註八〇)。因為法院只是從個案出發，總是以特殊方式處理，此種作法是必要且允許的。法院對具有預測性格之行政決定，或對之不評論，或完全

註八〇　Ossenbühl, Die richterliche Kontrolle von Prognoseentscheidungen der Verwaltung, S. 736.

地審查，或直接給予行政評價特權。有很多決定當然係根據全部或部分
之預測決定。值得注意者爲，⑴判決針對行政之預測決定，在何種基準
及理由根據下，給予行政評價特權？⑵在實際上承認行政之評價特權時，
法院限制審查之審查模式爲何（註八一）？以下僅對聯邦行政法院及聯邦
憲法法院之判決作分析。

　　1.聯邦行政法院於靑少年有害書刊之判決中，承認聯邦審查委員會
關於靑少年有害書刊目錄之作成（亦即何者爲有害靑少年身心書刊之決
定）有判斷餘地（註八二）。其根據可分兩點：

　　第一，關於是否對靑少年有害之決定，不只是對事實之決定與包攝，
且包含對未來預測之評價。因此，如果認爲只有一個正確解答之命題，
乃是一種虛構(Fiktion)，它是具有決定可能性之帶狀區域(Bandbreite
der Entscheidungsmöglichkeiten)　（註八三）。

　　第二，聯邦審查委員會（Bundesprüfstelle）乃是依特別原則所組
成之評價之複數審查機關，它係由專家及社會代表所組成，其決定之本
質，乃是一種意見形成不可代替性(Unvertretbarkeit)之決定(註八四)，
行政機關只有在基於基本法第十九條第四項之要求的情況，才被允許有
判斷餘地，若行政法院完全審查，將因非典型情事，產生特別之困難時，
並且當特別之決定機關，需要特別之權限時，則法院之審查須受限制(註
八五)。但聯邦行政法院，後來拒絕承認此種行政上之判斷餘地成爲一種
類型。

　　2.聯邦憲法法院一九七五年五月二十二日有關於公務員任用之判決

註八一　Ossenbühl, Die richterliche Kontrolle von Prognoseentscheidungen der
　　　　Verwaltung, S. 740.

註八二　BVerwGE 39, 197 ff.

註八三　BVerwGE 39, 197 (203).

註八四　BVerwGE 39, 197 (204).

註八五　P. J. Tettinger, Überlegungen zu einem administrativen Prognose-
　　　　spielraum, *DVBl*. 1982, S.422.

（註八六）中指出，對於公務員所應具有對憲法之忠誠（Verfassung-streue）問題，牽涉到任用機關之預測判斷問題，法院之審查須受限制。又一九八二年十一月二十七日，聯邦行政法院有關公務員候選人對憲法之忠誠問題之判決，承認機關首長有判斷餘地，行政法院法官，對機關首長有關候選人人格適性與否之預測評價，不可以自己之判斷加以取代。其根據爲，對未來憲法忠誠之預測判斷，只是一般人格適性總括判斷之一部分，限制法院之審查，並不牴觸基本法第十九條第四項（註八七）。

3.聯邦行政法院於一九八一年三月二十六日之判決中，對邦之主管機關，有關依醫院需求計畫法第六條之醫院需要之確定，否定其具有判斷餘地(註八八)。因爲接受決定相關之「適當需求之供給」、「有給付能力之醫院」、「社會可承擔的」等，爲不確定法律概念。不確定法律概念之解釋，須考慮法律整體目的規定，從行政法院之角度，如果欠缺特別之情事，原則上須受法院完全之審查。只有在例外情況，如爲判斷因素之事實情況，繫於邦行政機關對未來發生之預測時，才承認其判斷餘地(註八九)。

4.聯邦行政法院認爲對於外國經濟法第十二條，關於貿易及其他經濟政策需要之考量（Berücksichtigung der handels und sonstigen wirtschaftspolitischen Erfordernisse），其判斷屬於「有權限之聯邦部長之合義務性裁量（pflichtgemässes Ermessen）」（註九〇）。此合義務性之裁量，很顯然係對法院審查之限制，其根據乃是有關經濟政策之需要，主要牽涉到對未來之預測（註九一）。

註八六　2 BvL 13/73, in: *DVBl*. 1975, S. 817 ff.

註八七　Vgl. *DVBl*. 1981, S. 455 ff.; auch BVerfG, *DVBl*. 1981, 1053 (1054).

註八八　*DVBl*. 1981, 975 (978 f.).

註八九　*DVBl*. 1981, S. 980.

註九〇　BVerwG v. 21. 1. 1972-VII C 29.70-*DVBl*. 1972, S. 895 f.

註九一　Vgl. M. Nierhaus, Zur gerichtlichen Kontrolle von Prognoseents-cheidungen der Verwaltung, *DVBl*. 1977, S. 20; R. Breuer, Legislative

5. 在原子能法許可程序之領域，一九八五年十二月十九日之 Wyhl 判決，聯邦行政法院認為，依原子能法第七條：「依照科學與技術之水準，對於因核電廠之設置與運轉所將引起之損害，已採取必要之預防措施。」之規範構造分析，風險調查與風險評價之責任，屬於行政（註九二）。且行政有關科學上爭論之評價，包括風險評價，不能由法院以自己之評價加以取代，因為此非屬行政法院事後審查之事項（註九三）。雖然判決中未使用預測之字眼，但卻使用「風險評價」（Bewertung der Risikoabschätzung）及「責任」（Verantwortung）等用語，其決定本身應屬預測決定（註九四）。聯邦行政法院特別就原子能法上風險決定，承認行政機關判斷餘地。原子能法第七條第二項三號，委託行政機關對超越法律上危險界限損害可能性之風險，加以減輕，此強制行政機關對存在於法外之科學上，尚未有一致見解之形成作決定。因此，對於何種科學見解居優先問題，行政機關在制度上居衡量之優位，因為立法者正是以此為前提，並且執行機關對風險調查與風險評價，比立法與司法具有更佳之行為形式（註九五）。在原子能法領域，行政機關之評價餘地，亦擴充至所謂之「規範具體化行政規則」（註九六）。聯邦行政法院在 Wyhl 判決之後，並未擴充判斷餘地於其他與原子能法上風險決定結構相類似之風險行政領域。或許聯邦行政法院只欲於原子能法之特有判斷地位，承認行政機關之判斷餘地（註九七）。

6. 聯邦行政法院在所謂種子判決（Saatgutentscheidungen）中，

---

und Administrative Prognoseentscheidungen, *Der Staat*, 1977, S. 28 ff.

註九二　BVerfGE, 72, 300 = *DVBl*. 1986, S. 195.

註九三　BVerfGE, *DVBl*. 1986, S. 195.

註九四　參考拙著, 核能電廠設立程序之司法審查──以德國法為中心, 中山學術論叢, 第十二期, 八十三年六月, 第一七六頁以下。

註九五　Vgl. BVerwGE 72, 300 (316 f.).

註九六　參考拙著, 核能電廠設立程序之司法審查──以德國法為中心, 中山學術論叢, 第十二期, 八十三年六月, 第一八七頁以下。

註九七　Vgl. Udo Di Fabio, *Risikoentscheidungen im Rechtsstaat*, 1994, S. 276.

對相關法律規範給予合議機關評價衡量以及需專業之法律適用權限，特別是當這樣之機關係在認識與評價程序作決定。亦即，對於期待之栽培者之進步，是否給予判斷授權時，係將此權限移轉給由聯邦種子機構所組成之專門合議機關，而非聯邦種子機構本身。而該合議機構對登載於種子目錄之決定（至少是在異議程序中）如同司法程序之進行（註九八）。如此之法律規定之權限決定，也因此不受行政法院之完全審查，因爲合議機關之衡量，是在合意之過程所爲終局多數決定(註九九)。此種見解之背景，乃已廣泛被討論之見解，換言之，在法適用之界限事件，很顯然不只可以有理性根據之決定，且可能有多數正確之決定（註一〇〇）。

7.在建築師登載名錄之決定中，聯邦行政法院第五庭持續法院判決指出，立法者可以給予行政機關判斷授權，特別是評價決定有多種結果可能性時，將之交付給有權限之委員會(註一〇一)。聯邦行政法院承認向來類似此種對法律之判斷授權，有教育上評價、考試評價及人格特質評價、禁書目錄判斷及專家委員會之決定。其特徵爲：(1)不確定法概念指示人格的或專有之評價。(2)依法律上之可確信之論點，唯一合法性之決定爲不可能時，則允許適當性之餘地。(3)依法令有特別之決定程序，在其中特定之專家委員會或社會複數委員會所作之決定或標準的影響。從這些要件特徵，可知一連串之環境法、技術安全法及產品法上，均具備這些要件要求。風險決定之法律概念，其損害之經過，並無蓋然性拘束之預測。經由特別之不確定性評價及決定相關性，與科學專家評價之相關性之特徵，常常專家委員會對此種科學相關之風險決定，加入決定程序，其決定對行政機關有不同之拘束。除藥事法上有關許可決定外，其他在基因遺傳法、化學法中之階段決定、污染防治法或化學法上界限值

註九八　BVerwGE 62, 330 (339).

註九九　BVerwGE 62, 330 (339).

註一〇〇　Vgl. BVerwGE 39, 197 (204 f.).

註一〇一　BVerwGE 59, 213 (216 f.).

確定、基因適當衡量之許可決定或原子能法領域安全性判斷爲其特徵。

8.聯邦行政法院在 Paraquat-Entscheidung 判決中，對基於植物保護法第十五條第一項三號之適當性決定，認爲其構成要件結構類似於藥事法上及基因遺傳法上之蓋然性與適當性決定。其指示著風險決定，係以科學操作上之利用風險衡量爲前提，須受完全之法院審查，故明示拒絕行政之判斷餘地。亦即法院認爲，「此種授權，無法從法律規定之文句或規範內容推出。且又非須衡量多種評價餘地之不可代替之判斷，對許多不確定法概念之適用，法院有衡量與判斷之義務。因此須考慮危險概念與蓋然性之關係。如果法院欠缺必要之專門之知識，可以尋求專家之助」(註一〇二)。由此理由可知，聯邦行政法院以其固有之學理方向前進，而與判斷授權並無詳細關聯。

比較前述判決，似乎聯邦行政法院在危險法上之蓋然性預測採不承認判斷授權之立場，但是毫無疑問地，在原子能法領域，則對危險防止之因素，承認判斷餘地，因此必須說明在植物法上之風險決定與原子能法上者之區別。判決對危險相關或與蓋然性預測相關之不確定法律概念之適用之解釋與評價關係，隱藏著關於科學知識上之要求情況下，傳統危險預測與新風險評價間體系之區別。法官之法律上判斷，手段之危險預測與理性的審查評價之相關能力，最後需靠法官之比較基準與信賴的經驗陳述。在此種背景下，專家之證言，亦在經由法官自由證據評價之範圍內。而支持法官法律上及事實上實質審查，只要有損害可能性，在此種背景下即可藉專家之助而爲判斷與評價，因此事實上不存在行政之判斷餘地。但立法者如果對危險預測，建立於法官之比較基準與日常之經驗準則，且藉專家之助，將科學上水準再審查，則產生新判斷狀態。但是危險預測，亦是基於法律上之理性原則，因此一個正確決定之主張，在考慮複雜之因果關係，基於以下理由，無法再維持。亦即(1)預測蓋然

註一〇二　BVerwGE 81, 12 (17).

性之程度，係由蓋然性降爲可能性，如同法律上嫌疑決定之案件。(2)對損害可能性欠缺明確之因果知識。科學或知識主要是提示理論上之風險評價，其在科學上之論述，並非全無爭論，即認知之不足。(3)法律顯然地，其出發點並非危險防止之目的絕對優位，而是要求適當評價，亦即利用、風險、平衡、權衡許多相互衝突法益。

法律上形成之法律關係之結構比較可能性，諸如在植物保護法或藥事法中之風險決定及原子能法領域中，關於必要之損害預防程度，不可避免地須面對法院審查密度之問題。尤其是 Paraquat-Entscheidung 判決與 Wyhl 判決間審查密度之比較。由於欠缺與其他風險行政物質之比較，尤其是與 Wyhl 判決間，故學者認爲，不能因此即認爲聯邦行政法院原則上否定行政法上風險決定與風險評價時行政機關之判斷餘地（註一〇三）。

9.同樣在原子能法領域，聯邦憲法法院於 Sasbach 判決中，對技術科學上之判斷，基於權力分立關係人手續法上之意義，承認行政機關之評價餘地。法院認爲，許可機關因此必須在規定範圍內無恣意地調查與評價。例如，科學與技術之水準、損害預防措施之必要性或對故障之防護或其他影響，已採必要措施。法院對此種確定與評價只能對其合法性加以審查，而不能以自己之評斷加以取代。此種審查方式乃與權力分立原則相一致。但如果在行政程序中，本來可提起或解明之異議，在實際行政程序上不提起或太晚提起，而在訴訟程序時才提起，則此種審查次序將被破壞(註一〇四)。聯邦憲法法院對於複雜之科學技術事實問題與預防評價之判斷，承認行政機關之判斷餘地。法院之審查，則限於法之界限與恣意之控制。允許行政判斷餘地之理由，在於考慮風險決定。對此聯邦憲法法院雖未明示一般適用於在技術環境與產品製造安全上複雜決定之情況，但其出發點在於此種決定係在認知不確定領域，且向前延伸

註一〇三　Vgl. Udo Di Fabio, *Risikoentscheidungen im Rechtsstaat*, 1994, S. 282.

註一〇四　BVerfGE 61, 82 (114 f.).

之行政行為強制，並無正確之決定可獲得。在這些案件上因立法者之所見或客觀之規範不作決定情況，使司法失去審查基準而須減少審查密度，以免篡奪行政之評價標準化與風險標準化之權限（註一〇五）。

　　Sasbach 判決，事實上乃聯結聯邦憲法法院在原子能法領域，有關風險決定之 Kalkar 判決與 Mülheim-Kärlich 判決之見解。在判決中，聯邦憲法法院首先以對風險決定法律規範上之困難為出發點，而基於本質上，人類之安全性及人類許多法益相關聯，因此並不禁止立法者使用不確定法律概念，只由行政具體化與標準形成來實現（註一〇六）。聯邦憲法法院強調從功能之必要性，而移轉對風險標準化之權限予行政。換言之，具體風險之判斷，只有考慮所有風險因素之效果關係，以及採取可能之預防方法。隨技術之發展（例如對安全預防之複數、相關、或獨立之可能性及對不變因素之持續監督）。個別因素之比重，可能一次次地變動，只有依當時最新之知識水準，對風險判斷之標準狀況加以持續調適，才能滿足最佳危險防止與風險預防之原則。此種判斷屬於行政，其對必要之調適，具有比立法者更佳之裝備，且因此有助於動的法益保護（註一〇七）。

註一〇五　Vgl. auch BVerfGE 63, 261 (279). 聯邦憲法法院，原則上在原子能法領域限制地肯定行政之判斷餘地，且視為「適用不確定法概念，須受法院完全審查」原則之例外。學者 Wahl 特別強調，基準之欠缺與授權行政形成基準間之關係。其論點從功能上角度不外，對風險決定之判斷評價與標準形成，行政被賦予隨時間、專門權限、手續之自發、比較之經驗與特有之行為形式等裝備均比法院為佳。Vgl. Brohm, Verwaltung und Verwaltungsgerichtsbarkeit als Streuerungsmechanismen in einem polyzentrischen System der Rechtserzeugung, *DÖV* 1987, 265 ff.; Wahl, *NVwZ* 1991, 411.

註一〇六　BVerfGE 49, 89 (138 f.).

註一〇七　BVerfGE 49, 89 (139 f.). 固然此處並未直接言及行政與司法之關係，而是行政與立法關係。但聯邦憲法法院亦提及執行固有之「判斷領域」，且從權力分立角度，當立法者賦予行政風險標準化之餘地時，則法院欠缺審查基準。此一由立法者所給予行政之判斷自由，法院應加以尊重。

10.在 Mülheim-Kärlich 判決中, 聯邦憲法法院, 雖對行政是否給予判斷自由空間未作決定, 但卻強調在複雜之決定中與基本權利相關之特定手續權利, 對權利保護之有效性。此種強調在於當法院在許可程序中對特定過程與確定事項不再完全審查,且有法律上基準可審查時存在。對行政判斷與標準化權限之給予, 不限於原子能法上風險決定, 聯邦憲法法院亦用之於對限制判斷餘地學說之法院審查密度之考試決定方面。如同在 Sasbach 判決中法院認為, 行政程序之補償效果首先只存於基本權利要求, 而法院之審查無法完全一點一點地達到效果時, 即若評價過程, 係由許多不可衡量因素決定, 而這些不可衡量因素, 於行政訴訟程序中又很難或完全不能掌握時, 則法院之審查, 將逾越其界限(註一〇八)。聯邦憲法法院, 對不確定法概念之具體化之解釋, 對判斷餘地學說有特別之意義。聯邦憲法法院很顯然固持著行政法學理上裁量決定與不確定法概念解釋間, 法院審查之區別存在。但對於經由行政法院對不確定法概念之解釋適用無限制審查之原則亦明瞭, 但允許例外存在。換言之, 「當然不確定法概念, 可能因高複雜或特別動態之規範因素太模糊及其在執行行政決定具體化時很困難, 以致於法院之審查牴觸司法功能上之界限。在此種案件, 允許法適用之行政機關有限制之決定空間, 並不違反法治國原則」(註一〇九)。但判決中對於接受行政決定餘地之詳細要件, 卻未說明。

〔伍〕 預測決定所引起公法上學理之改變與調整

古典之行政法學, 在權力分立原則下, 主要集中於幾個原則, 即行政之法律拘束、法律保留、司法審查原則、法理性化之行為形式學, 而

註一〇八　BVerfGE 84, 34 (46).
註一〇九　BVerfGE 84, 34 (46).

行政法則爲法治國原則之具體化。危險防止與個人自由保障，爲國家兩大任務。但是隨著科學技術之進步，國家之安全任務，由傳統之危險防止，轉變爲風險預防。此給予以法治國爲指向之行政法有了新的發展因素(註一一〇)。學者 Schmidt-Aßmann 認爲，法治國之概念，對自由之保障之釋明，不如對「和平」之保障之解明來得多。故法治國須給予包含和平要求與和平保障之安全性(註一一一)。因此，法治國與國家安全擔保之目的，仍有功能上之關係。行政之法治國的行爲、有效性行爲與可預估之行爲，已是對安全性實質之給予保障。但是，向來國家之提供安全保障，並未擴充其領域，因此可能開啓在實質安全任務與法形式上之範圍委託間之漏洞。國家，日漸增多參與複雜科學技術過程之操控。安全保障之國家目的，今天須以預防角度，從原來消極之危險防止，轉爲積極之風險預防任務。以市民自由法治國之格局，欲承擔國家之預防任務，在構造上爲過份要求。此種過份要求之傾向，在國家之目的爲減輕社會風險、防止風險之發生及對風險效果加以限制時，特別明顯。今後風險預防之政策，影響法律體系之構造傾向。改變之根本上理由在於，預防之國家事務，與向來受抑制之國家行爲相比，較不受法之控制。因此，如何在行政法層面，對此種新的風險決定因素，於學理上加以修正而不放棄法治國安定性之要求，是重要課題。特別在原子能法、污染防治法、化學法、植物法、基因遺傳工程法及藥事法等領域，尤爲明顯(註一一二)。

一、學理之改變狀況

　　安全保障之干涉行政的行爲模式，已從抑制性轉向預防性。複雜性之增加與不可避之決定不確定性，造成相應法律操控能力之減少，爲行

註一一〇　Vgl. U. d. Fabio, *Risikoentscheidungen im Rechtsstaat*, 1994, S. 445 f.
註一一一　Schmidt-Aßmann, Der Rechtsstaat, in: *HStR*, Bd. I, § 24 Rdnr. 11.
註一一二　Vgl. U. d. Fabio, *Risikoentscheidungen im Rechtsstaat*, S. 450 f.

政法之要求學理改變之理由。法律在重大處常以動態指示之方式，給予行政動的委託。有認為，法的發展在許多領域已從古典之警察法轉為風險社會之法，其思考之中心，為危險防止變為風險平衡。立法者之概念拘束，從確定危險不危險及合法不合法之規定，轉變為對行政形成及具體化之委託，而非在概念上充分地操控，亦不一時地強化。總而言之，為法院審查密度，規範制定程序新組織化之必要。法安定性之保障，須進一步從時間上及行政法上之非個人關係改變。

二、行政法學理上之調適

(一)法律拘束之減輕及審查基準之改變

前已述及，如果吾人將國家之目的從危險防止擴充及形成之風險預防，則顯然公法上之干涉模式為重點，國家之干涉無法依以往法律保留要求，由國會在必要範圍，事先加以訂定。行政決定，因此也不能再依合法律性原則，而由判決加以控制。由行政法學上所存在之法律保留、法律優位、比例原則、基本權利保護等，對行政之干涉行為所為合法性之控制體系，亦不知從何處著手。因為，完全不知干涉從何處開始(註一一三)。由風險操控之行政現實角度觀察，以行政處分為定點干涉之作法，已不合時宜，而是規範技術最多樣之行政措施，須對整個領域（即在風險領域行事、企業之自由權利及相關市民之客觀受保護權利等），加以限制或助其實現。此特別在風險調查及資訊交換時，明白顯示出。依以上複雜之行政決定，推導出兩個公法上學理可能之調整方向，一是法律之操控方式之減少與干涉為中心之權利保護，經由判斷餘地之學說加以接受，但並不放棄合法律性之要求。二是程序方面，當行政決定因科學之界限領域，只能依專家之委員會診斷與評價才能確定，而不再能從法理

註一一三　Vgl. U. d. Fabio, *Risikoentscheidungen im Rechtsstaat*, 1994, S. 460 f.

性之觀點充分判斷時，則爲彌補可預見減少之事實審查，須特別要求專
家之選擇、專家之獨立性、決定之程序及所爲決定之理由。

(二)判斷餘地與風險形成

由以上論述，則行政法及判決，關於法律對行政操控之改變，應有
所反應。向來判斷餘地之學說，正好可作爲發展之起點。但在風險決定
領域，判斷餘地不能只視爲行政決定之自由領域，而是另一種類之法院
審查。原則上，當行政之形成開放之風險決定，須委諸科學技術決定時，
須考慮行政之判斷餘地。其特徵爲，相關科學上指示、授權或拒絕之構
成要件及法律上有關專家表決之決定程序、法定規範拘束力，或方法上、
利益上制度化之規定等。其中重要之法律上所欲賦予判斷餘地或不可避
免須給予者爲，行政對風險之標準化，以命令位階之技術規範爲之，例
如行政規則。

在風險決定行政領域肯定判斷餘地，同時須要求行政機關之決定附
理由義務及說明義務。行政依所獲得之法律解釋空間，並非權限，而是
以法律具體化委託之義務行之。法院之任務，並非對風險內含之標準與
風險評價，在個別案件自己加以確定；而是可以且必須要求行政對風險
評價與風險比較，提出可執行之計畫原本。學者認爲，判斷餘地學說，
似爲能適當平衡合法律性要求、權利保護擔保及風險行政之功能上要求。
判斷餘地之特別價值，存在於使個別決定一致，顯示及擔保規範性風險
標準化之一致。尤其規範具體化行政規則，可作爲係行使行政之判斷授
權。因此，如果行政規則係規範產品之控制，詳細確定風險因素或一般
化風險評價，則可能作爲風險概念之一行政行爲形式。

(三)作爲判斷授權之規範具體化行政規則 (註一一四)

註一一四　關於規範具體化行政規則，參考拙著，核能電廠設立程序之司法審查

　　從行政法法源層面觀察，前述問題之法律操控，若不考慮法律執行時之科學之具體化、標準化與評價問題，則無法解決。為減輕立法者在科學領域之負擔，迫使立法者與行政法學對執行問題須重新思考。在特定法領域及行政實務上，長期以來形成規範中間層亦被承認為行政法學上固有之行政行為形式。因此，所謂規範具體化行政規則，並非法源學中之異類，而是學理上以判斷餘地形式出現之自然產物。規範具體化行政規則，係一種內部規範，而向外實現規範之判斷權限。外部效力，即拘束效力，形成判斷餘地學說之原則，法院對此只能審查科學專業知識是否明顯之錯誤決定，或者是否科學之認知過程，忽略規範所作之規定。因此，規範具體化行政規則，乃法律對科學上之指令，事實上所必需之行為方式，它必須是實驗法且仍然能夠修訂。

㈣法律保留問題

　　問題在於，法律保留向來所形成之內涵，是否足以適應此處所涉及複雜之行政決定。一方面，須減輕要求立法者制定具體干涉構成要件之義務，才不會造成法治國之法律保留與單純行政現實化間之不適當，或因風險決定因素，付出違憲之代價。另一方面，國家之立法者，對複雜風險決定之法律保留，須事先訂定法益衡量之基準，精密規定行政決定之活動餘地，規定行政程序中，決定作成之最低要件，以及規定專家委員會，充分地、透明地參與之組織上要件。憲法上所要求之法律保留，如果只是個別干涉授權已不足，而須具有規定衡量指針，以及組織上、程序上規定之一致體系。

㈤行政程序與訴訟程序

　　從法治國角度，須注意專家招聘程序之欠缺透明性，及專家表決法

　　　　　　　　——以德國法為中心，中山學術論叢，第十二期，八十三年六月，第一八六頁以下。

律效果不明確之問題，事後有實效之法控制，須確定誰具有何種權限？根據如何法律基礎？在如何之程序中決定等。專家委員會之權限行使，不能成為祕密領域。基於法治國原則，在風險行政已長期存在之法律領域中，必須盡快形成標準制定程序及相關權利保護哲學與預防哲學之透明性最低要求之規則。

㈥行政行為形式

在預測決定之領域行政之行為形式問題值得特別注意。以在藥事法領域為例，因動的科學開放之構成要件，諸如行政處分等行政行為之方式，須部分改變，其中之一為暫時性行政處分之承認。以暫時性行政處分為例，它亦課予行政對事實發展須注意及隨事實變化為新決定之義務，如此於知識水準改變時可不用廢止行政處分而維持其合法性。其次為關於行政契約方面，許多有書面形式之要求在預測決定判斷改變時，行政契約之可修改性質欠缺明白性，故學理上有主張採用協議（Absprach）（註一一五）之行為形式，使行政契約更具安定性；另外如行政之提供資訊方式亦是於預測領域之一有效之行為形式。例如就某一商品品質對消費者提出警告，其效果決不亞於下一禁止命令（註一一六）。

〔陸〕結論

㈠所謂預測，簡言之乃對可預見將來之短、中、長期可期待之結果或事實狀態之陳述。現代國家之任務，其給付功能重於秩序功能，從此

註一一五　Vgl. J. Burmeister, Verträge und Absprachen zwischen der Verwaltung und Privaten, *VVDStRL* 52, 1993, S.190 ff.; W. Krebs, Verträge und Absprachen Zwischen der Verwaltung und Privaten, *VVDStRL* 52, 1993, S.248 ff.

註一一六　參考本書之非正式行政行為部分。

一角度，行政之預測決定，不只「可以」且為「必須」。因為，基於事實情況，不可能期待立法者作一般之預測，以解決各個具體事件。而現代之給付國家，不談計畫形成，民生照顧等，是不可想像的，而這些活動之前提，常須預測。預測須基於經驗法則、向來累積之知識以及目前之分析。因此，預測只有當其所根據之診斷係適法地行使時，才是合法。預測之困難，來自於人類知識主觀之界限與對未來客觀上未知之間隔。

㈡立法與行政間預測權限之分配可分三種，一是立法者本身於規範上已作終局之預測，此亦適用於各個具體案件，行政因此須受立法者預測之拘束。二是立法者對其與行政之間之預測任務加以分配。三是立法者放棄每一固有之預測，而將其權限完全移轉給行政。

㈢對於行政決定之預測性格本身能否作為行政評價特權之根據，大多數學者均認為單依行政之預測決定性格，不能推出行政有評價特權，而須再尋求其他論據。而此根據為何，由前述分析，並未有定論。因此吾人可回到討論適用不確定法律概念時，由判決、學說所發展形成之行政判斷特權根據之標準。由本文之探討知其基準，與討論審查密度課題所牽涉之領域並無不同。行政之預測決定，並未明示諸如依物之本性之能力，而使行政有判斷之特權。到目前為止，無人如此主張，但一個行政決定之預測因素，對於判斷餘地之承認，具有指示之效果，此指示效果，並非作為推測之嚴格司法意義，而是提供，是否沒有其它正當之線索支持判斷授權。要約言之：

第一、行政決定是否因預測因素而具有評價特權，一般由當時之基準判斷，此基準乃目前為止所討論有關行政判斷授權之承認，此基準之範圍，仍未改變。因此，在預測決定之領域，有關審查密度之討論，仍待持續探討。

第二、在行政之預測決定時，法院審查密度問題並不是有關法律所定之相關預測之概然率程度，而是有關是否接受未來將發生之特定事實之問題，即評價特權。

　　第三、當人們在個別案件承認行政預測之評價特權時，並非意指行政之預測將完全排除法院之審查，而是法院對預測之審查，仍於可能之理性程度內存在。

　　㈣行政上之預測決定，不僅存在於傳統警察法及營業法之領域，更擴及於特別是環境法及經濟行政法藥事法植物法及基因遺傳工程法等諸領域（註一一七）。此種因預測決定不可避免地，使行政法中許多領域，行政機關必須爲風險之決定，以實現國家之任務及人民基本權利保護。但傳統學理上及實務上之見解未必能很快適應此種變動趨勢，尤其有關司法權與行政權間權限之劃分，亦即司法之審查密度、判斷餘地問題，以及與規範具體化行政規則、行政程序、訴訟程序與行政之行爲形式等之相關聯問題，在我國對此領域關心較少，值得吾人進一步探討。

註一一七　Tettinger, a.a.O., S. 422.

行政法學上之非正式行政行為與行政指導

要　　目

行政法學上之非正式行政行爲與行政指導

〔壹〕前言

　　德國學界近些年來，尤其九〇年代開始，有關非正式行政行爲之論文紛紛出現，非正式行政行爲之出現（註一），儘管已日漸被承認爲公法上之現象，且從法的理解角度，亦未完全被排斥，但其法之性質仍未確定。類似性質之行政行爲，在日本最具代表性者即傳統所謂之行政指導，有學者認爲，在日本談行政而不提行政指導，是不可能的（註二）。行政指導雖爲無法律效力之事實行爲，但卻能完成行政現實運作上之重要功能，日本一九九三年之行政手續法中，有關行政指導規定，相當程度反映日本之實務要求防止法治主義空洞化之弊，並且配合日本國際化進展之需要。外國學者越來越多之研究認爲，德國之非正式行政行爲與日本

註一　Vgl. Bauer, Informelles Verwaltungshandeln im öffentlichen Wirtschaft-srecht, *VerwArch*. 1987, S.241 ff.; Schulte, Informelles Verwaltungshandeln als Mittel staatlicher Umwelt-und Gesundheitspflege, *DVBl*. 1988, S. 512 ff.; Kunig/Rublacke, Aushandeln statt Entscheidungen? *Jura* 1990, S. 1 ff.; Bohne, Informales Verwaltungs-und Regierungshandeln als Instrument des Umweltschutzes, *VerwArch*. Bd. 75 (1984), S. 343 ff.; Becker, Informales Verwaltungshandeln zur Steuerung wirtschaftlicher Prozesse im Zeichen der Deregulierung, *DÖV* 1985, S. 1003 ff.; Hoffmann-Riem, Selbstbindungen der Verwaltung, *VVDStRL* 40 (1982), S. 187 ff.

註二　成田賴明, 行政指導の機能と功罪, ジエリスト七四一號, 1981, 第四二頁。

之行政指導，儘管其產生之背景不完全相同，但亦具有共通性（註三），足見此種行政現象，已漸受各國行政法學者之重視。雖然我國目前送交立法院審查的行政程序法草案中已刪除行政指導相關規定，但之前八十三年法務部版之行政程序法草案第六章，則有行政指導之規定，其規定之內容與各國學說、實務相較，得失如何，仍有值得探討之處。本文謹就非正式行政行為與行政指導之存在理由與法之性質及其與依法行政之關係作探討。

〔貳〕 日本之行政指導

一、意義

據學者研究，日本在明治時代已有作為表示行為一種之行政指導，只是當時之行政法學，尚未將此種行政之行為形式，作為學問來研究（註四）。而自昭和三十年代後半，行政指導及其功能，成為媒體及社會注目之焦點。行政指導雖為無法律效力之事實行為，但卻能完成行政現實運作上之重要功能，而關於行政指導之訴訟事件，亦同時登場，行政法學上便亦將此問題作為探討之對象（註五）。因此，行政指導用語本身，原

註三　Michael K. Young, "Judicial Review of Administrative Guidance: Governmentally Encouraged Consensual Dispute Resolution in Japan". *Columbia Law Review*, Vol. 84, No. 4 (1984), p. 925; Brohm, Rechtsstaatliche Vorgaben für informelles Verwaltungshandeln, *DVBl*. 1994, S. 133 ff.; 大橋洋一，行政指導比較法研究，收錄於現代行政行為形式論，一九九三年，第一〇三頁以下；藤田宙靖，行政指導の法的位置付けに關する一試論，收錄於，行政法學の現狀分析，高柳先生古稀紀念論文集，第一六七頁以下。

註四　學者認為，接受行政指導之相對人亦未對其有法律問題之意識。參考塩野宏，行政法 I，第二版，1994 年，第一六五頁。

註五　國內學者有關行政指導之探討，參考劉宗德，試論日本之行政指導，收錄於，政大法學評論，第四十期，七十八年十二月，第七六頁以下；林重魁，從行

非學問上或法令上用語，而是媒體及行政實務之用語。在行政法學上，對此概念之定義，有多種不同，日本之行政手續法（註六），則定義爲：行政機關就其職務或所掌事務範圍內，爲實現一定之行政目的，要求特定人爲一定作爲或不作爲，所爲之指導、勸告、建言或其他行爲。而非處分者（註七）。在日本，行政指導幾乎於所有領域均被廣泛使用，此乃因在日本，行政主體與行政客體間其互動方式，不喜正式方式而喜歡非正式之方式之性格影響產生。但是，另一方面，日本以外其他國家，如美國、德國等，除正式之行爲（如行政處分、行政立法、行政上契約）外，亦存在不少非正式之手段，故從此角度，行政指導亦具有其普遍性格（註八）。

二、行政指導之種類

行政指導可以有不同之分類，依其功能可分爲規制（干預）的行政指導、助成的行政指導與調整的行政指導。分述如下：

㈠規制之行政指導

所謂規制之行政指導，指以規制行政之相對人之私企業等活動爲目的，所行之行政指導。例如，爲維持住居環境而下之行政指導，有關價格上漲之行政指導。規制之行政指導，亦有在無規制之法律情況行之者，通常則在法律正式發動規制權限之前階段行使較多。

政法學觀點論日本行政指導制度，文化碩士論文，七十三年五月；黃銘傑，行政指導與日本獨占禁止法，收錄於，公平交易季刊，八十一年創刊號，第一一九頁以下。
註六　平成五年法律第八八號。
註七　日本行政手續法第二條六號。又依同法定義，所謂處分，指行政機關之處分或其他行使公權力之行爲。
註八　Vgl. W. Brohm, Rechtsstaatliche Vorgaben für informelles Verwaltungshandeln, *DVBl*. 1994, S. 133.

㈡助成之行政指導

所謂助成之行政指導，指對私人提供情報(資訊)，以此助成私人活動之謂。例如，對農家建議農作物由稻米轉換成種植蔬菜之技術的或農業經營的建言。此與單純服務性地提供情報不同，因為助成之行政指導，其提供情報乃是實現政策目的之手段，而後者則直接為方便私人之活動所為之服務。

㈢調整之行政指導

調整之行政指導，指為解決私人間紛爭之手法。例如，調整建築業者與附近居民間之建築紛爭。

以上三種分類，未必互相排斥。例如，建築之行政指導，一般對建設者係規制之行政指導，但從關係者全體之角度，則為調整之行政指導。又助成之行政指導，從行政之立場，具有一定方向之誘導，因此亦具有規制之性質（註九）。

三、在日本行政指導之必要性與發生理由

國內學者如同日本學者，在論及行政指導時不外從其意義、種類、功能、法的拘束、與獨占禁止法之關係及救濟制度等面說明，本文將不重複前人研究之成果，而只據日本學者阿部泰隆最近具有啓發性之論述作介紹。依阿部泰隆教授之分析，行政指導之必要性與發生理由（註一〇）為：

㈠民事的紛爭解決機能不全

解決社會問題之民事法規常常不完備。首先即使能活用民事審判方

註九　參考塩野宏，行政法 I，第一六六頁以下。
註一〇　阿部泰隆，行政の法システム，有斐閣，一九九二年，三七四頁。

法(例如卡拉OK之噪音；因高層建築致日照被侵害)，但審判爲終極之
手段，對被害居民而言並非簡易迅速與低廉之方法，故居民只有依賴行
政以斡旋解決紛爭，以其實效性作爲擔保手段。例如，活用建築確認保
留之制度，如此才能使被害居民與加害者處於對等地位。又如色情賓館、
柏青哥電玩、單人套房公寓、不宜青少年之卡拉OK包廂等營業，通常
於民事上並未構成違法，但從開發健全街道之角度則成爲問題，而民事
法規一點也使不上力。

(二)對應於行政法規不完備之必要性

當民事法規未能發揮功能時，必須以行政法規加以補全。但行政法
規常是全國畫一的，不能反映地方之實情，與社會之發展不切合。因其
不備，故相對應之法益無法適切地保護，對於利害無法適當地調整，產
生紛爭時不得不以指導來對應。例如當地方公共團體對於街道開發權限
不足時，實務上很強烈地依存行政指導。又如在過去並無明文規定對具
副作用醫藥品可撤銷其製造之承認時，以行政指導辭退對其之承認或使
其自主地收回製品爲其適例。且關於柏青哥電玩及色情賓館，由於法律
上未明示授予地方公共團體街道開發權限，因此地方公共團體多以要綱
來對應處理。其他如：

1.停車場問題

對於路邊停車之對策，以行政指導要求住宅區有設置停車場之義務，
此乃因依停車場法，設置停車場之義務係針對外來車之停車場問題，至
於當地居民之車庫，則依車庫法處理，而以地方自治規章（條例）課予
地方居民設置停車場之義務則並無法律根據。

2.淨水槽之設置

有關淨水槽設置之行政指導，須得放流地居民同意之行政指導，乃
全國性地行之，此乃因淨水槽法並未制定，其淨水槽性能不佳，抽檢體
制不完備，放流水質無法適當地維持，故與放流地附近居民紛爭不斷所

致。

3.高爾夫球場問題

由於高爾夫球場之濫行開發、森林崩壞、農藥肥料可能造成飲用水污染之不安，對此許多地方公共團體便下達諸如「無農藥高爾夫球場」、「一市町村一高爾夫球場」之行政指導，或限定占市町村一定比例之總量規制之行政指導等,此因究竟能否以條例對此加以規制感到不安所致。

㈢行政指導具有遮護之效果

行政指導特別在命令強制之前階段具有此種效果。亦即對於所有違反者一律依法律規定下行政處分或刑事處罰爲不適當或不可能時，行政指導有一定程度之必要性。行政指導此時具有遮護之積極功能，故未必違反法治國原則。例如，違反水質污濁防止法所定之排水基準而故意排放有害物質時，但因整備設施需要資金與技術，故於當事人改善前持續以行政指導處理；又如關於學位論文，若爲拒絕決定，則須作成正式之審查報告書，由研究科委員會爲之，而若爲考量本人名譽，可下一要本人撤回之行政指導。

㈣日本國民有依賴與接受行政指導之性格傾向

在日本行政指導被廣泛使用原因之一爲即使法令不備，日本國民一般具有不以制定法律或民事方式解決，而是要求行政採取對策之意識，例如淨水槽不按基準而受理建築確認之申請；公寓建設廢棄物處理場亦同。若其結果不合理，則批評此爲行政之責任或行政怠慢，而行政若以此非自己責任而不處理，則又會受不負責任之批判，或者受規制之業界亦不會對主管機關主張權利而仰賴其指導以不與主管機關起衝突。並且日本社會有接受行政指導之基盤與意識，個人間往往折衝很難一致，只要行政介入則易達成合意。又如果制定成法律，權利義務明確則國民易感受到強制意識而反彈，行政指導具彈性，行政機關亦意識到其較不招

致反彈。

(五)行政指導對行政言為方便與無責任

行政機關往往為迴避紛爭牽涉到自己，而事前取得關係人之同意，如果獲得同意，即使發生紛爭，行政機關亦可以非自己責任而抗辯，或稱此為民事糾紛與行政無關。民事問題與行政問題應加以區分，如果行政預防民事糾紛可能反而介入民事，且行政指導原則上視相對人之任意性為之，原則上無救濟方法，行政儘可安心為之。例如淨水槽之設置者，若使其提出放流地之同意書，則可事先防止來自放流地居民之反對與紛爭。對於農地轉用許可，要求抵押權人之同意書者亦同。又對超級市場與地方小賣店之紛爭，行政亦無判定基準，故聲稱須得地方同意而放任當事者間力的關係平衡而不負責任。在所謂迴避命令型之行政指導對行政言，若發動正規權限，則手續上煩雜，若採行政指導方式，則可輕易迴避法定手續，何樂不為？例如若發布違法建築物之修正命令，則其權限屬於特定行政機關，若以行政指導為之，則只要在現場之承辦人口頭為之即可，在組織上若以書面為之情況，亦只須下位管理層級之職員為之即可。

(六)行政指導具實效

行政指導之前提為求得相對人之任意協助，但行政指導表面上及實質上往往以具有實效性為必要，例如地方公共團體往往活用其所持有之手段，以達行政指導之實效，如建築確認保留或開發許可保留，公共設施管理者之同意供給用水、垃圾收集等，對行政機關言，雖稱之為行政指導，但通常具實際效果，故仰賴之。對相對人言，因其具實效性，故不與之爭，即使認為該指導不當也將其列入各種事業之必要經費而配合行政指導。以武藏野公寓事件為例：

武藏野公寓事件

對於武藏野市之宅地開發等指導要綱（此時近鄰住民同意教育設施整備負擔金）只有一家公司反對。市明言拒絕對該公寓供水及不得使用公共下水道，法院認爲關於拒絕供水因要綱本身不具強制力，不依從該指導不相當於水道法第十五條之拒絕供水之正當事由，故爲違法。但對於禁止使用下水道之假處分由於限制使用下水道行爲爲公權力之行使，故禁止爲假處分之理由是錯誤的（以不遵從要綱爲理由限制使用下水道並非基於法律，故非公權力行使。）而獲勝訴，使業者不得不屈服，亦即具實效性。

四、行政指導之問題點

㈠行政指導爲缺乏救濟管道之強制手段

行政指導表面上以任意遵循爲前提，但實際上常具強制性，且因其爲事實上之強制，事前預防之救濟（如訴願、行政訴訟等）幾乎不可能，而實際上承認者乃事後之國家賠償，故違反法治國之原則。在日本對行政指導一般之救濟手段爲以下兩類：

1. 撤銷訴訟

因行政指導爲事實行爲之表示行爲，故與行政指導關連之私人與行政間之紛爭，其解決制度與行政處分不同。行政指導即使違法，原則上不承認私人提起撤銷訴訟。行政指導與行政處分相異，無直接之法效果，故非日本行政事件訴訟法之「行政機關之處分」（註一一）。

2. 損害賠償

關於行政指導之紛爭解決方式，通常並不直接針對行政指導爭執，而是對採用行政指導之行爲形式，在行政過程中，要求填補私人損害或排除不利益之方法。例如，依行政指導而停止販賣物品，而其係基於錯

註一一　處分性之意涵，參考最判昭和三十九年十月二十九日，民集，一八卷八號第一八〇九頁。

誤之法解釋時，則對以行政指導爲原因之不法行爲請求賠償(註一二)。另外，亦有從關於行政指導之信賴保護之角度，請求救濟（註一三）。

(二)行政指導爲具廣泛之裁量權與不透明之手段

行政機關爲行政指導時有廣泛之裁量權，且不同場合所爲之指導其基準不透明，在以強制爲背景之行政指導中，在如何情況下仍僅止於指導之基準仍不明確。本來有些法律中授權行政機關爲行政指導之同時亦規定其範圍（如日本之中小企業事業機會確保法第七條第二項；小賣商業調整特別措置法十六條之三等。）但與行政處分不同，即使違反各該法律所爲之行政指導並非無效。

(三)權限發動之消極性

日本之行政機關有只爲行政指導而對正規權限之發動有消極性之傾向。特別是本應發布命令之情況卻持續爲行政指導，結果只流於對違反者作寬大處理，怠忽應爲之事，所謂「逃向行政指導」，有使法治主義空洞化之虞。

又行政常以行政指導之名，可能招致行政對法令規定獨自爲公權解釋或擴大或緩和或強制國民爲法所未要求之作爲、不作爲或放置相對人之地位，使其處於不明確情況等脫離法之恣意的活動之危險，此將使法治主義實質上空洞化。對於行政指導與依法行政之關係，可分三點探討。

1.組織規範與行政指導

一般行政機關之行爲，須於該當行政機關所掌事務範圍內。因此，若行政指導超越機關所掌事務範圍，則不能視爲行政指導。

2.根據規範與行政指導

註一二　參考東京地判昭和五十一年八月二十三日，判例時報，八二六號，第二〇頁。

註一三　最判昭和五十六年一月二十七日，民集，三五卷一號，第三五頁。

　　因行政指導為事實行為，對相對人並無直接強制力，因此無論從侵害保留或權力保留之角度，均不必有法律之根據。日本最高法院亦認為，在為建築確認時所為之行政指導，不要求具體之法律根據(註一四)。日本學者有認為，如果普徧地主張不必有法律根據，並不妥當。例如，在建築確認時所為之行政指導,因行政機關持有確認保留之事實上擔保手段，而具有事實上規制之作用，如果客觀上無法期待相對人之任意性時，則須有法律之根據(註一五)。日本學界對此見解不一，有如判例同樣主張不必有法律根據，亦有認為原則上須有法律根據，以及認為例外時須有法律根據（註一六）。

3. 規制規範（干預規範）與行政指導

　　如果實定法中對行政指導有一定之實體及形式規定（註一七）時，是否只能為該規定之行政指導？在解釋上，除實定法所定之正式行政指導外，亦可能為其他之行政指導。當然，若與實定法之目的旨趣相牴觸之行政指導，則不被允許。但具體情況下，實體法與行政指導之關係，尚須探討。例如，獨占禁止法與價格形成行政指導間之關係，最高法院認為，關於價格之行政指導，即使在石油業法上未有直接根據，但其若依社會通念上認為相當之方法行之，而與獨占禁止法之「確保一般消費者利益以及促進國民經濟，民主健全地發達」之終極目的，實質並不牴觸時，則不構成違法(註一八)。除實定法外法之一般原則，如平等原則、比例原則、信賴保護（註一九）之法理，實務上在行政指導均可能觸及。故

註一四　最判昭和六十年七月十六日，民集，三九卷五號，第九八九頁。

註一五　塩野宏，行政法Ⅰ，第一七〇頁。

註一六　參考千葉勇夫，行政指導の研究，法律文化社，一九八七年，第三九頁。

註一七　日本之國土利用計畫法二四條，關於土地權利移轉時，規定有關於勸告該契約中止之制度。而為勸告之際，同條定有一定之要件。

註一八　最判昭和五十九年二月二十四日，刑集，三八卷四號，第一二八七頁。

註一九　最判昭和五十六年一月二十七日，民集，三五卷一號，第三五頁。

逾越程度之指導、獎勵等，有構成違法行為者(註二〇)。另外，行政指導係非權力之手段，如果當事人之任意性受到威脅時，則不允許。

(四)以行政指導監督之體系之機能不全

行政指導畢竟只是指導，故實際上常會有有始無終現象產生。例如大藏省對證券業者所為禁止事後損失填補之通達，由於非基於法律，故對於違反者無法發動諸如撤銷或停止許可之制裁。又於須得周邊住民同意之行政指導情況，因同意權者之範圍不明確，故行政常常亦無法把握。以水淨化槽為例，乃須以水權者之同意為必要，故水淨化槽設置者常隨意成立水利團體而提出同意書，而行政機關卻無法察覺。

(五)行政指導往往只對同意權者單方有利

在水淨化槽同意放流之場合，同意者握有生殺予奪之大權，由於可獲得同意金，故自稱為同意權者亦增多，即使不受影響之遠方居住者亦會要求同意金。如此之行政指導為解決紛爭，輕視受行政規制者（例如水淨化槽設置者、房屋建設者、超市建設者等）之利益，不少只是具單方壓力之功能。

(六)行政指導常具不合理之劃一基準

行政指導原先亦具有修正法劃一性之不合理處為目的，但很多時候，仍成為機械之基準而難逃劃一性之宿命。例如水淨化槽放流同意之情況，只有在放流地水質會受壞影響者才要求其同意，但須得同意與不須同意之情況很難區分，故實際上變成所有情況均要求同意。又在高層建築指導中，例如二十戶以上則收取每戶一百萬元以作為學校建設等費用，結果產生無小孩之老人世代亦被徵收，業者則削減一戶成為建設十九戶之

註二〇　最判昭和五十五年七月十日，勞動判例，三四五號，第二〇頁。

房屋情形。

(七)行政指導造成指導行政之恆常化

　　無法律根據之行政指導，本來在緊急情況才承認，應及早整備法制才是正途，但實務上，總依賴行政指導，而不加以改善(註二一)。例如有些地方公共團體對於某些事項苦無對策而以行政指導行之。但中央總是遲遲不制定法律給予地方公共團體法的根據，且常因方便而持續為違反法律目的之行政指導。

五、判決

　　以下四個判決，是有關行政指導之代表判決，其見解相當程度反應於日本現行行政手續法中。

(一)最高法院昭和六十年七月十六日之建築確認保留判決(註二二)

1.事實

　　原告 X 公司，於昭和四十七年十月二十八日，為建設房屋向東京都之建築主管機關提出建築確認之申請。但附近居民一百多人，以造成日照阻害之虞等理由，提出反對之陳情。東京都則依同年七月所定之建築紛爭調整制度，下一希望兩者間以協商方式圓滿解決之行政指導。建築主管機關亦以隔年一月五日若能達成協議，則將遵守該協議之結果，而將確認暫時保留。這期間，東京都於昭和四十八年二月二十五日，發表預定於同年四月十九日實施之新高度地區案，而對 X 下行政指導，希望 X 亦能與此相配合。X 以與附近居民十多次之協商，但未能獲得合意，於同年三月一日，向建築審查會請求審查，並要求確認建築主管機關不

註二一　阿部泰隆，行政の法システム（上），有斐閣，一九九二年，第三八三頁。
註二二　民集，三九卷五號，第九八九頁。

作爲之違法。但其後三月三十日，X 與附近住民達成協議，X 四月二日撤回審查請求，建築主管機關亦於同日給予確認處分。而 X 以建築確認遲延，蒙受損害，對東京都提起損害賠償訴訟。第一審東京地方法院判原告敗訴，第二審東京高等法院認爲，X 對東京都之行政指導不服之意思很清楚，於爲審查請求之昭和四十八年三月一日以降，主管機關之保留確認爲違法，承認遲延期間中，利息負擔部分原告之請求，至於承攬金額增加部分，因無因果關係，故請求駁回。東京都上訴，X 亦附帶上訴，最高法院則駁回東京都之上訴。

2.理由

前述確認處分之保留，只是基於建設者任意之協力服從下所爲行政指導之事實上措置，因此若建設者已明確表達，不服從對自己申請所爲確認保留之行政指導之意時，違反建設者此種明示之意思而強制其忍受，乃不被允許。建設者已對前述行政指導表明不協力、不服從之場合，該建設者所受之不利益與公益上之必要性比較衡量，若建設者對該行政指導之不協力，在社會通念上顯然違反正義觀念之特別情事不存在，則只以曾下行政指導爲理由而保留確認處分，係違法的，此種見解應屬妥當。因此，一旦建設者與附近住民依行政指導而協議解決紛爭時，即使協議開始之場合，依前述協議進行狀況及周圍客觀情況，若建設者對建築主管機關，明確表達對保留確認處分之行政指導不再協力之意思，並要求對該確認申請立即回答時，若前述特別情事不存在，以該行政指導爲理由，要求建設者忍受保留確認處分之措置，乃不被允許。亦即以前述行政指導爲理由而保留確認處分爲違法。

此判決說明行政指導須基於相對人自由（任意）之協力意思而爲之，此種見解反應於日本行政手續法第三十三條。

(二)石油卡特爾審決取銷請求事件 (註二三)

1.事實

石油聯盟(原告，上訴人)，係以石油精製業者、石油販賣業者為會員，以求石油業之健全發達為目的所設立。依其章程，係以會長為代表者之無權利能力社團，獨占禁止法上之事業者團體。昭和四十六年二月二十二日原油價格上漲(換算成製品每千公升一千一百十三日圓)，石油聯盟協議，隨著原油上漲，石油製品隨油種別而上漲，例如揮發油、燈油以兩千日圓為目標，決定同年三月一日以後，販賣價格上漲。各石油公司均遵從此一決定。公平交易委員會(被告，被上訴人)，以此種行為違反獨占禁止法第八條第一項一號之「實質上限制競爭」為由，而為廢棄之審決。其後昭和四十六年三月下旬左右，由通產省向原告等為伴隨石油上漲將所增加負擔「全額」轉嫁給消費者負擔為不適當，而應每桶一角美金由石油業者負擔，其餘的換算製品，每一千公升平均八百六十日圓，轉嫁給消費者負擔之行政指導。原告等依從此行政指導，主張前述之價格決定效力已消滅，要求取銷前述審決。東京高等法院以審決具實質之證據，將請求駁回，最高法院亦將上訴駁回。

2.理由

法院認為，獨占禁止法八條第一項一號之「實質上限制競爭」，成立之要件為透過事業者團體之行動，帶來事業者間競爭之實質的限制之謂。就本件而言，上訴人所屬事業者等，依其機關 (即石油聯盟) 之決定，而帶來價格行動一致，其要件便已滿足。因此，事業者團體基於其構成員之發議，協議各事業者應遵循之基準價格，為團體之意思而作成決定之場合，即使後來有與此相關之行政指導，若無足以認定該當事業者團體有明白廢棄其所為之基準價格決定之特別情事，則並不能因該行政指

註二三　最判昭和五十七年三月九日，民集，三六卷三號，第二六五頁。

導，而當然將前述獨占禁止法第八條第一項一號所謂之競爭實質之限制消滅（註二四）。

㈢拒絕供水之事件（註二五）

1.事實

爲解決隨房屋建設引起之住民與建設業者間之紛爭，以及整治居住環境之目的，武藏野市於昭和四十六年九月三十日，獲得市議會全員協議會之承認，而於同年十月一日施行「宅地開發等指導要綱」（以下簡稱指導要綱）。其內容爲：⑴因建築物而影響日照，須得附近住民之同意。⑵建設計畫若爲十五戶以上情況，在一定要件下，須捐贈教育設施負擔金。⑶對不遵行以上指導之事業者，則不給予上下水道必要之協助等。房屋業者 Y，對此行政指導不從，而逕行房屋之建設。武藏野市長 K，對 Y 所提出供水契約之申請，拒絕承諾（K 主張只是保留承諾）。Y 主張，此與水道法第十五條第一項之「正當理由」不相當，而構成違反水道法之罪向法院起訴。

2.理由

法院判決罰金十萬日圓。法院認爲，指導要綱爲武藏野市對日照權保護及所伴隨之紛爭防止等而制定。雖經市議會全員協議會之承認，但並非條例，亦非基於法律或條例而來。指導要綱不過是表示爲行政指導之方針而已，不具有法之拘束力與強制力，只是勸告的、任意的，而要求相對人任意協力之基準而已。被告拒絕爲水道法上供水契約之締結，作爲該市水道事業管理者之市長，對 Y 等人指導其捐助住民同意及教育

註二四　但是就刑事方面，最高法院認爲，關於價格之事業者間之合意，如爲遵循
　　　　適法之行政指導，而協力爲之時，則阻卻其違法性。見最判昭和五十九年
　　　　二月二十四日，刑集，三八卷四號，第一二八七頁。
註二五　東京地八王子支判昭和五十九年二月二十四日，判例時報，一一一四號，
　　　　第一〇頁。

設施負擔金之履行，由於 Y 等不履行，而爲基於「可不爲對上下水道等必要設施及其他必要之協助」規定，拒絕供水。前述行爲，不得不認爲係作爲地方公共團體之首長，利用該市水道事業管理者之地位，而行使與其本來旨趣相反之行爲。作爲不配合前述行政指導時之對應手段，而採取拒絕水道法上締結供水契約之行爲，顯然地，事實上具有極強之強制效果，因此被告人前述所爲，已超出行政指導所允許範圍而違法。因此，被告有締結供水契約法律上義務，但採取如同拒絕之措置，應認爲違法。被告作爲地方公共團體之首長，爲與其他行政目的之調合之必要，認識前述狀況，在業者爲房屋建設之際，Y 等於水道法建築基準等法規均無違反，亦努力於變更設計，有一定之成果，亦知 Y 與反對住民間最早時協議決裂，並無相互讓步之餘地，但仍強制其遵守指導要綱，對市公所之職員，指示不受理供水契約之申請書，終至成爲本件拒絕供水契約之締結。此或視爲行政指導，但已超過被允許之範圍，不能正當化拒絕供水之行爲。因此，被告本件所爲，即使依法令之所爲，但非正當之行爲，且顯然不具有社會之相當性，不能阻卻違法性，而具有可罰之違法性。本件訴訟，在高等法院亦維持原判 (註二六)。又建設業者 Y 請求供水之民事假處分，亦獲得容認 (註二七)。

㈣確認教示（請求撤銷行政處分、請求損害賠償事件）(註二八)

1.事實

　　X 公司計畫建設旅館，於昭和四十七年九月二十日，向鳥取縣縣長 Y₁依自然公園法，申請工作物新建之許可。Y₁在昭和四十九年一月二十九日，以本件土地在山陰海岸國立公園之特別地域內，以「給予風致景

註二六　東京高判昭和六十年八月三十日，高裁行集，三八卷二號，第一三六頁。

註二七　參考東京地裁八王子支部昭和五十年十二月八日，判例時報，八〇三號，第一八頁。

註二八　鳥取地判昭和五十五年一月三十一日，行裁例集，三一卷一號，第八三頁。

觀很大支障」爲由，爲不許可之處分。且命令須撤除之前無許可之旣存
工作物，並回復原狀。

　　X公司並未基於自然公園法取得許可，而是昭和四十六年十二月
初，從鳥取縣（Y₂）自然保護課主事N，得到本件土地在國立公園區域
外意旨之確認敎示，而於昭和四十七年一月十一日，只得到建築確認，
而開始興建旅館。X對Y₁訴請撤銷前述不許可之處分、撤去工作物及回
復原狀之命令。對Y₂，則訴請賠償因信賴前述確認敎示而支出之建築費
用。法院駁回對Y₁之請求，而承認Y₂之請求。

2.理由

　　N乃被告縣之自然保護課主事，屬於被告縣長權限範圍內國立公園
擔任工作物設置等許認可之事務。具有如此職務者，對於來自私人有關
建築預定地獲得許可必要之「是否包含於國立公園特別地域內」之詢問
時，當然須愼重地調查，無誤地回答。而且包含本件土地「福部村大字
湯山字鳥越」之全域，被指定在特別地域內，N應亦熟知此事實，對X
有關地目番號等，應認爲很容易正確地回答，不論根據何種圖面，N輕
忽地爲錯誤之敎示，應推定爲有過失。X本件建物之建築施工，乃信賴
N之前述確認敎示，如果本件土地證實在國立公園之特別地域內，則推
定X對是否能從縣長獲得許可之機會將愼重調查，在許可獲得前或至少
在有獲得許可希望前，應不會施工。因此原告建築之支出，結果因不許
可處分而不能達支出目的之費用，在基於信賴該確認敎示之限度內，因
N之過失之違法職務行爲所受之損害，被告之縣應負賠償之責。

六、日本行政手續法有關行政指導之規定

　　戰後經過長期之研議，日本於一九九三年十一月十二日公布行政手
續法(註二九)，而在公布日起算不超過一年範圍內，由政令所定日開始施

註二九　平成五年法律第八八號。與行政手續法同時制定者，尚有平成五年法律第
　　　　八九號之整備法，亦即隨行政手續法施行，有必要整備之三百六十件法律

行(註三〇)。其中行政指導於第二條六號有定義外，規定於第四章，從第三十二至三十六條。簡單說明如下：

1.日本行政手續法中之行政指導規定，乃是世界上第一個在行政手續法內對行政指導同時爲實體的及手續的規範(註三一)。其中第三十二至三十四條，爲實體之規範，第三十五、三十六條爲手續規範。在行政手續法制定前，部分日本學者主張，行政指導在行政手續法內，只作手續規範(註三二)，亦即將行政指導之一般原則，有關申請之行政指導之一般原則及關於許認可權限之行政指導等，而所有關於實體法之原則，均無規定之必要，只規定爲行政指導之手續明確化，如有關行政指導之指針設定、公告、行政指導之方式及意見之提出、請求更正行政指導之措置等 (註三三)。但結果仍兼爲實體及手續規定。

2.關於行政指導之定義：在歷次之草案中有關行政指導之定義不太一樣，以八九年之要綱案第一百零二條第三項，定義行政指導爲，「所謂行政指導手續，指行政機關就其主管事務，要求特定相對人爲一定作爲或不作爲之手續。」依此定義，則助言、教示不包括在內，因爲此兩者，一般並非對相對人要求一定作爲或不作爲(註三四)。九一年之要綱案，則在第二條4規定，「本法所謂行政指導，指行政機關就其任務或所掌事務範圍內，爲實現一定之行政目的，以指導、勸告、助言或其他不具法律上強制力之手段，而要求特定人爲一定作爲或不作爲之行爲。」

在九一年向臨時行政改革推進審議會所提出之「關於公正透明之行

跟著修改。又整備法與行政手續法同時施行。

註三〇　行政手續法附則第一項。

註三一　宇賀克也，行政手續法の成立，法學教室，一九九四年一月 (一六〇號)，第五八頁。

註三二　參考行政手續法の立法課題，行政手續法の要綱案檢討，法律時報，六五卷六號，第一〇六頁，芝池發言。

註三三　同前註，第一〇六、一〇七頁，紙野發言。

註三四　塩野宏，行政手續法研究會 (第二次) 中間報告公表，一九九〇年二月一日 (九四九號)，第一一一頁。

政手續法制之整備報告」中，鹽野教授指出：「行政指導對於行政需要之機敏對應，行政彈力性之確保及圓滑達成行政目的等點上，無法否定其意義。但是他方面，亦存在其濫用，使法治主義有空洞化之虞與阻害行政之透明性之批判。特別是在急速國際化之進展中，對我國行政手續之批判，亦有集中於此點者。爲回應此種批評及鑑於行政指導在我國行政中占有很大比重，故訂定行政機關在爲行政指導時所應遵守之規定。在要綱案中，首先行政指導爲不具有法律上強制力之手段，行政指導之一般原理、原則，設確認規定，以明示行政指導之外形，其次爲行政指導時，須明確表示其目的、內容、爲行政指導之場合，如相對人要求，原則上須交付書面及依事件而必須公告關於行政指導之指針。經由以上規定，以確保行政指導之透明性與明確性。」(註三五) 此一見解，可說是日本行政手續法中規定行政指導之基本思考方向，亦是針對前述學界批判之反應。至於九三年之行政手續法第二條七號與行政手續法第二條六號規定相同，亦即定義行政指導爲，「所謂行政指導，指行政機關在其任務或主管事務範圍內，爲實現一定之行政目的，要求特定人爲一定作爲或不作爲之指導、勸告、助言或其他非處分之行爲。」如此之定義，比八九年要綱之範圍廣。

　　3.行政手續法第三十三條規定，「爲行政指導者，關於要求撤回申請或變更申請內容之行政指導，不可申請者表明不遵從之意思，而仍繼續爲該行政指導等妨害該申請者行使權利之行爲。」此規定，很顯然係採納前述最高法院一九八五年七月十六日有關建築確認遲延損害賠償請求事件之判決，雖然有認爲，該判決乃針對建築基準法，關於附應爲期限之建築確認案件，將此判決一般化地適用於行政指導是否妥當，提出質疑 (註三六)。但無論如何，本判決應有使其一般化之意義，因爲此在實務上

註三五　一九九二年 (九九四號)，第六二、六三頁。

註三六　行政手續法の立法課題，行政手續法の要綱案檢討，法律時報，六五卷六號，第一〇六頁，芝池發言。

發生機會非常多，而不只限於建築確認事件。

　　4.日本行政手續法第三十二至三十四條爲實體規範，從依法行政原理角度，明記行政指導之界限。至於第三十五、三十六條則爲手續規範，其中第三十五條尤其值得注意，同條第一項規定，課予爲行政指導者，對其相對人有對該行政指導之旨趣、內容及責任者明確表示之義務。同條第二項規定，以口頭爲行政指導時，其相對人要求交付記載規定前項事項之書面時，爲行政指導者，除有特別困難外，必須交付。此乃日本基於「日美構造協議」，日本政府對美國政府承諾，盡可能使行政指導以文書爲之。此爲國際化進展要求之社會背景下結果。因爲在平成二年(一九九〇年) 六月二十八日之「日美構造協議最終報告」中，日本對美國政府承諾行政指導盡可能以書面爲之，若無特別情事，行政指導應公告 (註三七)。又第三十五條第一項與第二項相比，並不要求行政指導以書面爲之，但在以口頭爲行政指導之情況，有義務須回應交付書面之請求，此當可發揮抑制不當行政指導之效果。

　　5.由前述幾個日本法院之判決例與日本之行政手續法相對照可發現，並非所有現行日本行政實務均反映於行政手續法上，例如錯誤之行政指導，則最後仍將依國賠或信賴保護等一般法原則解決，在手續法並未作實體規定。

　　以上爲日本行政指導規定之大要，相當程度上反映日本之實務，防止帶來法治主義空洞化之弊，並且配合日本國際化進展之要求。

七、日本行政法學上幾個其他非正式行政行爲

㈠要綱行政

1.要綱行政之概念

註三七　宇賀克也，法學教室，第五九頁。

　　所謂要綱行政，如同字義，指基於要綱所為之行政活動。要綱則係國家或地方自治團體內部所定之規範。要綱就其係由行政機關所制定之點與政、省令、規則並無不同，但要綱並不像這些規範般依正式之方式定之，且不具法的拘束力。

2.指導要綱之目的

　　指導要綱，係針對因住宅區開發、公寓開發建設、中高層住宅建設帶來之人口增加所伴隨地方自治團體財政負擔之增大，及事業者與住民間發生紛爭之對策而制定。其後則以維持與形成良好之住居環境為目的，其內容大別之有三類：(1)行政指導條項。例如中高層住宅於建築之際對周圍之考慮、最低基地面積、停車場之設置等規定。(2)制裁條款。規定不遵從要綱或基於要綱所為之行政指導者，對其保留提供行政服務、公告姓名等。(3)負擔條款。對為住宅區等開發之事業者，無償提供公共設施（道路、公園、學校）之用地、繳納負擔金等之規定。

3.要綱行政之適法性

(1)行政指導

　　要綱行政中，行政指導為確保其時效性，而保留建築確認等。在有關房屋建設之行政指導保留建築確認之相關事件，最高法院認為，依地方自治法及建築基準法之旨趣目的，社會通念上認為合理之期間，若建設者任意地配合行政指導之場合，則不能視為違法。又保留建築確認，在建築者真摯且明確表明已無法再協力前，尚不構成違法。

(2)制裁

　　對不服從要綱或基於要綱之行政指導者之制裁，有公告、保留提供行政服務等。

(3)負擔

　　關於開發負擔金（開發協力金）之徵收，有幾個判決。這些判決中，有例外、承認開發負擔金之徵收或為此所下之行政指導為適法。但如行政指導或開發負擔金制度之運用太過，而有不適切之點時，則認其違法。

判決對於徵收開發負擔金爲適法之理由並不清楚，有學者認爲，可能基於政府一方面大幅度承認住宅區等開發之自由，但另一方面整備公共設施之財源又不足之現行法制下之產物。另一原因，亦可能是反映街道之規畫開設，乃須由行政與事業者共同協力合作實現之課題(註三八)。但如果基於要綱所爲之行政指導，對開發負擔金（開發協力金）強要業者捐獻時，則可能構成違法(註三九)。同樣情況，對於教育設施負擔金之繳納（註四○）亦同。此兩者之情況，各該行政指導可能構成不法行爲（國家賠償）之原因。

(二)教示

1.所謂教示，乃行政主體爲私人提供情報之謂。此與助成之行政指導類似，但助成之行政指導，乃爲特定行政目的誘導行政客體之行爲，而教示則專以爲行政客體提供情報爲目的（註四一）。在日本教示之制度化，例如氣象局基於氣象業務法所爲之氣象預報，基於國民中心法，中心（特殊法人）所提供之情報。另外，於行政不服審查法第五十七條，亦定有教示制度，亦即關於該處分，讓當事人知曉可以提出異議之旨以及對何機關提出異議及其期間。

2.關於教示，應限於機關所掌事務範圍內。但在現行社會，行政具服務之功能，當其行使此種功能時，即使未有根據規範，亦應承認。關於教示之具體法律問題，例如對於人民之要求教示，但回答錯誤所產生之損害，亦可能成立賠償（註四二）。

註三八　芝池義一，行政法總論講義，有斐閣，一九九二年，第二四九頁。

註三九　參考大阪地界支判昭和六十二年二月二十五日，判例時報，一二三九號，第七七頁。

註四○　參考最判平成五年二月十八日，民集，四七卷二號，第五七四頁。

註四一　參考塩野宏，行政法 I，一九九四年，第一七四頁。

註四二　見前述鳥取地判昭和五十五年一月三十一日，行裁例集，三一卷一號，第八三頁。

(三)確約

1.所謂確約，指行政機關對將來欲爲之公法行爲，以自己拘束之意圖，向相對人爲意思表示之謂(註四三)。或謂行政對將來自己之行爲或不行爲，單方約束自己之有義務之言行(註四四)。換言之，在爲正式決定(此須遵行一定手續、形式等，且須一定時間) 前，對相對人使其知悉將爲之處分，以有助於相對人之利益。在日本行政實務上，此種確約，有內許可、內認可、採用內定等。

2.確約之觀念，在德國規定於行政手續法第三十八條，在日本學者亦有主張應積極導入者。在實務上，日本最高法院之判決，針對地方公務員之採用內定通知，只是爲採用發令手續之無障礙之準備手續，不過爲事實上之行爲，不認有獨立之法效果(註四五)。又與確約類似而有對於紛爭處理相關之前提行爲，判例並不用確約之概念而適用信賴保護原則，加以處理(註四六)。學者認爲，確約之概念，未在日本之學說及判例被採用，可能與實務上，行政機關與相對人交涉之結果並不明確地以文書方式具拘束力地爲之，且雙方之意識未必明確有關 (註四七)。

註四三　參考菊井康郎，行政行爲の存在法，有斐閣，一九八二年，第一三二頁。

註四四　乙部哲郎，行政上の確約の法理，日本評論社，一九八八年，第二五八頁。

註四五　最判昭和五十七年五月二十七日，民集，三六卷五號，第七七七頁。

註四六　參考最判昭和五十六年一月二十七日，民集，三五卷一號，第三五頁；東京高判昭和五十八年十月二十日，行裁例集，三四卷十號，第一七七七頁。後者乃行政機關對不具日本國籍者，長期以來將其視爲國民年金之被保險者處理，而產生信賴關係之判斷。

註四七　塩野宏，前揭書，第一七五頁。

〔叁〕德國之非正式行政行爲

一、意義

德國行政法學界這些年來，日漸增加有關非正式行政行爲（infor-melles Verwaltungshandeln）之討論（亦稱 Informal，oder Infor-melles Hoheitshandeln），主要有協商（Absprachen）或其他行政與市民間在行政決定前，所簽訂或代替行政決定之接觸（Kontakt）。稱「非正式」乃因其非傳統行政行爲之法方式，而相反地，係以協調（Verstän-digung）來準備或代替行政行爲。因其爲非正式之行爲儘管相當廣泛與普遍，但仍無法的拘束力，一般將其編入事實行爲（Realakt）之領域（註四八）。關於非正式行政行爲，尚未有確定之定義，依學者之見解，非正式行政行爲乃所有行政行爲中，不屬於行政向來具有法之形式之行爲（註四九）。因此，不只是協約，及與其類似之國家與市民間之協力方式，且包括單方高權行爲（Hoheitshandeln），亦即機關之警告（Warnung）、推薦（Empfehlung）、資訊（Ankunft）以及以傳統憲法上法形式制定手續以外方式來爲規則及規範之制定，而它實際之意義，決不亞於傳統之法源學，即法律命令之意義，因此此一概念包含之領域相當廣泛，無法有一定之見解加以界定。非正式之行政行爲之行使，例如政府準備起草一限制香煙廣告之法案，以提出聯邦議會。但在香煙業者聯盟之發言人聲明，他們將限制香煙廣告後，放棄此一行爲。在行政領域之非正式協商，一般主要來自於行政與私人業者間必須協調之大型計畫，顯然地，機關可因之將協商評估及保留表明，而申請者亦可嘗試說明，或提出代

註四八　H. Maurer, *Allgemeines Verwaltungsrecht*, 10 Aufl., 1995, § 15 Rn. 13.
註四九　F. Ossenbühl, Informelles Hoheitshandeln im Gesundheits-und Umweltschutz, Umwelt-und Technikrecht, 1987, S. 27 ff.

替案，或盡可能使行政機關讓步，當該計畫對行政機關是重要的，或機關質疑其法的見解是否禁得起法院審查時，特別顯示出其特點。

二、非正式行政行為之種類

有學者將非正式行政行為分為三類，亦即一、代替規範之協議，二、決定操控之協議，三、行為操控之事實行為。

(一)代替規範之協議

亦即以協議代替制定法規範。例如於一九七一年時，聯邦衛生主管機關與香煙製造業者達成協議，由業者自行減少在電視上之廣告，否則將依有關法律發布嚴格之禁止處分。另外，如主管之行政機關對石綿水泥業者之協會暫時不發布禁止命令，而由業者承諾於一定時間內減少水泥中有害健康之成分至少百分之五十以上。如此由許多個人及企業者，經由其自我約制之承諾，以取代經由法律或命令之規制。

(二)決定操控之協議

指行政與私人間，就個別案件取得合意之非正式行政行為。亦即行政與私人間以迴避行政之職權行為為內容，取得合意。例如，既存之老舊設施未能依照技術水準改善污染時，就環保法規言，其改善措施，可採諸如禁止處分、撤回許可、變更許可等，但在行政與業者同意之基礎下，不採前述措施，由業者同意一定之改善行為，而以類似行政契約方式，但又無法的拘束力之事實行為為之。例如，A 申請療養院建築許可，與建築主管機關，可在事前就所有重要特點，特別是反對者意見、機關保留、A 之希望等，詳細加以協調，而後雙方同意，對計畫中之特定點加以修改，然後主管機關給與許可。又如主管機關通知工廠所有人 B，其企業下之過濾工廠，必須改善技術及更換，否則將依聯邦污染防治法第十七條規定，發布相關命令。經過長期交涉（Verhandlung），工廠所

有人 B 同意改善其設施，而主管機關放棄相關命令之發布。這樣之協調（Absprachen）並不新鮮，新鮮的是，其發現及強調於行政法學上之意義。由於國家在經濟領域日增其影響力，科技急速發展，以及其對環境之危害又很複雜，國家與人民間之關係表現於基本權利上，尤須使人民盡可能地參與國家之決定程序，因此此種協調，總是扮演日增重要之角色。

(三)行為操控之事實行為

例如行政機關對消費者，針對特定藥品、食品提出使用警告或宣告有危險性之特定青少年宗教團體。此種聲明，通常行政機關並未與各該關係當事人接觸，而是單方面之宣示，而在個別案件對市民之行為加以操控。此與行政處分或承諾（Zusage）不同，並無法之拘束力。

三、非正式行政行為之存在理由

此種協議之優點在於，相對立之觀點及接受可能性可被澄清，且此一協調（協商）能減輕固有行政手續之負擔及節省時間和成本。常常一些將來可能成為許可之負擔者，可在早期加以解決。他方面，其所具有之危險，亦不容忽視，諸如忽視法律規制、對第三人地位之傷害、缺乏透明性等，它必須經由確定其法之界限來加以規範，敍述如下。

(一)減少法之不安定性

在許多行政法領域，例如經濟法、補助金法、環境法等，常因實際事實情況及法之狀態不易確定，而以不確定法律概念方式規範(**註五〇**)。此種規範方式，常於解釋及適用時面臨具體化之困難，例如有關經濟法上之事實判斷，常須向未來預測，然後方能涵攝於法律要件，亦即法之

註五〇　Vgl. BverfGE 31, 33 (42).

解釋適用,漸失其確定性,故愈發增加行政與相對人合作之必要(註五一),
經由早期之協商,可使存在之不確定性減少。行政機關可以經由早期之
接觸,對於相關事實及私人之權利狀態可總括地知曉,私人亦可因此對
行政機關之事實及法律上之判斷,可有相當之理解,如此可減少因法令
以不確定概念方式規範帶來法不安定性,同時亦可避免潛在之衝突,降
低事後法律爭執之可能性。

㈡避免法之爭執

　　由於事前採取非正式之接觸,可避免法之爭執(註五二)。因為在如經
濟法與環境法領域,其法律事實伴隨著不確定性,在有爭議時,勢必由
法院作終局之解決。但正因這些領域構成要件之解釋適用須調查複雜之
事實,因此在法院程序中,至該法律狀態終局確定及對參與人有拘束力
止,常須很長之時間及很多費用,而經由非正式之接觸理解,可將因未
事前考量致帶來訴訟程序之風險降低(註五三),基於非正式之合作行為與
私人因滿意協議之結果,故不須訴諸法院之訴訟程序。

㈢減輕固有行政手續之負擔及節省時間和成本 (註五四)

　　此種顧及有效性及現實性,部分來自前述之減少法之不確定性及避
免法之爭執,但主要在於實務上經由非正式合作之協調,可節省時間費
用及其他行政上之支出。此種協商之優點在於,相對立之觀點及接受可
能性,可被澄清,且此一協調 (協商) 能減輕固有行政手續之負擔及節

註五一　Vgl. H. Schulze-Fielitz, Kooperatives Recht im Spannungsfeld von
　　　　Rechtsstaatsprinzip und Verfahrensökonomie, *DVBl*, 1994, S. 658.

註五二　C. -E. Eberle, Arrangements im Verwaltungsverfahren, *Die Verwaltung*
　　　　17 (1984), S. 442.

註五三　Vgl. W. Hofmann-Riem, Selbstbindungen der Verwaltung, *VVDStRL* 40
　　　　(1982), S. 204.

註五四　Maurer, *Allgemeines Verwaltungsrecht*, § 15 Rn. 17.

省時間和成本。常常一些將來可能成爲許可之負擔者，可在早期加以解決。以計畫設施許可爲例，經由非正式之協商，申請人可減輕其投資計畫、鑑定與其他措置之風險，而行政機關可得到私人資訊，早期地對公益私益（註五五）加以考慮，如此可減少私人錯誤之投資，行政機關在行政程序上執行更穩當，亦可除去潛藏提起法院訴訟程序之衝突因素。

㈣具有彈性

非正式之行爲具有彈性，因爲非正式之協議，不具有正式之行政行爲如行政處分與行政契約般之具法律效力，而實際上非正式之合意協商與協定，可使參與人注意遵守及中止某行爲，從法之實際觀點，非正式行政行爲之效力，乃在拘束力與無拘束力間移動（註五六）。此種若有若無的拘束力，包含著彈性。非正式行政行爲，至少包含實際之拘束力，但參與人在特別情況，仍可拒絕其履行，而不必有制裁之拘束。但另一方面，此種非正式行政行爲彈性之拘束，對雙方而言，在正常情況是安定，但亦隱含危機及不正常之風險。故以下敍述非正式行政行爲之危險。

四、非正式行政行爲之危險

㈠減弱法之拘束

非正式合作之協議行爲，具有於執行法律時減弱規範強度及降低規範基準之危險，且減弱行政之法拘束之傾向（註五七）。因爲非正式行政行爲可能因妥協使法成爲交換客體，使行政事務經由規範操控之功能變弱，

註五五　C.-E. Eberle, Arrangements im Verwaltungsverfahren, *Die Verwaltung* 17 (1984), S. 441 f.

註五六　Vgl. W. Hofmann-Riem, Selbstbindungen der Verwaltung, *VVDStRL* 40 (1982), S. 234: 在法律上及事實上拘束間之灰色地帶。

註五七　Vgl. W. Hofmann-Riem, a.a.O., S. 204 f.

使法治國所須之行政行爲所應具有之強制性因合意而消滅（註五八）。

(二)對第三人地位之傷害及缺乏透明性

非正式行爲或非正式合意關係，常是存在於行政與私人業者之雙邊關係上，當法之領域中牽涉三邊關係時，對第三人之地位便產生問題。因爲在接觸關係上，第三人之權利利益可能被忽略，這種第三人之弱勢地位，即使在法律上明定有第三人參與之程序，實際上亦無差異。因爲經由非正式之合意及妥協，行政與業者雙方常已相當強固，以至於第三人對其加以更改之可能性非常低（註五九）。

(三)使行政合法性之審查及有效之權利保護困難

非正式之合作行爲，常是具隱秘性，其行動未必均記錄下來，使行政行爲之背景及動機，對審查之法院言，不易掌握或再確認。故其控制，只能求諸行政機關政策、內部之自律，從法院審查之角度，較爲困難（註六〇）。而在第三人權利保護方面，基於行政與業者非正式之協議，在訴訟程序中，勢必造成行政與業者聯合防禦對第三人之權利主張，使第三人有效之權利保護相對減弱。

(四)阻礙圓順及有效之行政活動

非正式行政行爲就行政事務之執行猶如兩刃之劍，一方面它固可合乎行政彈性之需要，但另一方面亦可能只是暫時地妨礙行政之執行。例如，若長期協議無法獲得解決，則非正式之行政策略可能轉變成長期之協調與不確定之過程，妨礙有效之行政事務之履行。

註五八　H. Bauer, Informelles Verwaltungshandeln im öffentlichen Wirtschaftsrecht, *VerwArch* 1987, S. 254.

註五九　Vgl. W. Hofmann-Riem, a.a.O., S. 212 f.

註六〇　Vgl. W. Hofmann-Riem, a.a.O., S. 212 ff.

㈤流於優勝劣敗之解決方式

　　國家機關之非正式行政行為，常是受各方歡迎的，因為合意之解決，解除行政機關決定之壓力、決定之責任、公眾之批評與長期之法院訴訟程序。而其他之參與人亦滿足於此種解決方式，對於申請人言，他基於合意，可能有時需盡非常大之努力於法律上所本來沒有之義務，但他可衡量得失，因時間之獲得，可以調整其計畫而最後實現其計畫，獲得積極之利益。如果經由官方之程序，則相反對之利益可能浮現而受威脅。但非正式行政行為因缺乏法律上程序之擔保，故並非對所有市民均有同樣之機會，由於欠缺在法律上內容之確定，故參與人依其力量潛力及交換潛力，而有不同之實現機會，因此有違反法律上平等之虞。一個參與人，如果在非正式行政行為之過程，具有最大之脅迫可能性或交換能力，則其利益可獲得最佳之實現。反之，在非正式行政行為之過程，完全未被邀請者，將擔心其利益可能完全被忽略，因此，此種衝突解決方式可能具有以優勝劣敗（Rechts und Sozialdarwinismus）收場之危險（註六一）。

五、非正式行政行為之法的性質

　　非正式行政行為之出現，儘管已日漸被承認為公法上之現象，且從法的理解角度，亦未完全被排斥，但其法之性質仍未確定。首先，非正式之名詞本身固可為鞏固其於行政法概念之方法，但卻予人不確定之感。對非正式行政行為之各個外觀形式與問題，有不少學者主張，適用以下概念，如適用公法上契約之規則、誠實信用之法原則、確約制度、忍受之行為方式、協商、職務違反法、行政之自我拘束與手續關係及行政法關係等。亦有採用美國法上之協商解決方式或在經濟統制領域發展一特

註六一　Vgl. W. Brohm, Rechtsstaatliche Vorgaben für informelles Verwaltungshandeln, *DVBl*. 1994, S. 139.

有之合作行政。從以上各種主張明白顯示，非正式行政行為係重要之行
政事前準備行為，但在法學領域之研究，仍嫌不足。有學者從行政之行
為形式學及行政法律關係學兩方面探討。

(一)秩序範圍之行為形式學

傳統之行政法學將其焦點集中於行政行為上，且將行政行為之行為
形式之法上體系，作為行政法學之本質部分。依此，並未對行政行為形
式設限制，而可依實際需要與國家及行政解釋演變中，共同產生新行為
形式，此告訴吾人，非正式行政行為問題，亦向行為形式學接近，且非
正式行為形式，其個別特徵潛藏著新行為形式，予吾人討論之餘地。但
即使行為形式學基於許多理由將非正式行政行為加以適當地理解，但其
本身是否妥當，仍引起很大懷疑。首先，係概念上問題，概念上非正式
行政行為，即反對將其納入行政行為形式之一部分，因此相關用語是否
為形容之矛盾？此外，行為形式學，乃單方地將行政行為作成且因此許
多行政與市民間之非正式變化關係，也只以相應之單方角度討論，由於
最初即將行政事務定位於形式，而非客體(如內容)，因此法行為形式對
於非正式關係之實體法上實行，在事前便減弱而消失，且因此對援引實
體法上制度之問題解決上形成困難。而最後行為形式具有準確瞬間拘束
之性格，又作為形成關係之瞬間採用它以定點來定位，因此將非正式之
接觸關係之特殊性，以全內容般地來理解是不妥當的。

(二)秩序範圍內之法關係學

由於行為形式學對非正式行政行為之法上理解有其界限，因此可另
從法關係效果面來觀察。法關係學乃從總括中心之秩序領域來理解，且
允許於行政法中有一支配之地位，但不能因此誤以為對行政法學理之法
律關係定義現今仍有極大之爭議。如果吾人忽略此一基本討論，則法關
係學第一個結論可導出非正式行政行為。以下分數點討論：

1. 非正式行政行為法律上理解之原則可能性

依一般見解非正式行政行為之總體特徵，為法律上不被規制及無拘束性。在經濟法領域有所謂去除規制或去除法之可能性，以及努力於法律上拘束效果之排除，此可能產生非正式行政行為乃不受法拘束，因此法律上不能掌握之印象。因為吾人關心之事實行為，不只是有關生活關係，且包括法律上之關係，此種法律上不規制，無拘束性之命題之非正式行政行為，其論據薄弱，且為誤解之說明，因為非正式行政行為，並非自始即不在法之範圍內活動，而是服從於特定法之拘束，同樣地行政與市民間，亦能依非正式之關係而產生權利與義務，可能只是在目前行政法學之狀況，其效力相對地薄弱而已。

2. 非正式行政行為之容許性

非正式協調本身並非不被允許。行政行為之方式，並未受限制，其最終之憲法上基礎，在於行政有聽取人民意見之義務，而不只使人民接受而已。人民可將其觀點具體地陳述，行政有義務總括地說明事實（此常須借助利害關係人之力），行政亦有義務作一基於公益且考慮個人利益之最佳決定，但此並不必然有達成協定之義務，即使達成協議也可廢棄。

如同行政之其他行為活動，非正式行政行為之非正式活動，須受法律及法之拘束，尤其不可牴觸實體法。但不能因此導出不允許此種行政行為活動之結論。因為一方面，在實證之法秩序，並無一般禁止此種非正式行政行為之證據，因此不可認為行政與市民間之非正式協商與合意一概違法。他方面，法秩序在此方面亦偶會允許行政為非正式之協商之選擇空間。例如，它允許行政裁量且原則上不禁止行政不以行政命令，而以與市民間協議代替，以解決問題。當行政機關，依法律負有為一拘束命令之義務時，如為特定之措施，則此義務可在個別案件上，依憲法上之比例原則為之，同時開啟與市民依非正式協商之門。公法上之經濟法規，今天亦有很多在特定內容上改變法律，在經濟法上某些重要領域，日漸增加所謂開放之權限規範，而以較低之規範密度為其特徵，對於高

科技設施之監督及經濟行政之監督，並非以法律，而是以對行政機關委託與指針行爲爲之。行政機關有來自法律授權之固有判斷與形成之決定權，此種決定空間之權限，創造了可能之彈性。而在特定範圍內，有關行政事務，固可以有非正式接觸與協調之可能性，但此種原則性之允許，並非當然給予非正式行政行爲特權，在實定法上，對非正式行政行爲，自有其界限，此一界限來自於該事實領域所存在之形式及實證法上之規範，而其界限至今仍很不清楚，特別值得注意者爲，法律上之權限秩序、平等原則、聯結禁止及職務平等執行原則、合意第三者負擔之禁止等，經由這些限制，非正式行政行爲在各個案件上，可在法灰色地帶之稜線上移動。

3.非正式行政行爲之法律效果

　　非正式協商，並無法之拘束力，此正爲其特色，若其具拘束力，則非非正式協商而是行政契約、預先決定或確約。其拘束力並非來自特權，而是信賴保護原則、誠信原則、行政自我拘束等，行政機關不只可以因事實或法之基礎改變，且可以因其評價改變，而作與協商相異之決定。同樣地，市民亦可如此，旣不可要求履行協定，亦不可因不履行而主張損害賠償，只可能以締約上之過失原則，在機關爲決定時，以注意方式來適用。當然此並不排除依協商產生事實之拘束力。

　　實際上，行政與市民間非正式之關係，一般具有法關係之議定與對其客體未來行爲之諒解，而此非正式之關係，係以固有之特殊地位，在法之拘束與無法之拘束間之兩極上移動，接受它存在於規範權利與義務之行政處分及公法上契約之前準備之漸進程序，或者指向協商之達成及對未來行爲之合意，其事實內含類似民法上爲契約前之接觸關係，且外形如同事實之契約關係、社會接觸之債的關係及契約準備之法律關係。也有主張行政與市民間之接觸關係，在法律上並非不重要，故努力於引入誠實信用之一般法原則，特別是矛盾行爲之禁止、締約上過失之責任原則、職務責任之請求及類推適用公法上契約之實體規則等，以得其法

上之效果。

㈢以下思考幾個問題

　　1.相對於向來對非正式行政行為之法理解，以上之討論，乃將其重心置於行政之單方之法拘束與法義務，而法關係學之學理，卻著眼於相對性及變化關係上，因此就關係上言，市民亦可能產生法之拘束與義務，當然只是其法之拘束與義務仍很薄弱，因為對於諸如公法上締約過失之責任、誠信原則、特別是禁反言及共同考慮法關係當事人之法律規範，不只是對行政機關之義務給予規範基礎，且也是給予市民義務之基礎。以上之點聯接行政相應之權利，在目前之行政法關係學理上之領域，仍很少被解明，只能得到不明顯之意義。

　　2.此外，法律關係學，對非正式行政行為，亦有助益，因為它不只是針對行政與市民間之關係，對三方面或多方面之法律關係，如三方或多方利益衝突，亦可適當地掌握。在三方及多方法律關係下之規制領域，亦可產生非正式之接觸及諒解，而使行政對第三人有斟酌與行為之義務，例如在許可法及計畫確定法之多邊行政法律關係上，行政機關在事前行為，可通知第三人並使其參加此等程序，使具有盡可能法形成效果之基礎。同樣地於非正式之規制協議，此協議即使具有權利侵害之效果，亦可能繫於第三人之同意而產生。

六、非正式行政行為與依法行政之關係

　　吾人可以確定的是，非正式行政行為之採行，乃為避免有拘束力之法效果。在協議之情況，不像契約之具拘束力，而只是道德上或紳士協定而已。同樣地，警告、建議及其他單方面之聲明亦同，它們只是事實上之行為，行政機關採取這些行為以避免為行政處分，以免除受現存之法規範效果，諸如手續規範、形式規範、撤銷廢止、訴訟之提起等之拘束。如果非正式行政行為真正導致此種結果，則法治國之依法行政將被

空洞化，因此非正式行政行爲是否能被允許存在，以及在何種形式上須合乎法治國之要求，便值得研究。說明如下：

(一)基本權保護

以機關之警告爲例，儘管行政之意圖爲不發生法之拘束力，以及可忽略其法拘束力，但實際上產生之效果與有法拘束力之命令相同，因爲行政機關固不對特定產品如藥品、酒類採取禁止之行政處分，只是警告其使用之健康上風險，但實際上常造成消費者不再購買該產品，如果機關發布禁止之處分，則爲負擔之行政處分，須有法律之授權，且須遵循特定行政程序，尤其須予利害關係人事前聽證機會，並且對基本權利之干涉，須合乎比例原則，當事人可對該處分異議及提起撤銷之訴，以法律手段停止該處分之效果。但問題是，此種法治國之要求應否適用於如警告之無拘束聲明行爲？德國實務界很早便認爲，基本權利之保護，不只針對行政機關行爲對基本權利產生直接效果時適用，如果行政行爲之實際效果對基本權利產生間接之侵害，亦有適用(註六二)。因此於特定條件下，可對實際之侵害如對特定產品不當的（或無權限的）警告，提起訴訟。

(二)法律保留

非正式行政行爲討論之重點可說是法律保留問題。聯邦行政法院在針對行政機關公告特定藥品藥效之爭議案件中認爲，行政機關之評斷及警告，最後將影響特定產品之銷路，如同發布干涉性質之行政處分，故法院認爲對此種干涉之處分，須有法律上授權，如果只是有關藥品檢查之職務（Aufgabe）規定還不夠。因此法院認爲，行政機關對藥品之評

註六二　BVerfGE 13, 181 (185 f.); 49, 25 (47 f); BVerwGE 30, 191 (197 ff.); 65, 167 (174); 71, 183 (191 ff.).

斷, 因欠缺法律上之基礎而違法, 而不論該評斷之內容是否正確(註六三)。
聯邦行政法院後來在有關聯邦政府公告特定青少年宗教團體以其具有害
影響而提出警告之案件, 同樣地並不討論聯邦政府之主張是否正確, 而
是審查聯邦政府對此公告有否法律上之授權。但法院卻猶豫於是否拒絕
聯邦政府在面對特定危險時有警告國民之權限。法院最後認爲, 雖然此
種聲明無法律上之授權, 但此屬於聯邦政府基於民主, 而有公開其行政
活動之義務(註六四)。但學界對此有批評, 因一般所謂公開, 乃對國民公
開政府之活動, 而非針對市民或團體 (註六五)。

㈢履行聽證之程序

由前述之判決可知, 以法律保留原則未必能解決單方非正式行政行
爲之問題, 另一可能解決方式是, 課以行政機關在爲警告之聲明前, 對
利害關係人給予聽證之機會。

㈣一般之法界限

即使非正式協商不被禁止, 但其可能牴觸法之界限。協商之無拘束
性, 並不意謂因此不受任何限制。依基本法第二十條第三項規定, 所有
行政之活動, 包括在事實領域, 須受法規及法原則之拘束。因此, 須同
時考慮此協商之事實上拘束及可能造成之強制。非正式行政行爲之界限,
同時存在於實體法及程序法上, 實體法上行政不可因被說服而爲一違反
實體法之許可或行爲, 另外當事人手續上所受之保障, 亦不可忽視, 特
別是針對職權調查義務加以縮減, 或剝奪第三人之聽證或參與權。當然
具體之結果及要求, 須依實際情況判斷, 無論如何, 它必須受一定之限

註六三　BVerwGE 71, 183.

註六四　BVerwGE 82, 76.

註六五　Groschner, Öffentlichkeitsaufklärung als Behördenaufgabe, *DVBl.*
1990, S. 628 f.

制。亦有學說主張，可依行政程序法之手續或相關特殊法律，對非正式
行政行爲加以規制，但有認爲此不可採，因爲如果對非正式行政行爲加
以形式化，則其已非非正式行政行爲。

〔肆〕 非正式行政行爲與行政指導之共通性

一、美國哥倫比亞大學敎授 Young 一九八四年之論文
（註六六）

其論文中不與向來之強調日本行政指導之特殊性格之見解一般，而
從非正式之行政活動本身，在今天高度發達之工業化國家均屬常見之現
象，認爲有關行政指導以及日本法院對其審查方法本身可與日本之歷史
文化切離而考察。換言之，對行政指導其歷史、社會之背景暫時不問，
強調行政指導之功能本身，以明確之方式在理論上加以把握之可能性及
必要性。他認爲，在日本之行政法學，行政指導乃至與其相類似之行政
活動，並非日本特有之現象，因此對於行政指導之現象，各國共通之部
分與日本特殊部分，其相異點加以解明是有必要的。依其分析，日本法
院對行政指導所爲適法性審查之方法，其特色爲法院對行政活動之適當
與否之評價重視交涉(bargaining and negotiation)；其根據爲，有關
建築確認保留適法性之昭和五十二年五月二十九日東京地裁判決，以及
有關車輛限制命令十二條，管理者保留認定之昭和五十三年五月二十九
日東京地裁判決等。依其見解，這些判決，法院以行政機關是否眞摯地，
且於社會通念之範圍內，與市民交涉爲評價行政活動適法性之基準

註六六　Michael K. Young, "Judicial Review of Administrative Guidance:
　　　　Governmentally Encouraged Consensual Dispute Resolution in Japan."
　　　　Columbia Law Review, Vol. 84, No.4 (1984), p. 925.

（註六七）。

二、日本學者藤田宙靖則從日本之所謂迴避紛爭文化為出發點探討

㈠紛爭文化與迴避紛爭文化

依其見解，日本從德國等西歐各國繼受近代法治主義諸理論及基此所設之諸制度，這些理論與制度，以行政主體與私人間當然會產生紛爭為前提，而國家機關（法院、行政法院或因情況行政機關本身），依公權力解決時，其基準為何則明示出來。當然此不只限於法治主義原理，西歐近代法一般亦如此。權利既然是被給予的，則當然以權利人主張其權利為前提，又因不同情況為維護自己利益，非主張權利不可，在適當時機不主張權利者時，在解決紛爭之際，權利之睡眠者本來就不被考慮，在此意義下，可謂為紛爭文化之法原理。另一方面，人與人相互間負有不絕努力之使其不產生紛爭，或不使紛爭擴大之義務為前提之法文化，則在此種法文化下，即使萬一發生紛爭，則當事人並非為維護自己利益而該如何，而是專就如何避免相互間之紛爭，為以公權解決紛爭之評價基準，即所謂之迴避紛爭文化。而藤田教授認為，廣泛支配日本社會生活者，與前述迴避紛爭文化之法原理很相近。但另一方面，迴避紛爭之體制本身，未必只限於日本固有之歷史文化背景才會獲致，以德國今日學界對非正式活動寄予重大之關心之事實觀之，即使其產生之原因背景不同，但此顯示在德國對迴避紛爭體制之必要性及重要性，已有很強之意識之事實。

㈡迴避紛爭文化與正當法律程序

註六七　Young, op. cit., p. 962.

行政機關與私人間之互動而達成結果，並非其結果本身是否正確，而是到達結果之過程如何才是更重要關心之對象。此種觀點，為迴避紛爭文化與正當法律程序原則所共通，當然「過程如何」，兩者間仍有差異，但正當法律程序中之各種原理，例如「告知、聽證」、「任何人均不能對有關自己之事件為裁判官」等法理亦適用於迴避紛爭過程，行政與私人之互動關係。亦即行政機關對於保障私人主張自己權利利益之機會須為何種行為，以便在往後產生紛爭時，以判斷行政機關是否給予此種機會。而從私人角度，私人是否利用此種被給予之機會，為解決紛爭之基準。相對地，「行政為迴避紛爭是否為眞摯之努力」、「私人之不從行政指導，拒絕交涉，依社會通念是否具有合理之理由」等，在迴避紛爭原則之下，乃成並非「為維護自己利益曾為何種行為」，而是專就「為迴避紛爭曾作如何努力與貢獻」之問題。

(三)迴避紛爭文化法原則中之自然正義

前述「眞摯努力地迴避紛爭」、「拒絕交涉是否具有合理之理由」等原則，與英美法上「任何人就自己相關之事件不可自己為裁判官」，以及「告知聽證」等自然正義之原則相對應，可視為迴避紛爭文化之自然正義原則。

〔伍〕 行政指導與非正式行政行為在我國之情況

八十三年四月，法務部版行政程序法草案中第六章第一百七十條至第一百七十二條，亦有關行政指導之規定。第一百七十條定義行政指導為，「本法所稱行政指導，謂行政機關在其職權或所掌事務範圍內，為實現一定之行政目的，以輔導、協助、勸告、建議或其他不具法律上強制力之方法，促請特定人為一定作為或不作為之行為」，由本條之內容觀之，

與日本一九九一年之行政手續法要綱案極爲接近。首先我國有無必要引進此種向來日本所特有行政上產物之行政指導，學者有基於行政指導可能被濫用及因缺乏法效果，而主張毋庸規定(註六八)。徵諸前述日本學者對行政指導之批判，自有其根據(註六九)。但亦有學者認爲，行政指導之規定甚爲重要，美國法上關於這類指導之頒布、修改或廢止，均規定應在政府公報上公布週知，我國似亦可參考(註七○)。事實上在我國亦有類似日本行政指導及德國非正式行政行爲之現象，例如農委會或外交部對漁民提供外國領海範圍資訊，以免漁民誤闖他國領域捕魚。政府建議農民飼養毛豬，以外銷鄰國，結果因主客觀環境變動，造成大量滯銷，致飼養戶重大損失。或政府機關宣布，某一廠牌之食用油成分有害人體健康，造成業者損失。無法律明文規定而建議開發公司捐地百分之三十，以獲得許可。鎮長對建築業者要其繳納「回饋地方之基金」，某私人企業不從，鎮長揚言未來將於都市計畫中將垃圾場建於該私人土地旁等，均可劃歸外國所謂之非正式行政行爲之領域。茲舉我國實務上幾個非正式行政行爲的例子，探討如下：

一、教育部對電動玩具管理所爲之相關行爲

此引民國八十二年一月臺中地方法院之法律座談會紀錄

(一)問題

某甲經營遊藝場，其內之電動玩具完全依照教育部所頒布之「遊藝場業輔導管理規則」擺設（即計分類機具之最高得分數不得超過一萬分，

註六八　參考法務部印行，行政程序法草案各方意見一覽表(八十二年十二月)，第八五頁，陳新民教授及法治斌教授之建言。

註六九　事實上我國學者此種見解，在日本行政手續法要綱案討論過程，亦曾得到迴響。參考法律時報，六五卷六號，行政手續法立法課題特集，第一○七頁，濱川發言。

註七○　參考前揭行政程序法各方意見一覽表，第八五頁，焦興鎧教授之建言。

沒有退幣口，只能兌換價值新臺幣二千元以下之獎品，機具型式亦符合教育部規定之機種）。問某甲之行為是否構成賭博罪？

研討之意見計分三說：

甲說認為，賭博罪是否成立，應以其行為是否具有射倖性為斷，而判斷是否具有射倖性係屬法院之職權，而兌換之禮品亦屬財物之一種，某甲之行為顯具有射倖性，應成立賭博罪，不受教育部之行為拘束。

乙說認為，電動玩具之主管機關係屬教育部，教育部就電動玩具之管理既制定有「遊藝場業輔導管理規則」規範之，某甲所經營之電動玩具既已依照該規則擺設，應認某甲主觀上並無違法之認識，而無犯罪之故意。

丙說認為，該電動玩具應認係供人暫時娛樂之物而不構成賭博罪。

臺中地院決議採甲說，高等法院之審核意見亦同意採甲說，但司法院刑事廳則認為，某甲經營之電動玩具遊藝場如係經主管機關核准領取營利事業登記證後始為經營，其店內之電動玩具機具型式擺設均完全符合教育部頒布之「遊藝場業輔導管理規則」規定，且客人於玩畢只能將剩餘之小鋼珠兌換價值新臺幣二千元以下之獎品，如唱片，刮鬍刀，香皂，電熨斗等，符合上開規則第十五條第五款但書之規定，則依行政法上關於行政指導行為之理論，應可認為是一種欠缺侵害性之社會相當行為，可以阻卻違法，而不成立賭博罪。但客人如玩畢將小鋼珠兌換現金或利用獎品以迂迴方法兌換現金，以及每日一次或多次換取獎品金額合計逾二千元，則已逾行政指導行為之範圍，仍具有社會侵害性，均應負賭博罪責。

(二)問題點

本案之問題點在於，第一，司法院刑事廳之研究意見認為，依行政法上行政指導之理論，可阻卻違法而不成立賭博罪。則其所謂之行政指導，其意涵為何？第二，刑法上賭博罪之成立，是否受行政（教育部）

之行爲拘束？若是，則其根據何在？是否違反權力分立原則？

　　就第一問題言，本來電動玩具業之主管機關爲教育部，而教育部就電動玩具之管理又制定有「遊藝場業輔導管理規則」，爲一行政命令，依該行政命令所爲之行政行爲，除有無效得撤銷等原因外，依法應具有拘束力，而非屬於行政指導之行爲。但亦不排除行政機關就與其權限範圍相關事務，以非正式行政行爲之方式向業者爲建議或推薦等行爲，例如類似本案例中建議業者遵循「遊藝場業輔導管理規則」規定，使顧客於玩畢只能將剩餘之小鋼珠兌換價值新臺幣二千元以下之獎品，如唱片，刮鬍刀，香皂，電熨斗等，符合上開規則第十五條第五款但書之規定，以免受刑事追訴等。因此，就本案例中，司法院刑事廳對行政法上行政指導之意義說明雖不明確，但仍可能以行政指導方式向電動玩具業者爲之。但問題則在於上述第二問，即使構成行政指導，但其對法院之拘束力爲何，可否阻卻違法而不成立賭博罪？從罪刑法定主義角度，刑法上犯罪構成要件之解釋適用不能隨意依行政命令加以擴張或限縮，再從本質性理論（或稱重要性理論，Wesentlichkeitstheorie），即對人民基本權利之實現爲本質部分者須由立法者自己訂定規範，不可由行政機關爲之，尤其如刑法般對人民生命權、自由權、財產權之剝奪或限制，更須合乎國會保留之原則，不能授權行政機關自訂命令加以認定，故若依司法院刑事廳之研究意見認爲，客人如玩畢將小鋼珠兌換現金或利用獎品以迂迴方法兌換現金，以及每日一次或多次換取獎品金額合計未逾二千元者則未逾行政指導行爲之範圍，乃欠缺社會侵害性，可以阻卻違法而不構成賭博罪責之見解不可採。當然就聽從教育部「指導」之電動玩具業者，可能依刑法第十二條一項之依法令行爲不罰或類似日本實務有關卡特爾法判決之因聽從行政機關之指導而阻卻違法。就前者言，國內刑法學者固然解釋本條所謂法令兼指法律命令(**註七一**)，但依其所列舉敍述

──────────

註七一　參考韓忠謨，刑法原理，最新增訂版，七十一年四月，第一五一頁；林山田，刑法通論，七十五年二月，再版三刷，第一五六頁；褚劍鴻，刑法總

之說明，則類似本件案例之說明，顯然不包括在內(**註七二**)。故應認為案例中某甲之行為成立賭博罪，而不受敎育部行為之拘束。

二、所謂鎮長稅

(一)問題

臺北縣汐止鎮鎮長甲在民國七十九年三月一日上任之初，以出具「無損害公共設施證明」方式向建商收取每戶一萬元之「鎮長稅」，建商若拿不到無損害設施證明就無法順利取得建物之使用執照，此又稱之為「廠商慈善捐款」，先後徵得財物約二億七千萬餘元，被檢察官以違法徵款圖利罪嫌起訴。士林地院以鎮長稅非稅亦非圖利國庫，且是知法犯法，連續強募財物圖利他人為由，變更檢方起訴法條，依貪污治罪條例判處某甲有期徒刑十八年，褫奪公權八年（**註七三**）。

(二)問題點

就本案例，問題在所謂「鎮長稅」之法律性質問題。首先鎮長稅並非稅捐之一種，應無可置疑，因從租稅法定主義角度，鎮長並無向建商課予該「稅」之權限，另外鎮長稅是否屬行政處分之附款？按一般行政處分之附款須有法律明定或為確保行政處分法定要件之履行外不得有附款行為。當然此須確定該「無損害公共設施證明」之給與是否行政處分，再者若為行政處分，准否為一戶繳交一萬元之附款？依前述「無損害公共設施證明」只是取得使用執照之條件之一，本身並非為行政處分，而

則論，七十七年三月，增訂七版，第一四二頁。
註七二　學者所舉類型諸如自助行為、公務員職務上之行為、親權者之懲戒行為、現行犯逮捕行為等，參考韓忠謨，前揭書，第一五二頁以下；林山田，前揭書，第一五六頁以下；褚劍鴻，前揭著作，第一四二頁以下。
註七三　關於本判決之評釋，參考黃錦堂，鎮長稅相關法律問題之研究，月旦法學雜誌，1996 年，5、6 月號合刊，第九三頁以下。

且必須繳交一萬元方給與「無損害公共設施證明」之行爲亦於法無據，而從另一角度言，建商即使不繳交一萬元而依取得「無損害公共設施證明」之規定要件即可取得，鎭公所若只因不繳交每戶一萬元而拒絕，則該拒絕行爲違法，換言之，繳不繳納純屬建商之自由，所以此鎭長稅應非屬行政處分附款，而是類似德日兩國所謂之非正式行政行爲或行政指導。

三、京華開發案捐地百分之三十

㈠問題

此案源於臺北市政府於民國七十六年四月二十九日，依「工業區變更爲住宅區開發要點」，把位於八德路四段舊唐榮鐵工廠之污染性工業淘汰，輔導其遷廠。威京公司於同年七月十一日以總價十五億多標得，並於該年十一月十五日提出京華開發專案計畫。臺北市政府都市計畫委員會於七十九年二月二十八日開會作成捐地百分之三十之決議，並於同年七月十九日召開三八一次會議後送內政部都委會審議，其中威京公司也曾發表異議聲明，對捐地百分之三十表示強烈不滿。

而內政部經提報第三三八次都委會審議決議，尊重臺北市政府所作決定，照案通過。會中亦決定威京公司必須捐地百分之三十作爲公園廣場，並登記爲市府所有，且應將捐地後土地百分之二十之樓地板面積作爲停車空間才准予開發。

㈡問題點

不論是京華開發案或再開發案其中問題點之一爲，此捐地百分之三十之法律性質如何問題？此可能爲行政處分附款。但從法律保留角度，捐地百分之三十對業者財產權之侵害不可謂不大，故應有法律之明定或明確授權行政機關訂定，換言之，此種捐地百分之三十之決定於法無據

之情況下，申請人原則上可不必遵循，若主管機關以此爲由拒絕，則應認其違法。據報載市政府所以有捐地百分之三十之決議，乃引用內政部六十三年六月二十日第五八三五五〇號函示，「人民或團體在都市計畫公開展覽期滿後，在主管都委會審議前所提意見可作審議參考。現行法令並無硬性規定，可由主管單位酌情處理。」此種見解從法律保留，授權明確性要求角度（或德國所謂本質性理論或重要性理論）實不足採，因爲「函示」僅爲行政內部之行政規則，以此作爲限制人民財產權之根據，實嫌薄弱。

　　從依法行政角度，以上之行爲，當然應加以適當地規範，但若依我國之行政程序法草案，是否足以規範實際發生之非正式行政行爲之現象？分述如下：

　　1.首先就行政指導之定義觀之，民國八十三年法務部版之行政程序法草案第一百七十條之規定與日本一九九一年之要綱案很類似，亦即行政機關爲行政指導，須係在其「職權」或「所掌事務範圍內」，爲實現一定之行政目的，以輔導、協助、勸告、建議或其他不具法律上強制力之方法，促請特定人爲一定作爲或不作爲之行爲。此與日本要綱案之行政機關就其「任務」或「所掌事務範圍內」規定相近。在日本，任務或所掌事務範圍內，兩者容或有不同(**註七四**)，但在我國是否有區別這兩者之必要？其區別界限何在？值得探討。又本條行政指導定義下，前述於我國發生之行政實務，如政府部門提供外國領海範圍資訊等單純提供資訊行爲或公告認爲有害健康之產品等，是否包含於此定義內？若是，則如何在解釋上使其合乎「促請特定人爲一定作爲或不作爲」之文義，爲一考驗。若非屬此之行政指導，則表示此種行政之行爲，不受程序法上行政指導規定之規範，如第一百七十一、一百七十二條之規範，則若排除規範此種實務上常發生之非正式之行政行爲，則制定行政指導相關規範

註七四　事實上同時揭示此兩者爲一九九一年，一九九三年及行政手續法之中。而一九八九年之要綱案，只有「行政機關就其主管事務」規定。

規定之意義將大為減少，故不如不為定義，只作手續規定。

2.吾人認為，在行政程序法中，仍有規範行政指導之必要，例如前述之行政機關無法律明定，要求申請人捐地百分之三十，方欲給予許可之行為，可依草案第一百七十一條第一項，「行政機關為行政指導時，應注意有關法規規定之目的，並不得濫用」加以規範。而前述之鎮長稅或所謂地方回饋基金，以不當之後續制裁措施為手段，則可以同條第二項之「相對人明確拒絕指導時，行政機關應即停止，並不得據此對相對人為不利之處置。」可見對人民基本權利保護上，有其重大意義。又本條亦係參考日本行政手續法之規定，更顯示出行政指導亦有其不分國度之普遍性格。

3.又我國之草案與日本行政手續法有關行政指導均兼採實體與手續規定，但均無救濟規定，此或為行政指導本身性質所致，因其不具法之效力。但如果人民因行政機關之錯誤行使或指導內容有錯誤造成權利受損時，該如何救濟？前已述及，就日本言，依情況可能構成國家賠償，基於信賴保護、平等原則、比例原則等救濟，是故學者阿部泰隆認為，行政指導爭議，常常最後是國家賠償之問題（註七五）。

〔陸〕 結論

無論是日本之行政指導或在德國之非正式行政行為之現象，在我國亦有類似之情況發生。在德國非正式之行政行為，應用面相當廣，涵蓋於經濟法、卡特爾法、污染防治法、水法、能源經濟法、建築法、營業法等（註七六）。而在這些領域，非正式行政行為之運用，不僅不可放棄

註七五　阿部泰隆，行政の法システム（上），第二二頁。

註七六　Vgl. W. Hoffmann-Riem, Selbstbindungen der Verwaltung, *VVDStRL* 40 (1982), S. 192.

（註七七），事實上且不可避免（註七八）。日本學者認爲，談論日本之行政不論及行政指導爲不可能之事，但另一方面，又怕行政指導使法治主義空洞化或行政因此「逃向行政指導」（註七九）及阻礙日本之國際化，而有行政手續法中有關行政指導之規定。在我國，非正式行政行爲之現象，與在日本、德國所產生者未必完全相同，但仍具有共通性，因此我國行政程序法草案中之規定，顯有必要。例如，第一百七十一條之行政指導之原則規定，與第一百七十二條之行政指導方式規定，在我國均有類似現象出現，前者如地方回饋金（鎮長稅），後者如京華開發案捐地百分之三十建議之案件。但八十三年法務部版草案對於行政指導之定義規定，則有待斟酌，一方面，此參考日本草案之規定，但在日本學界本身，對行政指導是否採實體規定抑手續規定有不同見解，現行行政手續法雖採實體與手續同時規定，但對行政指導之定義，多少是對長期以來日本學界與實務界對行政指導所形成之一般原理原則之「確認」規定（註八〇），在我國雖有非正式行政行爲之現象，但並無日本產生之社會文化背景，將來非正式行政行爲在我國之發展，其概念之內含與外圍，未必須與日本之行政指導等義，故不如不作實體之定義，而留待將來學界，實務界有解釋，形成之空間，不必一開始即與日本規定雷同。草案第一百七十條之定義，似可改爲：「所謂行政指導手續，指行政機關就其主管事務，要求特定相對人爲一定作爲或不作爲或其他不具法律上強制力行爲之手續。」

　　非正式行政行爲之所以廣泛被使用，乃因處在現今變化之社會中，

註七七　H. Bauer, a.a.O., S. 244.

註七八　Vgl. E. Bohne, Informales Verwaltungs-Regierungshandeln als Instrument des Umweltschutzes, *VerwArch.* 1984, S. 372.

註七九　阿部泰隆，行政の法システム（上），第三八一～三八二頁。

註八〇　塩野宏，關於公正透明之行政手續法制之整備報告，九九四號。類似見解，室井力，特集行政手續法の立法課題，法律時報，六五卷六號，第一〇七頁。

尤其是高度工業化之社會，每一案件傾向於個別決定，一般抽象之規範，總是須在個別情況加以調適，同時相互關聯及交錯之利益愈益增多及複雜化，故法之適用於個別案件對多樣之利益加以澄清解明是必要的，特別是國家在今天有許多社會形成之事務，須靠市民之合作，因此國家市民間之關係，亦須基於市民之信賴，由相互同意之行為建立。與此相對應者，法在許多領域，其性格常是，目的規定或指針之規範方式多於單方執行之行為方式規定，非正式行政行為也許在此種期待下，可發揮調適功能而不會有正式之行政程序與法院程序之耗時缺點。因此，對於非正式行政行為之合意或協議，不應排斥或拒絕，亦不應否定非正式行政行為中，如提供資訊(教示)、警告，及其他事實行為之行使。借助現代之溝通技術有助於達到行為操控之方式。隨法治國或法治社會之變動，尋找其固有之價值，而在不同環境下能加以保障之方式行之。

近年來非正式行政行為之研究及比較研究漸受重視，尤其學者提出行政指導或非正式行政行為所具有之迴避紛爭之法文化之特質，更值吾人注意(註八一)。而非正式行政行為之法律上問題，基本上牽涉民主之法治國與社會法治國之問題(註八二)，換言之，在給付行政之國家，行政對行政機敏之對應，行政彈性之確保與行政目的之圓滑達成等，與預防法治國原則空洞化與第三人手續參與間，如何獲得平衡問題？因此，對非正式行政行為之法律現象，不僅不應消極迴避，應積極從法律學理上探討，由法律上加以規範。我國目前送立法院審議之行政程序法草案，完全刪除有關行政指導規定，此值得斟酌，似應積極對行政指導或非正式行政行為加以適當規範，以符合時代潮流，解決日益增多之非正式行政行為之事例。

註八一　中國人一向重視「情理法」（而非法理情）兼顧，且常云「法律不外人情」等，被批判為阻礙現代法治進步之文化，或許從非正式行政行為之角度，可重新予以評估。

註八二　E. Bohne, a.a.O., S. 372.

大雅叢刊書目

產地標示之保護 ——公平法與智產法系列（六） 方 彬彬 著
新聞客觀性原理 彭 家發 著
發展的陣痛——兩岸社會問題的比較 蔡 文輝 著
尋找資訊社會 汪 琪 著
文學與藝術八論 劉 紀蕙 著

法學叢書書目

程序法之究（一） 陳 計男 著
程序法之究（二） 陳 計男 著
財產法專題研究 謝 哲勝 著
香港基本法 王 泰銓 著
行政過程與司法審查 陳 春生 著

圖書資訊學叢書書目

美國國會圖書館主題編目 陳麥麟屏、林國強 著
圖書資訊組織原理 何 光國 著
圖書資訊學導論 周 寧森 著
文獻計量學導論 何 光國 著
圖書館館際合作與資訊網之建設 林 孟真 著
圖書館與當代資訊科技 景 懿頻 著
圖書館之管理與組織 李 華偉 著
圖書資訊之儲存與檢索 張 庭國 著
資訊政策 張 鼎鍾 著
圖書資訊學專業教育 沈 寶環 著
法律圖書館 夏 道泰 著

教育叢書書目

中國現代史叢書書目

現代社會學叢書